Ar Drywydd En

GWYNEDD O. PIERCE

Ar Drywydd Enwau Lleoedd

CASGLIAD O YSGRIFAU I ANRHYDEDDU'R
ATHRO GWYNEDD O. PIERCE
AR EI BEN BLWYDD YN GANT OED

A COLLECTION OF ESSAYS TO HONOUR
PROFESSOR GWYNEDD O. PIERCE
ON HIS HUNDREDTH BIRTHDAY

golygwyd gan / edited by

GARETH A. BEVAN, G. ANGHARAD FYCHAN,
HYWEL WYN OWEN & ANN PARRY OWEN

Argraffiad cyntaf: 2021
First edition: 2021

Llun clawr / *Cover photograph*: Richard Jones
Cysodi / *Typesetting:* Ann Parry Owen

ISBN 978-1-80099-088-3

Argraffwyd a chyhoeddwyd yng Nghymru gan:
Printed and published in Wales by:

Y Lolfa Cyf., Talybont, Ceredigion SY24 5HE
e-bost ylolfa@ylolfa.com
gwefan www.ylolfa.com
ffôn 01970 832 304
ffacs 01970 832 782

Cynnwys / Contents

Byrfoddau / Abbreviations

AMR   Archif Melville Richards, Prifysgol Bangor
             <http://www.e-gymraeg.co.uk/enwaulleoedd/amr/cronfa.aspx>

GPC   *Geiriadur Prifysgol Cymru Ar Lein*
             <https://www.geiriadur.ac.uk/gpc/gpc.html>

LlGC   Llawysgrif yng nghasgliad Llyfrgell Genedlaethol Cymru, Aberystwyth

NLW   A manuscript in the collection of the National Library of Wales, Aberystwyth

OED   *The Oxford English Dictionary Online* <https://www.oed.com>

Cyrchwyd pob gwefan y cyfeirir ati yn y gyfrol hon yn ystod gaeaf 2020/1.

All websites referenced in this volume were accessed during the winter of 2020/1.

Gwynedd O. Pierce

DYLAN FOSTER EVANS

(CADEIRYDD CYMDEITHAS ENWAU LLEOEDD CYMRU)

Ar ran Cymdeithas Enwau Lleoedd Cymru, mae'n bleser gweld cyhoeddi'r gyfrol hon i dalu teyrnged i'r Athro Gwynedd O. Pierce. Mae cyfarchiad yr Athro Hywel Wyn Owen ar achlysur croesawu Gwynedd yn Llywydd er Anrhydedd yn brawf o'i gefnogaeth ddiflino i'r Gymdeithas o'i dyddiau cynharaf. Ac mae ysgrif Dei Tomos hithau'n dyst i'r modd y mae Gwynedd wedi dwyn ei waith ysgolheigaidd i sylw'r cyhoedd yn ehangach mewn ffordd mor huawdl a diymhongar. Gan hynny, a rhag ailadrodd, hyderaf y byddwch yn caniatáu imi daro nodyn mwy personol wrth gyfarch Gwynedd ar ran y Gymdeithas.

Mae cof gennyf o ddod ar draws campwaith Gwynedd, *The Place-Names of Dinas Powys Hundred* (1968), am y tro cyntaf pan oeddwn yn fyfyriwr israddedig yn y brifysgol. Nid oeddwn yn astudio enwau lleoedd fel y cyfryw ac felly nid oedd y gyfrol ar fy rhestr ddarllen, ond daliwyd fy llygaid gan ei theitl. Bryd hynny, roedd fy niffyg gwybodaeth ym maes daearyddiaeth a hanes yn bur gytbwys â'i gilydd ac felly nid oeddwn yn gwbl sicr ymhle'n union yr oedd Dinas Powys nac yn wir beth yn hollol oedd ystyr 'hundred'. Er hynny, roedd y cyfuniad o'r ddau yn ennyn chwilfrydedd a dyma estyn am y gyfrol. O'r cychwyn cyntaf, gwelais yn ymagor o'm blaen dirwedd ieithyddol dra gwahanol i'r un yr oeddwn yn gyfarwydd â hi ym Meirionnydd. Prin yr oedd angen ymorol am ffurfiau Hen Saesneg, Saesneg Canol a Ffrangeg wrth drafod enwau fy milltir sgwâr i (er mor ddiddorol yw enwau'r ardal honno hwythau). Ond yr oedd trafodaethau gwybodus, difyr a hygyrch Gwynedd yn agoriad llygad ar ran o'r wlad yr oedd ei hanes ieithyddol – i mi ar y pryd – yn annisgwyl ac, yn wir, yn gyfareddol. A hyd heddiw byddaf yn cael blas heb ei ail ar ddarllen ac ailddarllen traethu afieithus Gwynedd ar enwau'r ardal hon.

Os caniateir imi ddewis un enw o'r gyfrol, yna rhaid imi fynd at yr un a lynodd fwyaf yn fy nghof, sef *Coed Twm Lw*. Chwarae bach fyddai esbonio enw fel *Coed Twm*, wrth gwrs. Ond *Coed Twm Lw*? Fel y dengys Gwynedd, mae'r allwedd i'r pos i'w chael mewn enw arall ar y goedlan honno a ddefnyddid yn y ddeunawfed ganrif, sef *Tom Love's Wood*. Roedd y cyfenw *Love* yn ddigon cyffredin yn yr ardal gynt, ac roedd

o leiaf un gŵr o'r enw Thomas Love yn byw yno oddeutu 1550. Noda
Gwynedd fod digon o dystiolaeth o ddiwedd cyfnod Saesneg Canol i
ddangos y gellid ynganu *Love* yn [lu:v]; byddai hynny'n cael ei sillafu
Lwf mewn Cymraeg diweddar. Datblygiad nid annisgwyl wedyn fyddai
colli'r [v], a dyna ni wedi cyrraedd *Lw*. Mae'r enw *Coed Twm Lw* ei hun
yn un cofiadwy, ond esboniad golau Gwynedd, y modd y mae'r ddwy iaith
yn plethu i'w gilydd, a'r ffaith mai'r ffurf Gymraeg a oroesodd hyd
heddiw, sydd wedi aros yn fy nghof.

Erbyn hyn, a minnau'n byw nid nepell ohoni, mae ardal Dinas Powys
yn llawer mwy cyfarwydd. Ac eto, ni allaf grwydro ymhell ynddi heb
ymglywed â'i hanes ieithyddol drwy gyfrwng gwaith Gwynedd. Byddaf
yn mynd am dro yn bur aml o Gwrtyrala, dros nant y Bullcroft a heibio i
Goed y Ddylluan (neu 'Cod y Dylan', a defnyddio'r ynganiad a glywodd
Gwynedd yn lleol). Wedyn dilyn ochr Coed Twm Lw gan gadw Coed y
Langcross a Choed Siôn Hywel ar y chwith. Troi i'r dde wedyn ger fferm
y Langcross a dilyn y llwybr rhwng Coed Twm Lw a Choed yr Eglwys i
gyfeiriad Llanfihangel-y-pwll ac yn ôl i Gwrtyrala. Mae meddwl am bob
un o'r enwau hyn yn dwyn gwaith Gwynedd i'm cof. A gallwn ddweud yr
un peth am gannoedd o enwau eraill yng ngweddill Morgannwg a ledled
Cymru y mae gwaith ysbrydoledig Gwynedd wedi eu goleuo.

Braint felly yw cael cyfrannu i'r gyfrol hon ar ran Cymdeithas Enwau
Lleoedd Cymru a gweld ei chyflwyno i'r Athro Gwynedd O. Pierce yn
arwydd o'n parch a'n diolchgarwch diffuant ni oll.

Gwynedd O. Pierce

DAVID THORNE

(CADEIRYDD CYNTAF CYMDEITHAS ENWAU LLEOEDD CYMRU)

Mae'n bur debyg y bydd y rhan fwyaf sy'n darllen y geiriau hyn wedi'u cyflwyno i faes enwau lleoedd gan gyfrol yr Athro Ifor Williams, *Enwau Lleoedd*. Ymddangosodd y gwaith hwnnw ym mis Mai 1945 a chwta dri mis yn ddiweddarach bu'n rhaid mynd ati i ailargraffu. Roedd yn arwydd digamsyniol bod cynulleidfa barod yn awchu am ddysgu rhagor am y pwnc. Roedd y tir ar gyfer y gyfrol wedi ei fraenaru eisoes gan wŷr hyddysg megis yr Athro John Lloyd-Jones a'i *Enwau Lleoedd Sir Gaernarfon* a Mr R.J. Thomas a'i *Enwau Afonydd a Nentydd Cymru*.

Ac yntau wedi bod yn ddisgybl ac wedi hynny yn gyfaill ffyddlon i Syr Ifor, nid yw'n syndod o gwbl fod Gwynedd wedi mynnu lle canolog i enwau lleoedd wrth ystyried cwmpas ei weithgarwch academaidd ef ei hun. Rhydd bwyslais bob amser ar bwysigrwydd cofnodi'r ffurfiau sy'n tystio i holl daith pob enw lle ynghyd â gwybodaeth fanwl o ieithoedd perthnasol. Dyna'r gwersi a ddysgwyd i Gwynedd Pierce y myfyriwr ac a drosglwyddwyd yn feistrolgar i'r genhedlaeth ddilynol yng ngwaith Gwynedd yr Athro a'r pennaeth Adran.

Braint a phleser yw ei gyfarch a'i longyfarch am orchestion disglair ac ar gyrraedd ei ben blwydd yn gant oed ym mis Mai eleni.

A tribute on behalf of SNSBI

DIANA WHALEY

(PRESIDENT, SOCIETY FOR NAME STUDIES IN BRITAIN AND
IRELAND, 2020–2023)

Professor Gwynedd Pierce has been an influential and much-loved figure in the Society for Name Studies in Britain and Ireland (SNSBI) since it evolved almost thirty years ago from the Council for Name Studies in Great Britain and Ireland. He was present at the SNSBI's inaugural meeting at the University of Manchester in October 1991, and very supportive of the new organisation in its early years. He was elected as the SNSBI's second President (Bill Nicolaisen being the first) in 1996–9, and served three-year stints as Vice-President before and after. A fellow committee member from those days recalls, 'We all felt in very safe hands with Gwynedd in charge. He was immensely kind, sociable and good-humoured'. Indeed, his height, erudition and gift for encouragement made him a prominent presence, whether chairing sessions, chatting during coffee breaks or on bus trips, or enlivening conference mealtimes with his sense of humour and fund of anecdotes. Again to quote, 'We had a lot of laughter in the pub in the evenings'. Rumour has it that, as a true Welshman, he would occasionally escape from conferences to check on the rugby scores. Though less free to travel in recent years he has continued to contribute to the SNSBI journal *Nomina* and to be a wise and genial presence in the Society.

With all this in mind it is a great honour and pleasure to convey our warmest congratulations, good wishes and thanks to Gwynedd, a great scholar and a true gentleman, on the occasion of his 100th birthday.

Gwynedd O. Pierce

HYWEL WYN OWEN

Cyflwyno Gwynedd O. Pierce fel Llywydd er Anrhydedd Cymdeithas Enwau Lleoedd Cymru yng nghynhadledd flynyddol y Gymdeithas yng Nghaerdydd ar 6 Hydref 2012.

Pleser yw cael cyflwyno'r Athro Emeritws Gwynedd O. Pierce i chi i'w gymeradwyo fel Llywydd er Anrhydedd cyntaf Cymdeithas Enwau Lleoedd Cymru.

Mae Gwynedd yn gyswllt â tho o ysgolheigion enwog cenhedlaeth gynharach, megis yr Athro Gruffydd John Williams a William Rees. Ym Mangor, roedd yn ddisgybl i neb llai na Syr Ifor Williams ei hun. Braf yw cael gwneud y cyswllt hwn gyda'r egin Gymdeithas hon.

Bu cyfraniad Gwynedd i astudiaethau enwau lleoedd yng Nghymru a thu hwnt yn un allweddol a dylanwadol ers blynyddoedd maith. Roedd *The Place-Names of Dinas Powys Hundred* (1968) yn gyfrol arloesol am ddau reswm.

Y cyntaf yw mai dyma'r gyfrol gyntaf yng Nghymru i fabwysiadu patrwm a sefydlwyd gan yr English Place-Name Society, sef canolbwyntio ar un ardal benodol, casglu miloedd o ffurfiau hanesyddol o enwau treflannau, nentydd, bryniau a chaeau, dadansoddi'r dystiolaeth ar sail ieithyddol, a dehongli'r enwau yn hanesyddol a thirweddol, gan restru'r elfennau a'u hystyron. Dyma'r patrwm a ddilynir gan bob ymchwilydd gwerth ei halen yng Nghymru byth oddi ar hynny.

Yr ail reswm am bwysigrwydd cyfrol *Dinas Powys* yw hanes yr ardal, sy'n gorfodi'r ymchwilydd i ddadansoddi enwau lleoedd o ba darddiad bynnag, boed Hen Gymraeg, Lladin, Eingl-Saesneg, Norseg, Ffrangeg, Cymraeg a Saesneg cyfoes. Gosododd hynny'r neges ddiamwys mai astudiaeth ieithyddol hollgynhwysol yw'r astudiaeth o enwau lleoedd Cymru.

Cyfrol dra gwahanol oedd *Place-Names in Glamorgan* (2002). Dyma ymdriniaeth ddarllenadwy wedi'i hanelu at y darllenydd cyffredin a'r academydd fel ei gilydd, a hynny ar sail ysgolheictod cadarn awdurdodol. Cyfrannodd Gwynedd erthyglau academaidd i gyfnodolyn yr English Place-Name Society ac i *Nomina*, cyfnodolyn y Society for Name Studies in Britain and Ireland. Cyfrannodd i'r *Western Mail* yn wythnosol dros y blynyddoedd, yn ogystal â'r *Dinesydd,* papur bro Caerdydd, heb sôn am y ddwy gyfrol boblogaidd *Ar Draws Gwlad.*

Mae ei lyfryddiaeth yn adlewyrchu gwedd arall ar genhadaeth Gwynedd, yr awydd i rannu ei ddysg gyda phawb o ba bynnag gefndir. Bu'n cyfrannu am flynyddoedd i raglenni radio a theledu. Fe ŵyr yn well na neb am ddiddordeb angerddol pobl Cymru yn ein henwau, ein hanes a'n tirwedd, yn wir yr union ddiddordeb a roddodd fodolaeth i'r Gymdeithas hon.

Bu'n Athro Hanes Cymru ym Mhrifysgol Caerdydd am flynyddoedd. Bu'n cynghori'r Llywodraeth ar ffurfiau safonol enwau lleoedd. Fe'i han-rhydeddwyd gan Gymdeithas Hanes Morgannwg. Bu'n Llywydd y Society for Name Studies in Britain and Ireland.

Heddiw, ein braint ni yw cymeradwyo Gwynedd Pierce fel Llywydd er Anrhydedd cyntaf Cymdeithas Enwau Lleoedd Cymru mewn cydnabydd-iaeth o'r parch sydd iddo ym Mhrydain a thu hwnt, ond yn bennaf ei gyfraniad oes i astudiaethau enwau lleoedd Cymru.

Dau nodyn ~ Two notes

GWYNEDD O. PIERCE

Y Waun Ddyfal

Bwrdeistref gaerog oedd Caerdydd yn yr Oesoedd Canol, canolfan arglwyddiaeth Normanaidd Morgannwg gyda'i bwrdeisiaid yn mwynhau breintiau masnachol a chyfreithiol yn ôl termau siarter a gyflwynwyd iddynt yn hanner cyntaf y ddeuddegfed ganrif. Uned estronol, fel llawer o'r bwrdeistrefi planedig eraill yng Nghymru, mewn amgylchfyd Cymraeg a Chymreig yng nghwmwd Cibwr, cwmwd deheuol cantref Senghennydd. Nid oedd croeso ynddi i'r Cymry o'r tu allan i'w ffiniau a chyson fu'r ymosodiadau arni o ddyddiau Ifor Bach hyd Owain Glyndŵr yn 1404.

Prin yw'r dystiolaeth ddogfennol sydd wedi goroesi am enwau strydoedd a lleoedd o fewn ei muriau yn y cyfnod hwnnw, ond o sylwi ar yr hyn sydd ar gael, y nodwedd amlycaf yw absenoldeb enwau Cymraeg. O'r Oesoedd Canol ymlaen, fodd bynnag, cynyddodd tuedd i lacio ar arwahanrwydd y dref yn ei chymdogaeth mewn llawer dull a modd. Erbyn 1340 yr oedd siarter newydd wedi ei rhoi i'r bwrdeisiaid ac ynddi freintiau ychwanegol. Daeth cymhlethdod cynyddol mewn perchenogaeth tir ac eiddo. Yr oedd yr arglwyddi Normanaidd yn gynnar yn trosglwyddo incwm sefydliadau eglwysig i fynachlogydd yn Lloegr ac yr oedd gan abatai Llantarnam (*Nant Teyrnon*) a Margam eiddo yn y dref, a daliai mynachlog Nedd hithau nifer o fwrgeisiaethau a'u rhenti. Cynyddodd trafnidiaeth hefyd dros dir a môr i hyrwyddo mewnlifiad dylanwadau a chysylltiadau allanol, gan gynnwys yr amgylchfyd Cymreig yr oedd gynt ynghlwm wrtho. Dal yn siomedig, er hynny, yw'r dystiolaeth ddogfennol am yr enwau lleol hyd tua chanol yr unfed ganrif ar bymtheg er ei bod yn rhesymol credu bod peth o'r hyn a gawn yn y ganrif honno wedi dod i fodolaeth mewn cyfnod cynharach. Gellir gwneud hynny o sylwi bod Cymry wedi dod i'r amlwg ymhlith poblogaeth y dref fel tystion a phleidwyr mewn achosion cyfreithiol ac weithiau fel perchenogion. Dônt yn fwy niferus, gan ddal mân swyddi cyhoeddus yn ogystal. Gwelir cyfenwau personol anghymreig yn cael eu hysgrifennu yn y dogfennau mewn gwedd Gymraeg: *Based* am *Basset*, *Bwtwn* am *Button*, *Awbre* am *Aubrey* a'u tebyg. Dyma'r cyfnod hefyd y cawn ynddo dystiolaeth i ymddangosiad y ffurf *Caerdydd* (*Cardithe* 1553 mewn cofnod o achos yn y Sesiwn Fawr, *Cardythe* 1555, *o gaer dydd c*.1566), yn hytrach na'r ffurf wreiddiol *Caerdyf*, lle gwelir y cyfnewidiad llafar trwyadl Gymraeg -*dd* am -*f.*

Un o'r breintiau ychwanegol a ganiatawyd i'r bwrdeisiaid yn 1340 oedd yr hawl i bori eu hanifeiliaid ac i dorri mawn ar dir comin a elwir yn y siarter yn *Muchel Heth et Litel Heth*, yn ddiweddarach *The Great and Little Heaths.* Erbyn yr unfed ganrif ar bymtheg yr oedd gan y ddau enwau Cymraeg a ddefnyddir gan Rys Amheurig o'r Cotrel yn 1578, sef *mynyth bychan* a *waynddyval*, er mor hynod gweld *bychan* yn y naill, beth bynnag yw'r rheswm am hynny, lle y byddai'n fwy addas ei weld yn y llall. Fel y gŵyr pawb, ardal eang i'r gogledd o ffiniau'r hen dref bron hyd odreon gogleddol cwmwd Cibwr, nad yw cylch Cymuned bresennol yr *Heath* ond yn rhan ohoni, oedd y *Mynydd Bychan*. Hefyd, nid yr ystyr 'codiad tir uchel serth, *mountain*' sydd i *mynydd* yma ond 'tir agored, rhostir' a all ddeillio o'r syniad cynhaliol am 'fynydd-dir' y ceir enghreifftiau ohono mewn amryw o enwau lleoedd yng Nghymru. Edrychid arno yn gyson fel tir comin, ac fe'i ceir ar lafar yn y ffurfiau *mwni, myni* a *mini.* Yn *Seren Gomer* (7 Mai 1814, 4) sonnir am bobl yn mynd â'u gwartheg i'r *mwni* yn sir Benfro. Dichon fod y gair Saesneg *heath* yn ei gynrychioli'n burion.

Yr oedd y *Waun Ddyfal* yn is i'r de na'r *Mynydd Bychan*, er iddynt fod yn un rywbryd, ac i'r dwyrain o furiau'r hen dref gyda'r ffin orllewinol yn rhedeg yn fras i lawr llinell *Heol y Crwys* a'r *City Road* presennol, gyda rhan fechan ymhellach i'r gorllewin ar hyd llinell *Woodville Road.* Cyrhaeddai i lawr tua'r groesffordd lle mae *Heol y Crwys* yn ymuno â *Richmond Road, Albany Road*, a *Mackintosh Place* yn awr. Y ffin ddwyreiniol oedd Nant Mawr (*nant maure* 1653, *nant* yn wrywaidd fel yn *Nanmor, Nantgarw*, &c., a *Nant Bach* mewn amryw fannau ym Morgannwg) sy'n rhedeg heddiw trwy lyn Parc y Rhath a hyd ymyl y parc chwaraeon i lawr i waelod allt Pen-y-lan ar ei ffordd, dan yr enw *Roath Brook*, i aber afon Rhymni. Y tebyg yw mai cyfeiriad at ben gogleddol y waun yw sail enw'r heol *Pen-y-wain Road* heddiw a alwyd ar enw fferm yn y gymdogaeth, fel ei chymar agos *Tyn-y-coed* a welir yn y *Tyn-y-coed Place* presennol. Defnyddiwyd rhan helaeth o dir y ffermydd hyn i ffurfio'r parc chwaraeon, rhan ohono yn parhau'r cysylltiad â'r *Waun Ddyfal* dan yr enw *Cymdda Bach* (*Cymle bach* 1653, *Kimdda bach* 1730, *cymdda, cimdda, cimla* 'tir comin').

Ai'r gair cyffredin *dyfal* 'diwyd' yw'r ail elfen yn yr enw, tybed, fel yn y ddihareb '*Dyfal* donc a dyr y garreg'? Dichon mai anodd fyddai cysoni hynny'n rhwydd fel disgrifiad o weundir, ond o gofio am gyfnewid -*f*- ac

-*w*- ar lafar ar ganol gair yn y Gymraeg fel yn *cawod / cafod, tywod / tyfod*, ac yn y blaen, a yw hi'n bosibl mai amrywiad tebyg ar yr hen air *dywal* yw'r ffurf *dyfal* yn yr enw? Os felly, pwysig yw sylwi ei bod yn rhaid fod hyn wedi cael amser i ddigwydd cyn adeg ei ddefnyddio gan y gŵr o'r Cotrel yn 1578. Wrth gwrs y mae'r ddwy ffurf hyn hefyd i'w cael ar ddau air gwahanol ac iddynt ystyron gwahanol. Ystyr *dywal* yng *Ngeiriadur Prifysgol Cymru* yw 'ffyrnig, creulon, erchyll' a allai gael ei gymedroli i ryw raddau dros y blynyddoedd, ond nid oes raid i'r cyfnewidiad seinegol yn yr iaith lafar a roes *dyfal* wneud gwahaniaeth i'w ystyr mewn enw penodol. Yr hyn a gynigir yma yw mai ystyr y gair *dywal* sydd i *dyfal* yn yr enw *Waun Ddyfal*. Gyda *gwern* fel ail elfen aeth *dywalwern* yn *Dafalwern* 1162 a *Tafolwern* ger Llanbryn-mair, sir Drefaldwyn, a ystyrid yn 'wern â pherygl o ryw fath wrth ei chroesi'. Ai gwaun a greai ofn ac anesmwythyd i'w thramwyo oedd y *Waun Ddyfal*?

Mae lle i gredu bod hynny'n dra phosibl. Erbyn tua diwedd yr unfed ganrif ar bymtheg neu ddechrau'r ganrif ddilynol fe ymddengys fod ambell glwt arbennig o dir (a elwir yn *fields* yn y dogfennau) wedi dod i fodolaeth ym mhegwn deheuol y Waun, tua'r groesffordd bresennol ger *Mackintosh Place*. Y mae'n amlwg ei bod yn ardal bur annymunol, onid peryglus. Dyma lle'r oedd y *Gallowsfield* 1661 (a ddangosir fel *Gallows* ar fap George Yates yn 1799) un o grogfannau cydnabyddedig y dref. Ar fur banc y Nat West yn y cyffiniau heddiw ceir tabled i goffáu crogi dau offeiriad pabyddol yno yn 1679, ac yr oedd yn dal i fod yn brysur, os dyna'r gair, hyd ddiwedd y ddeunawfed ganrif o leiaf gan fod gŵr a merch wedi eu crogi yno yn 1793 am dorri i mewn i dŷ. Yn yr un ardal yr oedd y *Cutthroats feild* 1737, na allai fod wedi cael yr enw oni bai am fwy nag un anfadwaith a barodd i William Rees sylwi ar 'the grim associations of the site' yn ei gyfrol ar hanes Caerdydd. Amlwg yw mai tir gwlyb, lleidiog ac annymunol ei nodweddion oedd yr ardal hon hefyd gan mai enw arall ar fan yn y cyffiniau oedd *Cae pwdwr* neu *Cae Budur* (*Kaebuwdwr* 1728, *Kaebuddwr* 1745, *Cutthroat and Cae Budwr* 1761, *Cae Pwdwr* 1778) yn ymyl y *Plwca Halog* (*Plucke Halog* 1605, *Plucka hallock* 1680, *plwca* yn fenthyciad o ffurf dafodieithol Saesneg Canol yn golygu 'man lleidiog' a *halog* yn yr ystyr 'budr, brwnt', fel yn yr enw cyffredin *Rhydhalog* > *Rhytalog*). Ac nid yn unig y rhain gan fod y *City Road* presennol, nad oedd fawr gwell nag wtra neu lwybr yr adeg honno, wedi cael yr enw *Hewl-y-plwca* a *Plwcca Lane* cyn dod yn *Castle Road* ar ôl 'castell' y Rhath cyfagos a chyfylchog ei furiau (*Plasnewydd* gynt) yn 1874, ac yn llawer diweddarach pan oedd dylanwadau newydd mewn bri, yn *City Road* i goffáu gwneud Caerdydd yn ddinas yn 1905.

Ffwrwmishta

One hundred years ago the Monmouthshire historian Sir Joseph Bradney published an item on the Welsh Gwentian dialect listing spoken forms with which he had become familiar. Among them was the following:

> *Ffwrwm*, a bench. At Machen is an inn whose sign is *Y ffwrwm ishta* (eistedd), so called from an ancient bench outside the house. (*Archaeologia Cambrensis*, 76 (1921), 145)

Such was also his interpretation of the name of this well-known Machen hostelry which seems to have been favoured to this day. It rests on the belief that the first element in the name is the Welsh word *ffwrm*, a borrowing from Middle English *furme*, *fourme* 'form, bench' which acquired in the vernacular an intrusive vowel to give *ffwrwm*. This is not uncommon in words of one syllable which end in a consonant cluster in the spoken Welsh of south Wales, the epenthetic vowel being often similar to the one that exists in the original form, as in *dwfn* 'deep' > *dwfwn*, *cwlm* 'knot' > *cwlwm* or *cwrf* 'beer' > *cwrw(f)*.

The second element *-ishta* is interpreted by Bradney as the spoken form of the Welsh infinitive *eistedd* 'to sit', used adjectivally. In the vernacular, the loss of final *-dd* in an unaccented final syllable occurs frequently and the initial dipthong *ei-* is often reduced to *i-* (as in *ithin* 'gorse' for *eithin*, or *ithaf* 'furthest' for *eithaf*) the resulting form *-iste* becoming *-ista* with a further *e/a* change of the terminal vowel which occurs in the south eastern areas of Wales. In addition, *-s-* after *-i-* in combination with another consonant becomes *-sh-* (as in *dysgl* 'dish' > *dishgl*, or *meistr* 'master' > *mishtir*), so that *-ista* becomes *-ishta*. In the sense it was thus interpreted, the literal meaning of *ffwrwmishta* as 'a bench to sit on' might not have been an unattractive prospect on an inn sign to tired travellers on the well-trodden road from Caerffili to Basaleg.

However, this idea cannot be sustained for the simple reason that *Ffwrwmista* is not the only place in the area that has a name which contains the element *ffwrwm*. Not one of the others was an inn. Neither does it appear that *Ffwrwmishta* itself was originally a hostelry. Although the Machen tithe map of 1842 shows it as *Ffwrwm Public House*, it is listed as a farmstead of some 130 acres in the accompanying apportionment schedule, '*Ffwrwm* and land'. It is registered as a farmstead in the eighteenth-century Land Tax Assessments, which strongly suggests that this is an example which conforms with the accepted trend, particularly in the first half of the nineteenth century, of some farmers becoming victuallers, their residences becoming hostelries or inns retaining the names of such properties as the name of the inn.

The village of Machen was originally what is now known as Lower Machen. The growth of Upper Machen, shown simply as Machen on the maps, was the consequence of development over the years of what began as an activity on the part of individuals or partnerships in the charcoal iron industry from the sixteenth century or possibly earlier. The early industrial history of the area is not well documented but enough evidence exists to indicate the presence of primitive furnaces and forges. A forge at Machen on the banks of the Rhymni river was being run jointly by Sir Henry Sydney and partners possibly as early as 1564 to process pig iron from the *Hen Ffwrnes* 'old furnace' at Tongwynlais, near Cardiff. It passed into the hands of the Mineral and Battery Works in 1569–70. Further developments are indicated in scattered documentary evidence up to the eighteenth century and the first half of the nineteenth until the appearance of the large complex known as The Machen Iron and Tinplate Company in 1852, popularly known as the Machen Forge, which lasted until the mid 1880s when it fell into decay and no longer exists. *Forge Wood* now remains as a reminder of its existence. The later Waterloo Tinplate Works occupied a separate site in the vicinity.

That the area had the resources for early industrial development of this kind is beyond doubt. Iron ore was available on both sides of the Rhymni. Wood fuel for charcoal was plentiful in 'the deep and impervious woods', which Archdeacon William Coxe eulogised in his perambulation of the vale of Machen, published in the first volume of his *An Historical Tour in Monmouthshire* (London, 1801), 67. Local coal measures were later also to be used and Coxe refers to two 'principal manufactories', being charcoal forges, at Machen and the contiguous hamlet of Gelliwastad, and 'five forges called Machen Forges in the parishes of Machen and Rudry' (exact location unknown) had been recorded in 1747–8 as the property of Samuel Pratt and partners.

The old Machen Forge had its own tramway to connect it with the Rumney Railway. It was cut up the sharply sloping hillside from its river-bank location and the bed still exists as a pathway known locally as *The Run*. Close to the point where it crosses the main road from Caerffili to Basaleg stood the homestead of *Ffwrwm Uchaf*, the second element in the name being the Welsh adjective *uchaf* 'upper, higher' (*Ffrom Uchaf* 1833, *Ffurwm Ucha* 1842, *Fwrwm Uchaf* 1885). From this point the modern road runs eastwards down the slope of Commercial Road and at a point opposite its junction with Church Road and the Old Post Office stands

Ffwrwmishta. This clearly indicates a contrasting location for two places named *Ffwrwm*, the one being the 'upper' *uchaf*, and the other the 'lower' *isaf*, which would be *isha* in the vernacular, as noted above. The form *-ishta*, therefore, can be regarded as a contrived adaptation by the insertion of *-t-* to suggest the colloquial form of *eistedd* in support of the interpretation of *ffwrwm* in the sense of 'form, bench'. An interesting example of popular etymology, possibly, to explain the name that can be found as *Forumista* in 1707, and which could suggest a seventeenth-century provision. In addition, *Ffwrwm* occurs as the name of a ruined Welsh long-house at ST 224 891 on the hillside above Machen, between Bovil and Castell Meredydd, but no information is available at present about the origins of this structure.

That *Ffwrwmista* later became a location of some note is borne out by its inclusion on late eighteenth-century and early nineteenth-century maps not particularly well known for their inclusion of minor names, *Fromista* 1790, 1830, 1833, *Froomista* 1799, 1812, 1828, *Furum isaf* 1836. For both the higher and lower locations the 1833 first edition OS map has *Ffrom Uchaf* and *Ffrom Isaf*, but the form *Ffwrwmista* is the more frequent in the Machen parish register of burials 1815–41 in varying forms such as *Fwrwm Mista*, *Furwm Mista*, *Fwrwm Mishta*, &c. The presentation of the initial consonant varies between the Welsh digraph *ff-* and the English *f-* depending on the scribal source.

In view of what has been outlined above concerning the existence of early units of industrial activity in the Machen area, the etymology of *ffwrwm* remains to be determined. The Welsh word for 'furnace' is normally the borrowed form *ffwrnes*, *ffwrnais* (from Middle English *furneys*), and the field names *Kae'r Furnas* 1722 'furnace field' and another *Cae'r Furnace* 1728 (both in different unspecified locations) are recorded in the locality whilst in a neighbouring parish there occurs *Cae'r Ffwrn* c.1792, Welsh *ffwrn*, of similar meaning, having cognates in Cornish, Breton and Old Irish but ultimately from Latin *furnus*, as in the Welsh biblical phrase *ffwrn dân* 'fiery furnace'. Allowing for a measure of terminological uncertainty in common parlance, it could also be taken to mean a 'hearth' or 'forge'. In addition, *ffwrn* could have been subject to what was a further Welsh colloquial change, namely, the terminal alternation of *-n* and *-m* as in place names like *Dinan / Dinham*, *Llandinan / Llandinam*, &c., and borrowings from English, like *saffron / saffrwm*, *button / botwm*, *pattern / patrwm*, to give *ffwrm*, a form similar to the *ffwrm* taken by Bradney to mean 'form, bench', and having the same acquisition of an epenthetic vowel, *ffwrwm*.

What is suggested here, therefore, is that we have the far more likely 'lower forge or furnace' and its 'upper' counterpart as the original meaning of *Ffwrwmista* and *Ffwrwm Ucha* and that both places originated either as early forges or furnaces or were named after such locations, whether on the sites or in close proximity to them. It is not without significance that the developing area of Upper Machen was referred to as *the Ffwrwm District* or *Ffwrwm Village* in the 1841 Census schedules and local residential addresses as being in *Upper Machen or Ffwrwm Uchaf.* Further, that *Ffwrwmista* became a venue of some consequence locally is borne out by several indications of its significance. By the 1790s it is known that the letter books of the managers of Machen and Basaleg forges referring to the facilities for weighing iron were deposited there and in its later guise as a hostelry miners in the locality held meetings there which led to strikes. It was also the place where many Tredegar Estate functions were held, royal jubilee celebrations, sheep sales and even Welsh *eisteddfodau.* The adjacent *Cae'r Ffwrwm* 1842 was apparently ideal for the purpose, 'as lots of people could use the natural slope for seats' according to local testimony. It serves as a reminder, contrary to the opinion of some, of how durable Welsh cultural institutions and the spoken language were in the area until the later years of the nineteenth century. In 1793 a local dignitary wrote 'we are to have an English service at Machen tomorrow' as if it were an unusual occurrence. Services in the Welsh Baptist chapel of Siloam were conducted in Welsh until about 1884. This was an environment in which Welsh dialectal peculiarities had an opportunity to influence the form of a name like *Ffwrwmista*, of which Sir Joseph Bradney was evidently aware although, in this case, his interpretation of its meaning was open to question.

Llyfryddiaeth enwau lleoedd Gwynedd O. Pierce

'Houses of the Welsh upper-class families in the 13th and 14th centuries', in William Rees, *An Historical Atlas of Wales from Early to Modern Times* (Cardiff, 1951), Plate 48.

'Enwau-lleoedd anghyfiaith yng Nghymru', *Bwletin y Bwrdd Gwybodau Celtaidd*, 18 (1959), 252–65.

'Place-Names', in J.F. Rees (ed.), *The Cardiff Region* (Cardiff, 1960), 171–6.

'Some Place-Names in the Vale of Glamorgan', in Stewart Williams (ed.), *The Garden of Wales* (Barry, 1961), 47–55.

The Place-Names of Dinas Powys Hundred (Cardiff, 1968).

'English influence on place-names in Wales', *Onoma*, 17 (1972–3), 173–91.

'Mynegbyst i'r gorffennol', yn Ieuan M. Williams (gol.), *Abertawe a'r Cylch* (Abertawe, 1982), 73–98.

'Trerannell : Angelton', *Morgannwg*, 27 (1983), 59–65.

'Goston : Tre-os', *Morgannwg*, 28 (1984), 874–87.

'The evidence of place-names', in H.N. Savory (ed.), *Glamorgan County History, Vol. 2* (Cardiff, 1984), 456–92.

'Llanynewyr (Llanyrnewydd)', *Morgannwg*, 29 (1985), 74–9.

'The need for a national survey of place-names in Wales', *Journal of the English Place-Name Society*, 19 (1985–6), 29–42.

'Place-Names', in D. Huw Owen (ed.), *Settlement and Society in Wales* (Cardiff, 1989), 73–94.

Dan y Bargod. Rhai o Enwau Ardal Cwm Rhymni (Caerdydd, 1990).

'Under the eaves. Some place-names in the Rhymni Valley area', *Morgannwg*, 36 (1992), 94–121.

'Welsh place-name studies. The background', *Archaeologia Cambrensis*, 144 (1995), 26–36.

(gyda Tomos Roberts a Hywel Wyn Owen), *Ar Draws Gwlad. Ysgrifau ar Enwau Lleoedd* (Llanrwst, 1997).

(gyda Tomos Roberts), *Ar Draws Gwlad 2. Ysgrifau ar Enwau Lleoedd* (Llanrwst, 1999).

'The Welsh *mystwyr*', *Nomina*, 23 (2000), 121–39.

'Capel y Fanhalog', *Morgannwg*, 45 (2001), 69–77.

Place-Names in Glamorgan (Cardiff, 2002).

'Ffwrwmishta', *Morgannwg*, 53 (2009), 5–12.

'Sully : Sili', *Y Casglwr*, 102 (2011), 24.

(with Richard Morgan and Hywel Wyn Owen), 'Risca, Rhisga. A note', *Gwent Local History*, 114 (2013), 42–5.

'Pencisely', *Bwletin Cymdeithas Enwau Lleoedd Cymru*, 9 (2016), 12.

'Trelluest?', *Bwletin Cymdeithas Enwau Lleoedd Cymru*, 14 (2018), 7–8.

'Craig Cibwr', *Bwletin Cymdeithas Enwau Lleoedd Cymru*, 14 (2018), 13–14.

Adolygiadau

Aneirin Talfan Davies, *Crwydro Bro Morgannwg, 2* (1976), yn *Barn* (Tachwedd 1976), 365–6.

O.J. Padel, *A Popular Dictionary of Cornish Place-Names* (1988), in *History and Archaeology Review* (Spring 1990), 80–1.

Gwilym T. Jones, *Afonydd Môn = The Rivers of Anglesey* (1989), yn *Trafodion Cymdeithas Hynafiaethwyr a Naturiaethwyr Môn*, 1990, 133–5.

B.G. Charles, *The Place-Names of Pembrokeshire* (1992), yn *Llên Cymru*, 18 (1995), 388–90.

Hywel Wyn Owen, *The Place-Names of East Flintshire* (1994), in *Studia Celtica*, 29 (1995), 319–21.

Richard Morgan, *Place-Names of Gwent* (2005), in *Nomina*, 30 (2007), 140–3.

1

Strydoedd Aberaeron

GARETH A. BEVAN

Yn 2007 dathlodd tref Aberaeron ei deucanmlwyddiant. Ar 1 Awst 1807 pasiwyd deddf:

> to enable the Reverend Alban Thomas Jones Gwynne ... to repair and enlarge or rebuild the Quay or Pier within the Harbour or Port of Aberayron ... and to improve the said Harbour.

Roedd y Parch. Alban Thomas wedi priodi Susanna Maria Jones o Dyglyn[1] ac ychwanegu ei chyfenw hi at ei un ef. Etifeddodd y ddau ohonynt swm sylweddol o arian ac ystadau yn sir Aberteifi ar ôl Lewis Gwynne o Fonachty,[2] gan gynnwys maenor Llyswen neu Aberaeron. Ychwanegwyd y cyfenw 'Gwynne' at eu henw hwythau.[3]

Adeiladodd Alban Gwynne res o dai o'r enw *Monachty Row* ac wedyn adeiladwyd ysgol fach ar ei phwys,[4] y ddau i'w gweld ar fap degwm Henfynyw (1845) ar ochr y môr i safle'r promenâd heddiw. Bu farw yn 1819, ac ar ôl marw ei weddw yn 1830, aeth ei fab ati o ddifri i roi prydlesoedd ar dir i godi tai yn ôl cynllun y pensaer Edward Haycock o Amwythig.[5]

Cilfach oedd harbwr Aberaeron cyn pasio'r ddeddf, gydag ychydig o aneddiadau gwasgaredig. Afon Aeron oedd y ffin rhwng plwyfi Llanddewi Aber-arth a Henfynyw nes cyrraedd lle mae'r Bont Isaf heddiw ac yna rhedai'r ffin ar hyd hen gwrs yr afon mewn llinell syth i'r môr wrth Gastell Cadwgan, lle mae lôn fferm Drenewydd yn gorffen.

Yn ei lyfr ar enwau sir Aberteifi mae Iwan Wmffre yn dweud:

> Street-names, and names of public squares ... can be deemed micro-toponyms, due to their subordination to the village or town. Except for old street-names, I have only noted them sparingly, since before 1800

---

[1] Plasty ym mhlwyf Llanddewi Aber-arth.

[2] Sillafiad lleol arferol enw'r plasty ym mhlwyf Llanbadarn Trefeglwys.

[3] Roger Bryan, *Hanes Trwy Luniau / A History in Pictures* (Aberaeron, 2010), 10–11.

[4] *Resolutions entered into ... That a school be established at Aberayron, for the instruction of poor children* (Aberystwyth, [1817]).

[5] Bryan, *Hanes Trwy Luniau*, 49–57.

Aberteifi and Aberystwyth were the only towns of any size in Cardiganshire.[6]

Serch hynny, credaf ei bod yn werth ystyried enwau strydoedd Aberaeron am eu bod yn dangos datblygiad digon diddorol o dirwedd sy'n cychwyn heb strydoedd nes cyrraedd patrwm strydoedd heddiw.

Y map cyntaf sydd gennym gydag enwau'r strydoedd arno yw 'Plan of the Seaport Town and Harbour of Aberayron Cardiganshire. For Sale by Private Treaty by Mr. O. Daniel 1884'.[7] Fe'i gwerthid ar ran ystad Monachty. Roedd rhyw ychydig o'r dref heb ei gynnwys oherwydd ei fod yn rhan o ystad Llanaeron, sef plasty Llanerchaeron, sydd bellach yn eiddo i'r Ymddiriedolaeth Genedlaethol. Yr un yn y bôn yw patrwm y dref ar y map â phatrwm heddiw, ac mae'r rhan fwyaf o enwau'r strydoedd yn gyfarwydd.

Dwy yn unig sydd ag enwau Cymraeg: *Pant Teg* a *Dolhalog.* Mae rhai sydd ag enwau sy'n ymwneud â'u lleoliad: *Bank Lane,* wrth ochr adeilad y banc yn South Road (sydd newydd gau), *Bellevue Terrace,* sy'n edrych i lawr ar yr harbwr, *Bridge Street, Castle Lane,*[8] *Harbour Lane, Market Street, North Road, Peniel Lane,*[9] *Quay Parade, Ship Street,*[10] *South Road, Tabernacle Street,* a *Water Street.* Ar ben hynny, mae rhai sydd wedi diflannu erbyn hyn: *Rock Terrace,*[11] *Dolphin Place,* a *Neptune Place,* y ddwy olaf wedi eu henwi ar ôl tai annedd.[12]

Mae dwy sydd â chysylltiadau lleol: *Alban Square* (ar ôl Alban Thomas Jones Gwynne) a *Cadwgan Place* (ar ôl *Castell Cadwgan*), a saith sydd â chysylltiadau gwladgarol Prydeinig: *Albert Street* (a oedd yn cynnwys y

[6] Iwan Wmffre, *The Place-Names of Cardiganshire* (Oxford, 2004), xiii.

[7] <http://www.cymdeithasaberaeron.org/wp-content/uploads/2013/03/1884-map.jpg>. Mae copi LlGC, Map Nanteos 145, yn cael ei ddisgrifio fel rhan o 'Plan and particulars of a whole town, harbour, & manor, for sale by private treaty, in one lot, by Mr. O. Daniel … 106×84 cm.'

[8] Y tu ôl i'r Castle (Hotel).

[9] Yn wreiddiol wynebai'r capel *Peniel Lane*. Mae plac ar y talcen hwnnw, ond trowyd y capel yn ddiweddarach; yn ôl y sôn, fel na fyddai'r saint yn gorfod wynebu'r pechaduriaid yn gadael drwy gefn y Llew Du gyferbyn.

[10] Ai dyna lle roedd y Ship? Yn ôl Mair Lloyd Evans & Mair Harrison, *The Ins and Outs of the Inns of Aberayron* ([Aberaeron], 2013), 18, nid oes sôn amdani ond yn *Pigot's Directory for South Wales* (1830).

[11] Lle mae *North Parade* heddiw.

[12] Roedd *Dolphin* ar safle *Trelawney*, cartref y canwr enwog, Syr Geraint Evans, ac mae *Neptune* yn bod o hyd.

Chalybeate Street[13] bresennol), *Brittania* [*sic*] *Place* (sydd erbyn hyn yn driongl o dir ar bwys y troad i Lanbedr, heb na thai nac enw arno), *Princess Street, Queen Street, Victoria Street, Waterloo Street,* a *Wellington Street.*

Mae rhai sydd â chysylltiadau Llundeinig: *Drury Lane,*[14] *Oxford Street,* a *Regent Street*; ac yn ôl pob tebyg, *Portland Place* a *Tower Lane*;[15] a rhai sydd ag enwau chwareus: *Welch Back,*[16] adlais o enw cei ym Mryste, lle byddai llongau o Aberaeron yn angori (cf. *Birkenhead,* llysenw ar ochr Aberteifi i harbwr Aberaeron a *Liverpool* ar ochr Aberystwyth, sy'n cyfeirio at ddwy ochr afon Mersi); *Darkgate Street*[17] (cf. enw prif stryd Aberystwyth), *Vulcan Place,*[18] *Newfoundland,* ac o bosibl *Greenland Terrace.*

O ystyried *Drury Lane* ger Bwcle, sir Fflint, *Pye Corner* yng Nghasnewydd a Chas-gwent, *Bow Street* a *Chancery* yng Ngheredigion, a phedwar *Temple Bar,* un yng Ngheredigion a thri yn sir Benfro (pob un am dollborth), mae'n amlwg mai enw o'r math yma oedd *Drury Lane* Aberaeron, a dichon bod hynny'n wir am bob un o enwau Llundeinig y dref.

Newfoundland: dyma'r bellaf o'r ddwy stryd sy'n ymestyn i gyfeiriad Aberteifi ar ben uchaf y dref o'r groesffordd â Phant-teg a Wellington Street. Yn ôl Mair Lloyd Evans a Mair Harrison, 'The Rope & Anchor was originally known as *Newfoundland* when it had its first licence in 1838.'[19] A chofio cyn lleied o adeiladau Aberaeron oedd wedi eu codi yn

---

[13] Ymddengys *Chalybeate Terrace* yn y Cyfrifiad gyntaf yn 1891 a *Chalybeate Street* yn *The Cambrian News and Merionethshire Standard,* 10 February 1893, 7. Gair lled anghyffredin yw *chalybeate* 'yn cynnwys haearn'. Yn y Cyfrifiadau cyn hynny Aberystwyth oedd yr unig dref yng Nghymru a Lloegr a oedd â strydoedd a gynhwysai'r elfen *Chalybeate* yn eu henw. Ceir *Chalybeate Terrace* yno mewn cyfrifon yn 1817, sef *Chalybeate Street* cyn 1895, Howard C. Jones, *Aberystwyth Street Names* <http://www.archifdy-ceredigion.org.uk/uploads/howard_jones_aberystwyth_street_names.pdf>, 2.

[14] Gynt *Rosemary Lane* (un tŷ), yn ôl pob tebyg, yn *Pigot & Co.'s Directory of South Wales* (London, 1844), 4 a Chyfrifiad 1851. Disgrifiwyd Daniel Jones, a oedd yn byw yno, fel 'Watchmaker' yn 1844 ac fel 'Chelsey Pensioner' yn 1851. Roedd yna *Rosemary Lane* ar un adeg yn Lerpwl, sef *Fazakerley Street,* Lerpwl L3 heddiw, sy'n agos i'r Princes Dock, ffaith sy'n ogleisiol ac efallai'n berthnasol. Roedd *Rosemary Lane* yn Aberystwyth wedi troi'n *Princess Street* erbyn 1815. *Lôn Rhosmari* yw'r enw Cymraeg yn awr, Jones, *Aberystwyth Street Names,* 6.

[15] Yn Aberystwyth ceir *St James's Square* (1809) a *Gray's Inn Road* (yn 1815 *Gray's Inn Lane,* a chyn hynny *Back Lane*), enwau Llundeinig ill dau, *ibid.* 7, 4.

[16] Ar ochr y môr i safle'r promenâd heddiw, rhwng y Pier a Pier Cottage.

[17] *Alban Back* yng Nghyfrifiad 1871.

[18] Lle gweithiai gof(aint), a'i enwi ar ôl *Vulcan,* duw tân a gwaith metel Rhufain. Roedd gefail hefyd yn *Vulcan Place* Aberystwyth yn 1835 (*Vulcan Street* erbyn 1871), Jones, *Aberystwyth Street Names,* 6.

[19] Evans & Harrison, *Ins and Outs,* 17.

y flwyddyn honno, mae'n debyg felly fod *Newfoundland* yn cael ei ystyried yn lle anghysbell, fel *Timbuktu*.[20]

Mae talaith Newfoundland ymhellach o Ewrop nag ynys Greenland. Ai dyna pam y galwyd *Greenland Terrace* ar y teras a oedd yn llanw'r bwlch rhwng y groesffordd a *Newfoundland*?[21]

Ceir hefyd *Mason's Row*, wedi ei sillafu felly ar y map ac yng Nghyfrif-iadau 1871–91. Anodd gwybod ai enw personol (ceir hefyd *Mason Row* yng Nghyfrifiad 1871) neu enw cyffredin yw'r elfen *Mason*; ond erbyn heddiw ceir hefyd *Masons' Row*, a hyd yn oed *Masons' Road*.[22]

Ceir crynodeb o rai o Fanylion rhestr yr arwerthiant yn llyfr Haydn Lewis, *Penodau yn Hanes Aberaeron*,[23] sef dyddiad gwreiddiol a hyd prydles y rhan fwyaf o'r tai, er bod rhai ar les flynyddol (a heb ddyddiad cychwynnol). Nid yw dyddiadau'r prydlesoedd o anghenraid yn cyfateb i ddyddiadau codi'r tai. Sylw diddorol gan Haydn Lewis yw 'fod y "tai mawr", ymron yn ddi-ffael, yn hwyrach eu "prydlesiad" na'r gweddill',[24] er enghraifft codwyd Portland House yn 1855 yn ôl y garreg sydd wrth ochr y tŷ (ac yn ôl dyddiad y brydles), flwyddyn neu ddwy ar ôl rhifau 2, 3, a 7 Portland Place (yn ôl dyddiad eu prydlesoedd hwythau), sy'n awgrymu enwi Portland House ar ôl enw'r stryd, ac nid fel arall.[25]

Rhif 62 yn y Manylion yw *John's Court*, heb ei enwi ar y map, rhwng Capel Peniel a gerddi rhif 3 Water Street a rhif 1 Albert Street.[26]

Yn ôl â ni mewn amser felly at fapiau degwm Henfynyw a Llanddewi i weld sut le oedd Aberaeron tua 1845, ryw ddeugain mlynedd yn gynt na map 1884. Mae'r mapiau degwm yn dangos ble roedd y strydoedd ond nid

[20] Yn Aberystwyth, pan ddatblygwyd ardal Bath Street 'in the late 1860s, it was done by taking some land from the rear of the Marine Terrace houses, hence "new found land" to give the name *Newfoundland Street*', Jones, *Aberystwyth Street Names*, 1.

[21] *Greenland* a *Greenland Place* yng Nghyfrifiad 1861. Beth yw'r cysylltiad, os oes un, rhwng *Greenland Terrace* a *Greenland Cottage* yn Lôn y Felin, islaw Lampeter Road?

[22] Yn ôl S.C. Passmore 'New Quay at the time of the 1851 census', *Ceredigion*, 10 (1986), 315, yn 1851 'five [masons] were members of one family and lived ... in two houses at 14 Church Street and the small adjoining street recently built and named in consequence *Mason's Row*, now *Mason Square*.'

[23] L. Haydn Lewis, *Penodau yn Hanes Aberaeron* (Llandysul, 1970), 33–40, sy'n dweud bod yr arwerthiant wedi ei gynnal 'yng ngwesty'r "Feather's", Mercher, Rhagfyr 5, 1883' er mai 1884 yw'r dyddiad yn eglur ar y map.

[24] *Ibid*. 35.

[25] Gwrthgyferbynner *Portland Street* Aberystwyth a ddatblygwyd rywbryd rhwng 1809 ac 1816 a *Portland Lane* (wedyn *Portland Street*) yng Nghyfrifiad 1841, Jones, *Aberystwyth Street Names*, 5, 4.

[26] Roedd *Jones' Court* yng Nghyfrifiad 1871. Ai'r un lle?

beth oedd eu henwau. Ond gallwn gasglu beth oeddent drwy ddefnyddio Cyfrifiad 1841.

Gwelsom y strydoedd hyn eisoes ar fap 1884, rhai dan enwau gwahanol: *Tabernacle Steet*,[27] *Market Street*, *Bridge Street*, ac *Alban Square*, heb ond ychydig iawn o dai; *Pier Street* (*Quay Parade*), *Bridge Row* (*Water Street*), *Factory Lane* (*Albert Street*), *Rock Street*, a *Britania Row*. *West Pier Street*,[28] oedd enw dau dŷ cyntaf y *Belle Vue Terrace* presennol. *Cadwgan Street* oedd enw *Cadwgan Place* yn 1836;[29] *Cadogan Street* yn ôl Cyfrifiad 1841. Yn ogystal roedd *Red Lion Street*. Gwesty'r Harbwrfeistr oedd y Red Lion; ond nid yw'n eglur pa stryd oedd hon. *Monachty Row* yw'r enw olaf yn y Cyfrifiad.

Os ceisiwn fynd yn ôl ymhellach, cawn yr Henadur J.M. Howell, dyn busnes a hanesydd lleol amlwg, yn ysgrifennu yn 1926:

> The names of the streets show discernment. One could almost follow the trail of the dates of the building of the town from the nomenclature of the streets.

> The Battle of Waterloo was fought in 1815. The Harbour was finished about the year 1811, the town began immediately to grow, and so we find Wellington Street, and Waterloo Street. Victoria ascended the throne in 1837, and we have Princess Street, Queen Street, Albert Street, Victoria Street.[30]

Yn anffodus, mae yna broblem fach gyda'r dehongliad hwn, sef nad oes cofnod am yr enwau *Wellington Street* cyn Cyfrifiad 1871 na *Waterloo Street* cyn Cyfrifiad 1861.[31] Ar fap Singer o sir Aberteifi (1803)[32] a'r mapiau canlynol mae heol yn rhedeg lle mae'r Wellington Street bresennol, ond heb dai nac enw. 1861 yw dyddiad y Cyfrifiad cyntaf sy'n cynnwys *Queen Street*, *Victoria Street*, a'r enw *Albert Street* (yn lle *Factory Lane*). Roedd Victoria wedi bod ar ei gorsedd oddi ar 1837 ac

---

[27] *Chapel Street* yn ôl *Pigot & Co.'s Directory of South Wales* (London, 1844), 4.

[28] *College* yng Nghyfrifiad 1851.

[29] Wmffre, *Place-Names of Cardiganshire*, 694, lle crybwyllir *Cadwgan* (*House*) (1825, 1826), gynt *Cilgwgan House* (1820, 1823), heb roi lleoliad. Cf. *Cilgwgan*, ar y ffordd i Aber-arth (SN 469 632).

[30] J.M. Howell, 'The birth and growth of Aberayron', *Transactions ... Cardiganshire Antiquarian Society*, 4 (1926), 11.

[31] Roedd enw *Waterloo Street* Aberystwyth (*Cambrian Street* heddiw) ar y llaw arall fwy neu lai'n gyfoes â dyddiad y frwydr.

[32] Joseph Singer, *A New Map of Cardiganshire from an Actual Survey* (London, 1803).

aeth y Tywysog Albert yn sâl yn 1859;[33] anodd gwybod beth yn union oedd y sbardun i'r enwi a'r ailenwi.

Mae *Princess Street* yn fwy cymhleth: *Princess Street* yn 1864,[34] *Prince's Street* yng Nghyfrifiadau 1871 ac 1881, ond *Princess Street* ar fap 1884, pendilio rhwng y ddau wedyn nes cyrraedd *Prince's Avenue* erbyn heddiw.[35]

Gyda'i bwyslais ar 'discernment' nid yw J.M. Howell yn crybwyll yr enwau chwareus (ar wahân i *Vulcan Place* a *Bedlam Barracks*, sef llysenw *Monachty Row*). Fodd bynnag, mae'n ffynhonnell wybodaeth ddefnyddiol am adeiladau Aberaeron cynnar:

> Daniel Jones, mason, who lives to-day [1924], can remember things clearly from that date [1852]. He remembers buying a 'corn cynhauaf' of Thomas and Nancy Tinman, who lived in 'Bedlam Barracks,'[36] a street of diminutive cottages situate far out on the sea shore, below the Tabernacle Chapel. Every vestige of the ruins has long been razed and obliterated by the sea. There was a plot of green in front of these cottages. Hence the name *Ffair Lan Y Môr*, by which name our annual hiring fair is still known, for it was there the fair was held. This fact will demonstrate how much the sea has encroached in seventy-five years.'[37]

Ar 27 Gorffennaf 1864 cynhaliwyd eisteddfod Aberaeron 'yn yr Heol Ogleddol' 'mewn pabell eang a wnaed o hwyliau'. Cystadlodd pump ar y testun 'Hanes Aberaeron. Ei Dechreuad, Ei Chynnydd yng nghyd a Henafiaethau y ddau blwyf y gorwedd y dref ynddynt'. Mae un o'r

---

[33] Bu farw yn 1861 – ar ôl dyddiad y Cyfrifiad. Roedd *Victoria Terrace* yn Aberystwyth yng Nghyfrifiad 1851. Agorwyd y Queen's Hotel yno yn 1866. Roedd *Queen's Road*, *Queen's Square*, a *Queen's Terrace* wedi eu henwi erbyn 1871. Gyferbyn â'r Queen's Hotel, mae *Albert Place*, a enwyd yn ôl pob tebyg ar ôl y Tywysog Albert, Jones, *Aberystwyth Street Names*, 6, 8, 1. Ar y llaw arall, agorwyd tafarn y *Prince Albert* (lle mae'r *Court Royale* yn Eastgate heddiw) cyn 1840, pryd y priododd Victoria Albert, <http://pint-of-history.wales/explore.php?func=showpub&id=39>.

[34] Gweler traethawd Gwynionydd isod.

[35] '*Princess Street* (now known as *Princes Avenue* – changing sex and becoming an Avenue)', Evans & Harrison, *Ins and Outs*, 17. Fel y gwelwyd eisoes, roedd *Princess Street* yn Aberystwyth erbyn 1815, Jones, *Aberystwyth Street Names*, 6.

[36] Roedd yna *Bedlam Barracks* yn Gibraltar, *An Authentic and Accurate Journal of the Late Siege of Gibraltar* (London, 1785), 9, a hefyd yn Nghonwy, lle cynhaliwyd y seiat gyntaf 'yn 1767 a hynny mewn hen adeilad salw, yn dwyn enw di-swyn dros ben – "Bedlam Barracks." ', T. Gwynne Roberts, 'Phylip Huws, Conwy', *Y Traethodydd*, 73 (1918), 213.

[37] Howell, 'Birth and growth', 11.

traethodau wedi goroesi[38] – nid yr un a enillodd – sef un Benjamin Williams (Gwynionydd) (1821–91) o blwyf Penbryn.[39] Nid brodor o Aberaeron oedd ef felly, ond mae rhai o'i sylwadau'n reit ddiddorol. Erbyn 1864 roedd yr ysgoldy a godwyd ar fin y môr a *Monachty Row* 'wedi eu golchi ymaith gan y môr a neb yno bellach yn "breichio ac ymrodio" ond "eogiaid pysgod duon bach ac yntau y morlo yn dangos ei ben ar ambell dro" '.[40] Mae'r traethawd yn crybwyll '*Heol y Farchnad, Cadwgan Place, Quay Parade, Drury Lane* ("yr ydym yn gorfod beio chwaeth pobl y dref am roddi y fath enw" arni), *Heol Victoria* (annheilwng o'r enw), *Heol y Bont* ("lydan a glanwedd"), *Britannia Place* ar ychydig o godiad tir, *Heol y Graig* neu *Rock Terrace* ar ei phwys (heb na chwaeth na medr yn perthyn iddi), *Princess Street* gerllaw'.[41] 'Y mae yr [*sic*] *Albert Street*[42] yn cynnwys tai tlysion, a chwaeth dda yn y cynllun a'r gwaith.'[43]

Fel y gwelsom, enwau Saesneg sydd ar bron bob un o strydoedd y dref. Byddai'n braf gwybod pwy a'u henwodd, ac yn enwedig pwy a drodd *Factory Lane* yn *Albert Street*. Gwelsom fod enwau rhai o'r strydoedd yn ddwyieithog yn nhraethawd Cymraeg yr Eisteddfod. Ond nid ydym yn gwybod a oedd yr enwau Cymraeg ar lafar. Ond yn achos y rhan fwyaf o'r enwau Cymraeg sydd ar arwyddion strydoedd y dref heddiw, rydym *yn* gwybod pwy a'u bathodd.

Yn 1970 mynegodd Haydn Lewis y gobaith y gwelid 'newid eto yr enwau, estron a di-hanes, sydd o hyd ar "strydoedd" y dref',[44] ac ar 25 Ebrill 1972 cyfarfu'r 'Panel to consider the translation of the various street names at Aberaeron in Welsh', a benodwyd gan Gyngor Dosbarth Trefol Aberaeron.[45] Ger eu bron roedd dau lythyr Saesneg yn ymateb i'w cais am awgrymiadau. Cynhwysai un, gan Mrs Davies, restr foel o awgrymiadau; roedd y llall, gan H. ac M. Parry, yn fwy dadansoddol: yn achos enwau ac iddynt gysylltiadau hanesyddol,

> *Queen Street, Prince's Avenue*: These can be translated literally as *Stryd y Frenhines* and *Stryd y Tywysog*.

---

[38] LlGC 15769E.
[39] B.G. Owens, 'Benjamin Williams (Gwynionydd), 1821–1891', *Ceredigion*, 5 (1967), 347–401.
[40] *Ibid.* 368.
[41] *Ibid.* 369.
[42] Gwall am *Alban Square*, nad oes sôn amdani yn y traethawd?
[43] LlGC 15769E, 18.
[44] Lewis, *Penodau*, 11.
[45] Papurau ym meddiant yr awdur. 1972 oedd dyddiad cymeradwyo'r enwau Cymraeg ar strydoedd Aberystwyth hefyd, Jones, *Aberystwyth Street Names*, 8.

Victoria Street, Albert Street: Literal translations seem unsatisfactory. Consequently, we suggest that they be associated instead with the Gwynne family by such names as *Heol Gwynne* and *Heol Tyglyn*.[46]

Alban Square: Since it is already commonly known as *Y Sgwâr*, it seems sensible to make the designation official, especially if other streets recall associations with the Gwynne family.[47]

Market Street: Since a literal translation would be cumbersome, the association with *Monachty*, which is already kept alive in the name of the 'Monachty Arms' could be extended to the whole street in the name *Heol Monachty*.

Anodd gweld pam yr ystyrid *Heol y Farchnad* yn gyfieithiad lletchwith; dyna oedd cyfieithiad Mrs Davies ac argymhelliad y pwyllgor, a dyna'r enw Cymraeg sydd ar y stryd heddiw.

Nid oedd y llythyr yn ystyried yr enwau Llundeinig a hanesyddol yn rhai addas i'w cyfieithu'n llythrennol, a chynigiwyd enwau Cymraeg yn eu lle; yn achos *Regent Street*, *Stryd Nash*, ar ôl John Nash, pensaer *Regent Street* Llundain a phlasty Llanaeron, a phensaer honedig Aberaeron.[48] Awgrymwyd cyfieithu'n llythrennol yn achos *Stryd y Bont, Lôn yr Hafan / Harbwr*, a *Lôn Peniel* a chynnig enwau Cymraeg ar gyfer y lleill. Roedd y ddau lythyr yn cynnig *Heol y Graig* ar *North Parade*, er cof am *Rock Street / Terrace*. *Llyswen*,[49] sef enw traddodiadol y rhan o'r dref yr âi drwyddi, oedd gan Mrs Davies ar gyfer *Lampeter Road*. Yn achos *Darkgate Street, Pant y Gof* oedd cynnig H. ac M. Parry a *Lôn yr Efail* un Mrs Davies, y ddau'n cyfeirio at y gof a weithiai yno rai blynyddoedd ynghynt. Y Parrys oedd piau *Heol y Fro*[50] am *South Road* a'r enw gwladgarol ond mympwyol *Heol Dewi Sant* ar *Greenland Terrace*.

Penderfynodd y Panel argymell enwi rhai ffyrdd a oedd heb enwau: *Lôn y Felin*, a arweiniai at hen Felin Llyswen, *Ffordd y Goetre*, a *Bro Allt-y-Graig*. Fe fynnodd hefyd newid enw *Dôl-halog* yn *Ddôl-heulog*,[51] er bod

---

[46] *Stryd Buddug* oedd argymhelliad y Panel ar gyfer *Victoria Street, Heol Gwyn* [*sic*] ar gyfer *Albert Street*, a *Stryd Tyglyn* ar gyfer *Oxford Street*.

[47] Argymhelliad y Panel oedd *Sgwâr Alban*.

[48] *Ffordd y Gaer* a ddewiswyd, atgof o *Gae Gâr*, lle safai Castell Cadwgan ers talwm.

[49] *Heol Llyswen* oedd argymhelliad y Panel.

[50] Oherwydd ei bod yn mynd heibio i Barc y Fro; ynglŷn â hwnnw, gweler Wmffre, *Place-Names of Cardiganshire*, 693.

[51] 'Mewn e[nwau] lleoedd y mae tuedd i *halog* gael ei ddiwygio'n *heulog*, er enghraifft *Dolhalog*, Aberaeron, *Hafotalog* ger Margam, *Moel Halog*, pl. Llandderfel,' GPC dan *halog*. Mae Wmffre, *Place-Names of Cardiganshire*, 689, yn cymharu *Ffoshalog* (Caron-is-clawdd).

y brodorion, gan gynnwys trigolion *Dôl-halog* ei hunan, yn dal i arddel yr enw gwreiddiol. Erbyn hyn mae pobl ifainc a phobl ddŵad yn cywiro'r brodorion oherwydd yr hyn sydd ar yr arwyddion.

Ar ôl yr Ail Ryfel Byd codwyd nifer o stadau cyngor yn Aberaeron. Enwau uniaith Gymraeg oedd ar y rhan fwyaf: *Bryn-y-môr*, *Cylch Aeron*, *Penmaesglas*. Roedd gan ddwy enwau Saesneg oherwydd eu cysylltiadau lleol: *Chalybeate Gardens* ar bwys *Chalybeate Street*, a gyfieithwyd yn 1972 yn *Faes y Ffynnon* a *Ffynnon Goch*,[52] a *Wellington Gardens* ar bwys *Wellington Street*, a aeth yn *Faes yr Heli* a *Heol yr Odyn* (er cof am yr odynau a safai gynt rhwng y stryd a'r môr).

Nid yw'r rhan fwyaf o Gymry'r dref yn defnyddio, neu hyd oed yn gwybod, enwau Cymraeg eu strydoedd, ac eithrio o bosibl, enw'r stryd y maent yn byw ynddi. Wrth i arwyddion dwyieithog dros dro gael eu gosod i newid llif y traffig yn ddiweddar, cawn y Cyngor Sir yn defnyddio'r bathiad newydd *Stryd Regent* yn eu fersiwn Cymraeg, yn lle *Ffordd y Gaer*. Ar y llaw arall, yn ystod yr hanner can mlynedd diwethaf a rhagor, enwau uniaith Gymraeg sydd wedi cael eu rhoddi ar bob stad dai newydd yn y dref: *Glan y môr*,[53] *Glanafon*, *Coed y Bryn*, *Berllan Deg*, *Maes y Meillion*, *Bryn Aeron*,[54] ac eithrio un enw dwyieithog: *Llys Alban* / *Alban Court*. Mae'r cof am Alban Thomas Jones Gwynne yn fyw o hyd.

---

[52] Diddorol sylwi mai *Y Ffynnon Haearn* oedd fersiwn Aberystwyth ar gyfer eu *Chalybeate Street* hwy, Jones, *Aberystwyth Street Names*, 2.

[53] Pan godwyd y stad hon gyntaf, roedd rhai pobl yn galw *Bedlam Barracks* arni. Mae cof gwlad yn gallu para'n hir.

[54] Ar dir tŷ o'r un enw.

2

Tystiolaeth am ymfudwyr cynnar o Loegr yn enwau lleoedd Caernarfon

GLENDA CARR

Mae gan yr Athro Gwynedd Pierce ac awdur yr ysgrif hon un peth yn gyffredin heblaw eu diddordeb mewn enwau lleoedd, sef eu bod ill dau wedi eu magu yng Nghaernarfon. Dyna'r rheswm pam y dewiswyd trafod yma rai o'r enwau anghyfiaith a welir yn y dref. Ceir tystiolaeth gadarn yn yr enwau hyn o'r modd yr ymfudodd teuluoedd o Loegr ganrifoedd yn ôl a setlo yng Nghaernarfon, sef un o drefi Cymreicaf Cymru hyd heddiw.

Enw fferm oedd *Cae Bold*, a bellach saif stad o dai o'r un enw ar y safle ar Ffordd Bethel ar gyrion y dref. Cyfenw yw'r ail elfen, *Bold*. Gellir olrhain ach y teulu *Bold* yn ôl at Syr Richard Bold a oedd yn byw tua 1300–50 yn Bold Hall, swydd Gaerhirfryn.[1] Yr oedd ei gartref ef ar y fan lle saif Bold Street yn Lerpwl heddiw. Daeth y teulu *Bold* yn flaenllaw ym Miwmares a rhannau eraill o Fôn, yng Nghonwy, ac yn arbennig yng Nghaernarfon yn yr Oesoedd Canol. Ceir *Cae Mr Bold* ym mhlwyf Pentraeth, a thafarn y *Bold Arms* ym Miwmares, a chofnodwyd *Kay alson boold* yn nhrefgordd Castell yn Nyffryn Conwy yn 1603/4. Yr oedd John Bolde yn gwnstabl castell Caernarfon adeg ymosodiad Glyndŵr yn 1403[2] a Syr Henry Bolde yn siryf Caernarfon o 1461–73. Mae enwau aelodau'r teulu hwn yn frith yn y cyfeiriadau at Gaernarfon o'r bymthegfed ganrif ymlaen. Cofnodwyd enw William Bolde yng Nghaernarfon yn 1474/5 a Grace Boold yn 1583.[3] Ceir William Bolde arall yn y dref yn 1542,[4] a chofnodwyd William Bowld arall eto yn 1585/6.[5] Cyfeirir yn 1613 at Thomas Bould a'i fam Ales Bould,[6] ac at dir John Bould yno yn 1639.[7]

Gwelir cryn amrywiaeth yn y modd y sillefir y cyfenw *Bold*: fe'i cofnodwyd ar wahanol adegau fel *Bold, Bolde, Bould, Bowld* a *Boold*, ac

---

[1] J.E. Griffith, *Pedigrees of Anglesey and Carnarvonshire Families* (Horncastle, 1914), 159 *et passim*.

[2] W.H. Jones, *Old Karnarvon* (Carnarvon, 1889), 36.

[3] LlGC, Llanfair a Brynodol D918, B5.

[4] LlGC, Sotheby 152.

[5] Prifysgol Bangor, Baron Hill 3180.

[6] LlGC, Llanfair a Brynodol D154.

[7] Gwasanaeth Archifau Gwynedd, Newborough Glynllifon 6466.

mewn ffurfiau mwy Cymreig eu naws megis *Bwld, Bwlt* a *Bwl.* Noda
Hywel Wyn Owen enghreifftiau o'r un enw wedi eu sillafu fel *Bould,
Buld, Bwld, Booll* a *Bwl* yn nwyrain sir y Fflint.[8] Yn achos *Cae Bold,*
Caernarfon, mae'n ddiddorol sylwi ar y fannod yn y ffurfiau *Cae'r Bold*
(1770), *Cae'r bwld* (1788), *Cae'r-bwlt* ar fap OS 1838, a *Cae y Bwlt* yn
Rhestr Pennu'r Degwm yn 1841. Mae'n eithaf cyffredin cael y fannod o
flaen enw personol i ddangos meddiant, yn enwedig mewn enw gweddol
ddieithr. Cymharer *Tyddyn y Bisley* ym mhlwyf Llanrug. Cyfeiriodd
Gwynedd O. Pierce at sawl enghraifft o Forgannwg o'r fannod gyda
chyfenw anghyfiaith, er enghraifft *Craigybwldan* (o'r cyfenw *Bulden* neu
Boulden) a *Tir y Barnard* (Llantrisant), a chyfeiriodd B.G. Charles yntau
at enwau megis *Coed y Devonald* yn sir Benfro.

Ceir cofnod o'r ffurf *Cae'r Bwl* yn 1799, ac yr oedd y ffurf hon i'w
chlywed ar lafar hyd yn oed yng nghanol yr ugeinfed ganrif, ond
cyfrannodd at gymylu gwir ystyr yr enw. Arweiniodd hyn i rai gredu bod
tafarn o'r enw *The Bull* yma ar un adeg. Ond y teulu *Bold* a fu yma yn y
gorffennol yn hytrach nag unrhyw dafarn na tharw.

Safai'r annedd o'r enw *Cae Hampton* gynt ar safle *Ffordd Hampton*
heddiw, stryd sy'n arwain i Ffordd Bethel ar gyrion Caernarfon.
Y cyfeiriad cyntaf a welwyd at y tŷ yw *Kae Hampton* o 1653/4.[9] Y tro olaf
y gwelwyd cyfeiriad ato fel tŷ yw ar fap OS 1919.

Ail elfen yr enw yw'r cyfenw *Hampton.* Yr oedd y teulu *Hampton* yn
flaenllaw yng Nghaernarfon yn y bedwaredd ganrif ar ddeg, ond ni cheir
sôn amdanynt ar ôl y bymthegfed ganrif. Mae'n debyg mai'r un enw oedd
Hampton a *Haunton.* Ceir cofnod o *Hugh de Haunton* yn y dref yn 1318.[10]
Yr oedd y 'William, son of Walter Haunton' a gofnodwyd yn 1370 wedi
troi yn *William ap Wat* erbyn 1395 ac wedi Cymreigeiddio'n fwy o gryn
dipyn i fod yn *Gwilym ap Wat* erbyn 1396.[11] Ond fe'i nodir hefyd yng
nghofnodion y llys yng Nghaernarfon yn 1396 fel *William ap Watte de
Haunton.*[12] Tybed ai enw arall ar yr un gŵr oedd y *Wilcok ap Wathampton*
a gofnodwyd yn 1406? Mae'n bosibl fod y gŵr hwn wedi chwarae rhan
yng ngwrthryfel Glyndŵr. Ceir cyfeiriad hefyd at ryw *John de Haunton*
yng Nghaernarfon yn 1336 ac mae'n fwy na thebyg mai'r un gŵr yw'r

---

[8] Hywel Wyn Owen, *The Place-Names of East Flintshire* (Cardiff, 1994), *passim.*
[9] LlGC, Llanfair a Brynodol B17.
[10] Prifysgol Bangor, Castell Penrhyn 282.
[11] R.A. Griffiths (ed.), *Boroughs of Mediaeval Wales* (Cardiff, 1978), 95.
[12] G.P. Jones & Hugh Owen (eds), *Caernarvon Court Rolls, 1361–1402* (Caernarvon,
1951), 118.

John de Hamton a gofnodwyd yn 1340.[13] Felly, mae digon o dystiolaeth gynnar am yr enw yn y dref. *Hampton* yn ddieithriad yw'r ffurf a geid yn enw'r annedd.

Gwelir yr enw *Maesincla* yng Nghaernarfon heddiw yn enwau'r lleoedd a ganlyn: *Plas Maesincla,* sydd bellach yn gartref i'r henoed, a'r ysgol gynradd gerllaw, yr ala a'r lôn gyferbyn â'r plas, y fferm ar lan afon Cadnant yn y dyffryn islaw a'r bont dros y rhyd yno. Ceir cyfeiriad at ddau *Maesincla-bach* ar fap OS 1919: y naill yn cyfateb i'r annedd *Maesincla* presennol a'r llall yn dŷ bychan sydd bellach wedi ei ddymchwel ar safle maes chwarae Cae Glyn. Ar fap degwm plwyf Llanbeblig (1841) mae'r enw *Maes ingle* wedi ei nodi bedair gwaith yn y gwahanol safleoedd hyn.

Daw'r elfen *Incla* o'r cyfenw Saesneg *Hinkley* neu *Hinckley.* Ymhlith papurau W.J. Gruffydd ceir nodyn yn honni mai ar ôl gŵr o'r enw *Humphrey de Hunkeley* yr enwyd yr annedd ac mai ef oedd ei berchennog rywbryd yn y bedwaredd ganrif ar ddeg.[14] Gwyddom yn sicr fod gŵr o'r enw *Peter de Hunkelegh* yn dal wyth erw o dir yng Nghaernarfon am ddwy geiniog y flwyddyn yn 1306 ac 1308.[15] Mae Melville Richards yn cyfeirio at gofnod ohono fel *Petrum de Hinkeleia* yn 1304/5 ac yn awgrymu ei fod yn aelod o deulu o Saeson a ddaethai i Gaernarfon yn sgil y Goncwest, o bosibl o Hinckley, swydd Gaerlŷr.[16] Nodir enw *Peter de Hinkele* fel cwnstabl Castell Caernarfon yn 1306–7.[17] Cyfeiriodd Melville Richards hefyd at gofnod o ryw *Gwilym Hinkley* yn 1344, ac mae'r enw Gwilym yn awgrymu bod y teulu wedi ei Gymreigeiddio, efallai trwy briodas.[18]

Y cyfeiriad cynharaf a welwyd at y *maes* yn *Maesincla* yw *hyngekeles-fylde* 'Hinkley's field' o 1438–9.[19] Felly, cyfieithiad llythrennol o 'Hinkley's field' yw 'Maes Incle'. *Maysyncle* yw'r ffurf erbyn 1584.[20] Ceir sawl cyfeiriad at yr enw yng nghasgliad Llanfair a Brynodol: *Maes Hinkle* (1634); *Mays Hinkley* (1637); *Maysinkle* (1671–2). Yn 1677 ceir y cofnod dieithr *Maes Inkle Spicer.*[21] Ailadroddir yr elfen *Spicer* mewn cofnodion o 1685, 1703 ac 1722. Daw cofnod 1685 o brofeb ewyllys

---

[13] Prifysgol Bangor, Castell Penrhyn 283, 284; LlGC, Elwes 10.

[14] LlGC, Papurau W.J.Gruffydd 42, 2, 2.

[15] E.A. Lewis, *The Mediæval Boroughs of Snowdonia* (London, 1912), 47.

[16] Melville Richards, 'Tri enw', *Trafodion Cymdeithas Hanes Sir Gaernarfon,* 29 (1968), 153–4.

[17] Edward Breese, *Kalendars of Gwynedd* (London, 1873), 125.

[18] Melville Richards, 'O gwmpas Bangor', *Trafodion Cymdeithas Hanes Sir Gaernarfon,* 52/53 (1991–2), 27–8.

[19] Prifysgol Bangor, Castell Penrhyn 287.

[20] LlGC, Llanfair a Brynodol D937.

[21] LlGC, Dolfrïog 257.

William Spicer yr Hynaf a ddyddiwyd 1677. Yr oedd y teulu Spicer yn flaenllaw yng Nghaernarfon yn y cyfnod hwn, ac yr oedd *Maesincla* yn eu meddiant hwy ar y pryd, fel y tystia cofnodion 1703 ac 1722 yn ogystal.

Inkley neu *Incle* yw ffurf yr ail elfen yn y cofnodion cynharaf, gan gadw'n glosiach at ynganiad yr enw Saesneg. Y tro cyntaf i'r terfyniad -*a* ymddangos yw yn y ffurf *maes Inkla* yn asesiad Treth y Tir yn 1770. Yn 1824 ceir *Maesyncle / Maesincla*.[22] Ar ôl hynny y ffurf *Maesincla* a geir ym mwyafrif y cofnodion. Yr hyn a welwn yma yw Cymreigeiddio gradd-ol o'r enw Saesneg trwy droi'r terfyniad o -*ey* i -*e* ac yna i -*a*. Gwelir yr un peth yn digwydd i'r cyfenw *Bulkeley* yn *Cae Ellen Bulkeley* ym mhlwyf Llanwnda mewn ffurfiau megis *Cae Helen Bwcla* a geir ar fap OS 1838, neu'r cyfenw *Bisley* a drodd yn *Bisla* yn *Nhyddyn Bisla / Bisle* ym mhlwyf Llanrug. Dangosodd Gwynedd O. Pierce sut y digwyddodd newid tebyg pan drodd y cyfenw *Rawley* yn *Rala* i roi *Cwrtyrala* ym Morgannwg.[23]

Lleolir *Gallt y Sil* ar y dde ar yr A4085 cyn cyrraedd Pont Peblig wrth fynd o Gaernarfon i gyfeiriad Caeathro. Ar un adeg yr oedd yma fferm ac ysbyty clefydau heintus ac yn awr mae stad fechan o dai o'r un enw ar y safle. Yn ôl *Geiriadur Prifysgol Cymru* un ystyr i *sil* yw 'pysgod ieuainc, yn enwedig eogiaid neu frithyllod'.[24] Byddai'n bosibl i'r elfen *sil* yn *Gallt y Sil* gyfeirio at bysgod gan fod y fan yn agos iawn at afon Saint ac mae gallt yn mynd i lawr ati. Ond gellid efallai ystyried hefyd yr ystyr arall a rydd y *Geiriadur* i *sil*, sef 'eisinyn, cibyn'. Cyfeiria Gwynedd O. Pierce at enghreifftiau o *Erw'r Sill* a *Cae'r Sill* yn Ninas Powys ac mae ef yn derbyn mai 'eisin' yw'r ystyr yno.[25] Mae *Bach-y-sil* yn digwydd yn Llangelynnin, Meirionnydd; *Bryn-sil* ym Mhen-rhys, Morgannwg; a *Rhyd-sil* yn Llan-goedmor, Ceredigion.[26] Ceir dau gae hefyd ar dir Plas Dinas, Llanwnda, o'r enw *Cae'r Sil* a *Coedgae Sil*.[27]

Fodd bynnag, *i* hir sydd yn *sil* yn yr ystyr 'eisin' tra yngenir yr enw yng Nghaernarfon bob amser ag *i* fer. Mae hyn yn cynnig un esboniad arwyddocaol arall i'r elfen *sil* yn enw *Gallt y Sil*. Yng nghofnodion y Llys Chwarter ceir cyfeiriad at ŵr o'r enw *Harri Sill* yng Nghaernarfon yn 1552,[28] ac mae'n debyg mai ef oedd yr '*Henry Syll* of Rhythallt, yeoman'

---

[22] Prifysgol Bangor, Porth yr Aur 4098.

[23] Gwynedd O. Pierce, *Place-Names in Glamorgan* (Cardiff, 2002), 60–1.

[24] GPC dan *sil*.

[25] Gwynedd O. Pierce, *The Place-Names of Dinas Powys Hundred* (Cardiff, 1968), 334.

[26] AMR.

[27] Gwasanaeth Archifau Gwynedd, Y Faenol 4059.

[28] W. Ogwen Williams (ed.), *Calendar of the Caernarvonshire Quarter Sessions Records, 1541–1558* (Caernarvon, 1956), 224.

a gofnodwyd eto yn 1555.[29] Ceir cyfeiriad hefyd at *Robert Sylle* a oedd yn feili yng Nghaernarfon yn 1551,[30] a chyfeiriad arall ato fel *Robert Sill* yn 1552.[31] Mae'n bosibl iawn mai'r enw personol hwn sydd yma gyda'r fannod o'i flaen, a byddai'r atgof am yr enw hwn efallai yn esbonio'r *l* ddwbl yn y cofnodion cynharach, megis y ffurf *Gallt y Sill* a nodwyd yn asesiad Treth y Tir yn 1771 ac 1775. Rhaid cofio mai sain *l* sydd yma nid sain *ll* er i'r gytsain gael ei dyblu.

Yn 1799 ceir cyfeiriad at *Coedzil*[32] ac eto yn yr un ffynhonnell yn 1810–11. Ni wyddys beth oedd *Coed Sil,* ai tŷ ynteu coedlan. Mae'n ddiddorol mai *z* a geir yn yr enw hwn bob tro, er mai'r un elfen sydd yma, mae'n debyg, ag yn enw *Gallt y Sil.*

Saif annedd *Tyddyn Bisle* hyd heddiw ar y chwith oddi ar yr A4086 wrth fynd o Gaernarfon tuag at Bont-rug. Er ei fod ar gyrion Caernarfon, mae'r annedd mewn gwirionedd ym mhlwyf Llanrug. Ceir cryn amrywiaeth yn y modd y sillefir ail elfen yr enw drwy'r blynyddoedd. *Tyddyn Bistle* sydd ar y mapiau OS diweddaraf, er bod y ffurf gywirach *Tyddyn-bisle* ar fapiau OS 1919 ac 1961. Mae'r ffurf *Bisle* yn gywirach gan mai'r cyfenw *Bisley* sydd yn yr ail elfen. Ceir sawl amrywiad i'r cyfenw hwn sy'n hanu o'r enw lle *Beesley* yn swydd Gaerhirfryn. Cofnodir enghreifftiau o sillafu'r cyfenw heddiw fel *Beasley, Beazley, Beesley, Beazleigh* a *Beisley.* Yng nghofnodion y Llysoedd Chwarter yng Nghaernarfon am y blynyddoedd 1541–8 cofnodir yr enw fel *Beisley, Beisle, Beseley, Beyssey, Busley* a *Byseley,* felly nid oes ryfedd fod sillafiad yr elfen yn amrywio gymaint.

Ceir y cyfenw yn weddol gynnar yn ardal Caernarfon. Mewn cofnod o 1508[33] ceir cyfeiriad at 'ysgubor *William Bysley*' ac mae cyfeiriad at ŵr o'r enw *William Bisseley* yn dyst mewn gweithred yn nhrefgordd Rhuddallt yn 1538. Cyfeirir at 'garden of *William Beyseley*' mewn gweithred yn 1544,[34] ac yn 1549 cyfeirir at 'house of *William Beseleys*'.[35] Cofnodwyd gŵr o'r enw *John Beisley* yng Nghaernarfon yn 1551–2.[36] Ceir cyfeiriad at dŷ o'r enw *Bislis House* yn nhref Caernarfon yn 1800.[37] Mae'n gyfenw a geir yng Nghonwy hefyd yn yr unfed ganrif ar bymtheg.

---

[29] *Ibid.* 138.
[30] *Ibid.* 84 *et passim.*
[31] LlGC, Papurau Stad Peniarth (Peniarth Deeds) DC17.
[32] Gwasanaeth Archifau Gwynedd, Y Faenol 3751, 4063.
[33] LlGC, Llanfair a Brynodol D920.
[34] LlGC, Llanfair a Brynodol D932.
[35] LlGC, Llanfair a Brynodol D933.
[36] Williams (ed.), *Calendar of the Caernarvonshire Quarter Sessions*, 84, 224.
[37] Prifysgol Bangor, Broom Hall 1191.

Yn y cofnodion cynharaf y mae'r enw yn weddol gywir, fel y gwelir o'r cyfeiriadau at y bobl uchod. Ceir *Tyddyn y Bisle* yn 1693[38] a *Tyddyn y Bisley* o 1770.[39] Yn raddol trodd yr *-ey* derfynol yn *-e*. Ambell dro ceir *-a* ar y diwedd yn hytrach nag *-e*, ac mae hyn yn gallu digwydd wrth Gymreigeiddio enw priod o'r fath: fe'i gwelir yn *Humphrey > Wmffra, Wesley > Wesla, Bulkeley > Bwcla, Hinkley > Incla*. Cofnodwyd *tyddyn y Bisla* yn asesiad Treth y Tir yn 1771. *Tyddyn bisla* sydd yn Rhestr Pennu'r Degwm yn 1839.

Ceir enghreifftiau hefyd o ychwanegu *t* ar ôl yr *s,* fel ag a geir yn yr ynganiad presennol. Gwelwyd *Tyddyn Baeste* ar feddargarff o 1819 ym mynwent Llanbeblig. *Tyddyn bustla* sydd ar fap OS 1838 ac mewn arolwg o diroedd y Faenol yn 1869. Mae hyn yn awgrymu bod gwir ystyr yr ail elfen wedi ei cholli, er ei bod yn gywir mor ddiweddar â 1904, pan gofnodwyd *Tyddyn Bisley* mewn arolwg o diroedd y teulu Assheton Smith. Awgryma ymddangosiad y *t* yn yr enw ymgais i resymoli'r ail elfen a'i hesbonio, o bosibl ar sail y gair mwy cyfarwydd *bustl*. Ond ni fyddai hynny'n creu enw dymunol iawn gan mai ystyr *bustl* yw 'chwerwedd' neu hyd yn oed 'gyfog'.

Ceir sawl enghraifft o gynnwys y fannod o flaen yr enw personol fel yn y cofnod *Tyddyn y Bisley* yn 1778.[40] Mae hyn yn digwydd yn eithaf aml, yn arbennig gydag enw anghyfiaith, fel y gwelsom yn enw *Cae'r Bold*.

Saif annedd *Cae Cristo* ar gyrion tref Caernarfon wrth fynd i gyfeiriad Bethel. Tŷ gweddol ddiweddar yw hwn ond mae'n amlwg fod yr enw'n llawer hŷn. Mae'r ail elfen yn ddiddorol oherwydd yr amrywiaeth a geir yn ei sillafiad. *Cae r Cristol* yw'r cofnod cynharaf a welwyd, a hynny o 1770 yn Asesiad Treth y Tir. Mewn cofnod o 1820, tybid mai *cristal* oedd yma. Mae'r enw gwrywaidd *cristal* yn digwydd yn Gymraeg gyda'r ystyr 'grisial', sef benthyciad o'r Saesneg *crystal*. Fodd bynnag, ceir mwy o enghreifftiau o *-o-* yn ail sillaf yr elfen hon. Mae *Cristol, Cristor* a *Cristo* yn awgrymu nad *cristal* sydd yma.

Aeth yr enw ar chwâl yn llwyr yn Asesiadau Treth y Tir rhwng 1820 ac 1822: yno ceir *Cae Crestu, Caeristor* a *Caerister*. Gwelwyd sawl enghraifft o'r ffurfiau *Cristol* a *Cristor* cyn i'r ffurf *Cristo* ennill y dydd tua diwedd y bedwaredd ganrif ar bymtheg. Mae lle i gredu mai enw personol sydd yma. Ceir y ffurfiau *Cristol* a *Cristo* yn Sbaen a'r Eidal fel ffurfiau anwes ar *Cristóbal* a *Cristoforo,* sef *Christopher* y Sais, a gwelwyd

---

[38] Gwasanaeth Archifau Gwynedd, Coed Helen 2.
[39] LlGC, Henry Rumsey Williams 147.
[40] Prifysgol Bangor, Plas Coch 3142.

tystiolaeth fod *Cristo* a *Cristor* yn ffurfiau anwes yng Nghymru hefyd ar un adeg.[41]

Mae'n debyg fod y *Cristo* yng *Nghae Cristo* yn enw anwes ar rywun a oedd yn gysylltiedig â'r llecyn hwn, ond ni lwyddwyd i'w olrhain hyd yn hyn. Fodd bynnag, ceir sawl cyfeiriad at *Gae Boulton* yn nhref Caernarfon, ac yn 1653/4 ceir cyfeiriad at *Kae Crystopher Boulton.*[42] Yr oedd Christopher Boulton yn flaenllaw yn y dref yn niwedd yr unfed ganrif ar bymtheg, ac efallai mai ef a gofféir yn enw *Cae Cristo*.

Mae *Plas Brereton* yn dŷ sylweddol ar gyrion Caernarfon wrth fynd tuag at y Felinheli. Saif yn union ar y ffin rhwng plwyfi Llanbeblig a Llanfair-is-gaer ac mae'n debyg fod y tŷ ei hun ym mhlwyf Llanfair-is-gaer. Daw'r cyfeiriad cynharaf a welwyd ato o 1680 yn y ffurf *Plase Brenton.*[43] Y ffurf a gofnodwyd yn 1723 yw *Plâs Bruerton.*[44] Cofnodwyd *Plâs Bruton* yn 1786/7. Ceir y sillafiad cywir mewn un cofnod o asesiad Treth y Tlodion (1788), ond mewn man arall *Plas Breton* a nodwyd.[45] Mae'r sillafiad yn amrywiol iawn yn asesiadau Treth y Tir: *Plas Brutun* yn 1770, *Plas Breitwn* yn 1783, *Plâs brutwn* yn 1792, *Plas bruton* yn 1831 a *Plas Bareton* yn 1930–1. Gwnaethpwyd ymdrech i resymoli'r enw gan gynnig *Plâs Brython* ar fap OS 1838. Arferai pobl Caernarfon gyfeirio ato fel *Plas Botwm* yng nghanol yr ugeinfed ganrif; tybed a yw'r ffurf hon yn fyw o hyd? Mae'r tŷ ei hun, er iddo gael ei atgyweirio yn weddol ddiweddar, yn wag ers blynyddoedd.

Ym mhapurau'r teulu *Brereton* yng nghasgliad Henblas ym Mhrifysgol Bangor olrheinir cangen Llanfair-is-gaer y teulu yn ôl at Andrew Brereton, mab Owen Brereton, siryf cyntaf sir Ddinbych yn 1581–8. Yr oedd Andrew Brereton, a fu farw yn 1649, yn asiant tir i Syr Thomas Myddleton.

O leiaf mae'r atgof am deuluoedd *Brereton, Bold* a *Hampton* i'w weld yn glir yn yr enwau hyd heddiw tra bo enwau rhai o'r teuluoedd eraill megis *Bisley* a *Hinkley* bellach wedi eu llurgunio a'u hanghofio.

[41] Prifysgol Bangor, Mostyn B 2639; LlGC, Sotheby 124.

[42] LlGC, Llanfair a Brynodol B17.

[43] LlGC, Wynnstay 92/4.

[44] Prifysgol Bangor, Porth yr Aur 19068.

[45] Jones, *Old Karnarvon*, 176.

3

'The most Celtic Anglo-Saxon in Cardiff': John Hobson Matthews (1858–1914) ac enwau lleoedd Caerdydd

DYLAN FOSTER EVANS

Go brin y byddai John Hobson Matthews, yr archifydd a'r hynafiaethydd y mae ei gyfraniad i doponymeg Caerdydd erbyn hyn yn rhan o dirwedd ieithyddol y brifddinas, wedi ymfalchïo yn nisgrifiad y *Western Mail* ohono fel 'Anglo-Saxon', boed hwnnw'n un Celtaidd ai peidio. Cyfeirir ato yn yr un erthygl, a gyhoeddwyd ym mis Mawrth 1899, fel 'an Englishman of Norfolk origin'.[1] Ond nid felly y'i disgrifiai ei hun. Gwir iddo gael ei eni yn ne Lloegr – yn Croydon yn Surrey – a'i fam Emma'n enedigol o Grimsby.[2] Ond o St Ives yng Nghernyw yr hanai ei dad, John Thomas Matthews, a dyna'r cysylltiad teuluol yr oedd yn dda gan John Hobson ei arddel.[3] Pan dderbyniwyd ef yn aelod anrhydeddus o'r Orsedd yn Eisteddfod Genedlaethol Caerdydd yn 1899, ychydig fisoedd wedi cyhoeddi'r erthygl yn y *Western Mail*, 'Mab Cernyw' oedd yr enw yng Ngorsedd a ddewiswyd ganddo.[4] Nid ei gysylltiadau Cernywaidd a barodd i'r *Western Mail* ei alw'n 'Celtic', fodd bynnag, ond ei hyfedredd

---

[1] 'Wales day by day', *The Western Mail*, 14 March 1899, 4; cymharer hefyd droed-nodiadau 3 a 59 isod. Dylid nodi yma fod trwch yr erthyglau papur newydd y cyfeirir atynt yn yr erthygl hon i'w cael ar wefan Papurau Newydd Cymru Llyfrgell Genedlaethol Cymru: <https://papuraunewydd.llyfrgell.cymru>.

[2] Ar fywyd Matthews, gweler 'Mr. John Hobson Matthews', *The Tablet*, 31 January 1914, 190–2; <https://bywgraffiadur.cymru>. (Camsillafwyd ei gyfenw fel 'Mathews' yn *Y Bywgraffiadur Cymreig hyd 1940* [Llundain, 1953], 583.) Gweler hefyd *The Catholic Encyclopedia and its Makers* (New York, 1917), 113; ceir ffotograff o Matthews gyferbyn â thudalen 114. Cyfranasai erthygl ar 'Wales' i *The Catholic Encyclopedia* (New York, 1912), xv, 532–7. Ond camsillafwyd ei enw yno hefyd (fel 'John Holson Matthews', 537).

[3] Mae Matthews yn trafod ei ach Gernywaidd a'i berthynas â'r teulu Nance mewn llythyr a gyhoeddwyd yn George W. Nance, *The Nance Memorial* (Bloomington, Illinois, 1904), 335. Disgrifiwyd Matthews yn 1894 fel 'a Cornishman, and, therefore, a genuine Celt' mewn erthygl led watwarus ei thôn gan Morien (Owen Morgan, 1836–1921), 'Welsh river names. Morien replies to his critics', *The Western Mail,* 10 May 1894, 7. Bu'r ddau yn anghyd-weld yn y wasg am faterion megis enwau lleoedd a hanes crefydd.

[4] 'The Gorsedd', *South Wales Daily News*, 21 July 1899, 5.

cyhoeddus mewn dwy iaith arall. Nodwyd yn gyntaf ei fod wedi beirniadu agweddau gwrth-Gymraeg y barnwr Charles Darling mewn araith Gŵyl Ddewi yng Nghaerdydd, a hynny yn y Gymraeg.[5] A nodwyd hefyd ei fod, ar 12 Mawrth y flwyddyn honno, wedi areithio'n gyhoeddus yng Nghaerdydd ar bwnc yr iaith Wyddeleg 'to a gathering of Hibernians in honour of St. Patrick',[6] gan ymateb i'r diolchiadau yn yr Wyddeleg, 'thereby greatly pleasing the bilingual section of the audience'.[7] Roedd ei gysylltiadau ag Iwerddon yn arbennig o gryf, yn rhannol yn sgil y ffaith iddo gael ei dderbyn yn aelod o'r Eglwys Gatholig yn 1877.[8]

Gwelir yma ddwy o nodweddion amlycaf John Hobson Matthews: yn gyntaf ei ddiddordeb ysol yn yr ieithoedd Celtaidd a'r cyswllt rhyngddynt ('a knowledge of Irish was essential for a scientific aquaintance with Welsh' meddai yn ei ddarlith ar yr Wyddeleg[9]), ac yn ail ei barodrwydd – os nad ei dra-awydd – i feirniadu ffigurau cyhoeddus pan welai'r angen. Ond i doponymegwyr, mae ei enw'n fwyaf cyfarwydd fel golygydd y *Cardiff Records*, y casgliad hynod gyfoethog o ddogfennau gwreiddiol o Gaerdydd a'r cyffiniau a gyhoeddwyd rhwng 1898 a 1905.[10] Bu'r gwaith hwnnw, sy'n cynnwys bron 1,200 o enwau yn ei 'Schedule of place-

---

[5] 'Wales day by day', 4. Cyrhaeddodd yr hanesyn ben arall y wlad: 'it was left to an Englishman to deplore the attitude of Justice Darling towards Welsh witnesses and he did it, too, in pure Cymraeg', *Carnarvon and Denbigh Herald*, 10 March 1899, 6. Gwrthodasai Charles Darling ganiatáu i dyst roi tystiolaeth yn Gymraeg mewn achos ym mrawdlys sir y Fflint gan ddweud wrthi, 'It is not a question whether you would rather give evidence in Welsh. There are other people as well as you to be considered', gweler 'Mr Justice Darling again', *ibid.*, 3 March 1899, 6.

[6] 'Wales day by day', 4.

[7] 'The Irish language', *The Western Mail*, 14 March 1899, 4; hefyd 'The Irish language at Cardiff', *The Tablet*, 18 March 1899, 432.

[8] 'Mr. John Hobson Matthews', 190. Cyn symud i Gaerdydd yr oedd eisoes wedi ymddiddori yn yr Wyddeleg, ac roedd yn aelod o'r Gaelic Union for the Preservation and Cultivation of the Irish Language yn 1885 pan oedd yn byw yn Ripley, swydd Derby, 'The Gaelic Union', *The Weekly Freeman and Irish Agriculturist*, 28 April 1885, 8. Ar 4 Hydref 1911, traddododd Matthews araith 'in good Munster Irish' i ysgol ddydd y Gaelic League yn Fulham a nodwyd ei fod wedi dysgu'r Wyddeleg 'many years ago, during a summer in West Cork', *The Tablet*, 14 October 1911, 611.

[9] 'Wales day by day', 4.

[10] John Hobson Matthews (ed.), *Cardiff Records; Being Materials for the History of the Borough from the Earliest Times* (Cardiff, 1898–1905) [CR o hyn allan]. Nodir enw Matthews wrth y pum cyfrol hyn (1898, 1900, 1901, 1903 a 1905); cyfeiria ato ei hun fel 'Mab Cernyw' yn y pedair olaf. Cyhoeddwyd chweched gyfrol yn 1911 ('Supplementary chapters and index' yw'r cynnwys) ond nid yw enw Matthews wrth honno. Ond mae'r adran 'Notes on the illustrations' yn cynnwys manylion pellach am y darluniau a gyfrannodd Matthews i'r cyfrolau cynharach, CR vi, xciv–cxxxvi.

names',[11] yn gloddfa anhepgor i sawl ymchwilydd, gan gynnwys yr Athro Gwynedd Pierce yn ei gampwaith *The Place-Names of Dinas Powys Hundred* ac mewn sawl cyhoeddiad diweddarach gan gynnwys *Place-Names in Glamorgan*.[12] Gan hynny, hyderaf y bydd trafodaeth ar gyfraniad Matthews ym maes enwau lleoedd yn bwnc addas wrth dalu teyrnged i gyfraniad aruthrol Gwynedd.

Ymddengys i ymwneud Matthews â Chaerdydd ddechrau yn 1889 – daeth ei gyhoeddiad cyntaf o un o weisg y dref yn y flwyddyn honno.[13] Gwelwn o Gyfrifiad 1891 ei fod yn lletya yn 74 Stacey Road yn y Rhath a'i fod yn gyfreithiwr a fedrai'r Gymraeg a'r Saesneg; ymddengys mai ei ddysgu ei hun i siarad Cymraeg a wnaeth.[14] Ac er nad oes dwywaith nad y *Cardiff Records* yw ei gyfraniad mwyaf, roedd ei ymwneud cyhoeddus â'r Gymraeg ac enwau lleoedd wedi dechrau cyn iddo gychwyn ar y gwaith hwnnw. Yn y *South Wales Daily News* ar 23 Awst 1893, er enghraifft, bu'n ymdrin â'r enw 'Pont-y-llechau', 'a picturesque stone bridge' a phentrefan o dai to gwellt ym mhlwyf y Rhath. Soniai Matthews am y man fel petai'n gyfarwydd ag ef ers degawdau, gan ddweud bod y bont a'r pentrefan wedi mynd yn ysglyfaeth i hagrwch cynnydd a chan hynny fod dyfodol yr enw ei hun yn y fantol: '[w]hen the fairies were finally scared away by the contractor who laid out Roath Park, this old bridge, the pretty lane, and most of the village disappeared for ever, and the name of Pont-y-llechau vanished with them, unless it be preserved by the Ordnance Map and in the memory of a few aged natives of the locality'. Ac fel y gwelwn eto yn y man, roedd diddordeb Matthews mewn enwau lleoedd yn un ymarferol – ymboenai am ddiflaniad enwau hanesyddol a galwai am eu hadfer yn y dyfodol: '[t]he next wealthy Cardiffian who builds a fine house at this spot would do well to call it by the ancient name of the place, whereby he would preserve a memorial of antiquity from being completely lost'.[15]

---

[11] CR v, 332.
[12] Gwynedd O. Pierce, *The Place-Names of Dinas Powys Hundred* (Cardiff, 1968) ac *idem*, *Place-Names in Glamorgan* (Cardiff, 2002).
[13] John Ballinger & James Ifano Jones, *Catalogue of Printed Literature in the Welsh Department* (Cardiff, 1898), 319.
[14] Fel y nodir mewn nodyn canmoliaethus am y gyfrol *Ffordd y Groes* (1893): 'Mr. Matthews is a Cornishman, and what he knows of Welsh he taught himself', 'Wales day by day', *The Western Mail*, 18 August 1893, 4; 'Day by day', *Evening Express*, 18 August 1893, 2. Cyfieithiad o waith gan Sant Alphonsus Liguori a gyhoeddwyd gan Matthews yn enw Cymdeithas Sant Teilo oedd *Ffordd y Groes*, gweler Ballinger & Jones, *Catalogue*, 451.
[15] John Hobson Matthews, 'The vanishing Welsh Cardiff', *South Wales Daily News*, 23 August 1893, 3.

Roedd ei ddiddordebau cynnar hefyd yn cynnwys statws y Gymraeg fel iaith weledol a'i phresenoldeb – neu ei diffyg presenoldeb – yn y dirwedd ieithyddol, a defnyddio terminoleg oes ddiweddarach.[16] Ymhyfrydai yn yr enghreifftiau prin hynny o ddefnyddio'r Gymraeg mewn arwyddion a hysbysebiadau cyhoeddus. Ym mis Awst 1893, cyfeiriodd at fwyty ar Heol y Frenhines 'which lately bore over its window the insinuating appeal:– "Cymry, ymwelwch a Chymro" '. Gresynai fod yr arysgrif honno wedi ei dileu 'as it was a refreshing reminder that Cardiff is in Wales, and, as such, was vastly superior to the curt "Y Ty Cymreig" which figures so abundantly on shop-fronts in Bute-street'.[17] Er ei siomi gan natur swta yr arwyddion olaf hyn, mae'r cofnod yn dystiolaeth dra phwysig am y defnydd gweledol o'r Gymraeg yn un o rannau Cymreiciaf y dref.[18] Roedd Matthews hefyd wedi sylwi bod un arwydd o'r fath newydd ei dynnu o ffenestr tafarn goffi ar ben uchaf Stryd Bute, ac nid oedd yn swil wrth anelu ei lid at berchennog y busnes: '[b]y-the-bye, Cochfarf, where was your patriotism when you had even that brief superscription removed from the Gordonian window?'.[19] Cochfarf (Edward Thomas, 1853–1912) oedd un o ffigurau mwyaf amlwg bywyd Cymraeg Caerdydd ac ef oedd perchennog y busnes dan sylw, y Gordon Coffee House and Temperance Hotel ar gornel Stryd Bute a Heol y Tollty, cyrchfan bwysig i Gymry'r dref a'r man lle y sefydlwyd Cymdeithas Cymrodorion Caerdydd ym mis Hydref 1885.[20]

Er i Matthews dynnu blewyn o drwyn Cochfarf yn achos arwydd y dafarn goffi, ni wnaed niwed parhaol i berthynas y ddau a bu cefnogaeth Cochfarf yn gwbl allweddol i brosiect mwyaf Matthews, y *Cardiff*

---

[16] Diffinnir *linguistic landscape* gan Rodrigue Landry a Richard Y. Bourhis fel 'the visibility and salience of languages on public and commercial signs in a given territory or region', 'Linguistic landscape and ethnolinguistic vitality: an empirical study', *Journal of Language and Social Psychology*, 16 (1997), 23.

[17] Matthews, 'The vanishing Welsh Cardiff', 3. Cymharer y modd y cofnoda'r arwydd 'Cymry a Chymraeg i mewn' a oedd i'w weld yn nhafarn y Glove and Shears o flaen y castell, CR v, 440.

[18] Ar y Gymraeg yn ardal dociau Caerdydd, gweler Simon Brooks, 'Tiger Bay a'r diwylliant Cymraeg', *Trafodion Anrhydeddus Gymdeithas y Cymmrodorion 2008*, 2009, 198–216.

[19] Matthews, 'The vanishing Welsh Cardiff', 3.

[20] Arno, gweler J. Gwynfor Jones, 'Edward Thomas (Cochfarf): dinesydd, dyngarwr a gwladgarwr', *Trafodion Cymdeithas Hanes Bedyddwyr Cymru*, 1987, 27–45; ar sefydlu Cymrodorion Caerdydd, gweler yn arbennig *idem*, *Y Ganrif Gyntaf: Hanes Cymrodorion Caerdydd 1885–1985* (Caerdydd, 1987), 5.

Records.[21] Nid dyma'r lle i olrhain mewn manylder hanes cyhoeddi'r cyfrolau hyn, er mor ddifyr fyddai hynny. Ond teg nodi mai bwriad cyfyng iawn, sef ymchwilio i hawliau Corfforaeth Caerdydd ar wahanol leiniau o dir, oedd y man cychwyn, a hynny ar sail cynnig a wnaeth Cochfarf mewn cyfarfod o Gyngor y Fwrdeistref ar 9 Tachwedd 1893.[22] Ar 1 Rhagfyr ffurfiwyd y 'Records Committee', gyda Cochfarf yn y Gadair, i arolygu'r prosiect ac ar 2 Chwefror 1894 penodwyd Matthews i wneud y gwaith ymarferol am gyflog o £4 yr wythnos.[23] Parhaodd yn y swydd hyd ddiwedd Mawrth 1905 gan ei ddisgrifio ei hun fel 'the first official and salaried Archivist ever appointed in the British Isles'.[24] Llwyddodd i ddwyn perswâd ar yr awdurdodau i ymestyn y swydd wedi i'r gwaith cychwynnol ddod i ben ac i fuddsoddi cryn swm o arian i gyhoeddi pum cyfrol hardd o'r *Cardiff Records*. Roedd ei lwyddiant yn hynny o beth yn cyd-fynd ag awydd arweinwyr y dref i sicrhau statws Caerdydd fel prif dref os nad prifddinas Cymru, nod yr oedd Matthews yn unfryd ag ef. 'I shall always esteem it a pleasure to be of any service to the Metropolis of Wales' meddai wrth ymadael â'r swydd yn 1905.[25] Ac fel y noda Paul O'Leary, roedd cyhoeddi'r *Cardiff Records* yn rhan o'r broses 'by which the city asserted its leadership in Wales and claimed de facto status as the Welsh capital'.[26] Datganwyd y byddai Caerdydd yn derbyn statws dinas yn Hydref 1905, gwta tri mis wedi i bumed gyfrol y *Cardiff Records* ymddangos.[27] Diau i hynny fod yn destun llawenydd mawr i Matthews; cawn ddychwelyd at y berthynas rhwng ei waith toponymegol a statws Caerdydd yn y man.

Drwy weithio ar y ffynonellau cynradd ar hanes y dref, daeth Matthews o hyd i lu o ffurfiau cynnar ar enwau lleoedd ardal Caerdydd. Cyflwynodd flaenffrwyth ei ymchwil mewn darlith i adran archaeoleg Cymdeithas

---

[21] Fel y nodir yn J. Gwynfor Jones, 'Y ddelwedd Gymreig ddinesig yng Nghaerdydd c. 1855–1939', yn Hywel Teifi Edwards (gol.), *Merthyr a Thaf* (Llandysul, 2001), 333, a hefyd Jones, 'Edward Thomas (Cochfarf)', 34.

[22] CR v, 180–1.

[23] CR v, 181, 183.

[24] CR v, vii.

[25] 'Termination of the archivist's engagement', *Cardiff Times*, 15 April 1905, 9.

[26] Paul O'Leary, 'Town and nation: writing urban histories in nineteenth- and early twentieth-century Wales', yn Neil Evans & Huw Pryce (eds), *Writing a Small Nation's Past: Wales in Comparitive Perspective, 1850–1950* (London, 2016), 213–14.

[27] E.W. Edwards, 'Cardiff becomes a city', *Morgannwg*, 9 (1965), 80; gweler hefyd Jones, 'Y ddelwedd Gymreig ddinesig', 325–63, a Neil Evans, 'The Welsh Victorian city: 1850–1914', *Cylchgrawn Hanes Cymru*, 12 (1984–5), 350–87. Ar gyhoeddi pumed gyfrol y *Cardiff Records*, gweler *Evening Express*, 7 June 1905, 2.

Naturiaethwyr Caerdydd ar 22 Mawrth 1901.[28] Mabwysiadodd safbwynt ysgolheigaidd, gofalus: 'guessing is worse than useless' meddai am ymchwil i darddiad enwau lleoedd. Nododd hefyd, '[w]e can only carry a name back as far as documents and philology, and there leave it, explained or unexplained'.[29] Trafododd ystod o ffurfiau diddorol, gan gynnwys yr enw Caerdydd ei hun. Ond er ei sylwadau agoriadol pwyllog, nid anodd – o'n safbwynt ni yn yr unfed ganrif ar hugain – yw gweld enghreifftiau o reddf feirniadol Matthews yn mynd ar gyfeiliorn. Mae ei ddefnydd o'r ffurf *Llansanffagan* am Sain Ffagan, er enghraifft, yn awgrym ei fod dan ddylanwad Iolo Morganwg.[30] Tybia, fel eraill o'i flaen, mai 'Swan Hamlet' oedd ystyr *Tredelerch* a dywed fod *Crwys* yn dalfyriad o 'Caerwys'.[31] Mae'n honni bod *Lecwydd* yn tarddu o 'Y Llechwedd', ond yn cyfaddef 'I cannot remember my authority'.[32] Roedd eisoes wedi cyflwyno'r syniad cyfeiliornus hwnnw yn ail gyfrol y *Cardiff Records* (1900). Bryd hynny, beirniadwyd y cynnig – ac yn wir ymdrechion etymolegol Matthews yn fwy cyffredinol – mewn adolygiad yn yr *Evening Express*, ac ymddengys nad oedd Matthews wedi gallu cael gafael ar well tystiolaeth yn y misoedd dilynol.[33] Gallai fod yn dra styfnig wrth lynu at

---

[28] 'Place-names of Cardiff district', *Weekly Mail*, 23 March 1901, 8.

[29] J. Hobson Matthews, 'The placenames of the Cardiff district', *Cardiff Naturalists' Society. Reports & Transactions*, 33 (1900–1), 33–46. Canmolwyd y gwaith hwn gan Cochfarf, 'Cochfarf's comments', *Evening Express*, 20 May 1902, 2.

[30] Matthews, 'Placenames of the Cardiff district', 41. Cymharer Taliesin Williams (gol. a chyf.), *Iolo Manuscripts* (Llandovery, 1848), 151; hefyd Richard Morgan, *Place-Names of Glamorgan* (Cardiff, 2018), 200.

[31] Matthews, 'Placenames of the Cardiff district', 39, 44. Ar *Tredelerch*, gweler Gwynedd Pierce, *Dan y Bargod: Rhai o Enwau Ardal Cwm Rhymni* (Caerdydd, 1990), 5; *idem*, 'Under the eaves. Some place-names in the Rhymni Valley Area', *Morgannwg*, 36 (1992), 98–9; *idem*, 'Tredelerch', *Y Gadwyn*, lvii.10 (Rhagfyr 2006 / Ionawr 2007), 16–17; Morgan, *Place-Names of Glamorgan*, 197. Ar *Crwys*, gweler Pierce, *Place-Names in Glamorgan*, 97–8; *idem*, 'Heol-y-crwys', *Y Gadwyn*, lvii.8 (Hydref 2006), 12–13.

[32] Matthews, 'Placenames of the Cardiff district', 39. Ceir 'Llechwedd' mewn cyhoeddiadau cynharach, er enghraifft Samuel Lewis, *A Topographical Dictionary of Wales* (London, 1833), ii, dan *Leckwith*. Sylwer bod peth defnydd, yn ysgrifenedig o leiaf, ar y ffurf 'Llechwedd' gan Gymry Caerdydd; yn hunangofiant Elvet Thomas (1905–94), er enghraifft, mae cyfeiriad at gael picnic 'ar ben y Llechwedd (Leckwith)', W.C. Elvet Thomas, *Tyfu'n Gymro* (Llandysul, 1972), 91. Ar yr enw *Lecwydd*, gweler Pierce, *Place-Names of Dinas Powys*, 49–52; *idem*, *Place-Names in Glamorgan*, 102–3; a Morgan, *Place-Names of Glamorgan*, 114.

[33] 'It would have been more satisfactory if he had discarded etymology altogether; collectors of historical data are not supposed to trace place-names to their origin. It would be interesting to learn on what authority he states that Leckwith means "Y Llechwedd." Is

ddeongliadau a gwestiynwyd gan eraill, megis wrth fynnu bod y ffurf a gofnododd fel *Pulthcanau* (1340) yn cynnwys yr enw *Canna* (a oedd hefyd i'w weld, meddai ef, yn *Pontcanna*) a'i bod yn cyfeirio at bwll yn afon Taf.[34] Mewn adolygiad llym o gyfrol gyntaf y *Cardiff Records* dywedasai Walter de Gray Birch o'r Society of Antiquaries, 'Pulthcanau … is a sad mistake. It should be Pulthcanan, that is Pwll-Cynan, the marsh between Neath and Swansea'.[35] Ond gwrthod derbyn hynny a wnâi Matthews.[36]

Gall mai'r drafodaeth fwyaf arwyddocaol – o safbwynt ei dylanwad diweddarach – a gafwyd yn y ddarlith oedd honno ar yr enw *Treganna*, sef *Canton* yn Saesneg, y pentrefan a oedd bellach yn un o faestrefi gorllewinol Caerdydd. Roedd Matthews eisoes wedi nodi'r ffurf yn ail gyfrol y *Cardiff Records* (1900); hyd y gwn dyna'r tro cyntaf i'r enw ymddangos mewn print.[37] Mewn adolygiad ffafriol o'r gyfrol yn y *South Wales Daily News*, nodir bod gwaith Matthews yn caniatáu i ddarllenwyr olrhain y ffurf *Canton* yn ôl i'w gwreiddiau, ac mai'r enw Cymraeg oedd 'Treganna'.[38] Yn ei ddarlith yn 1901, cafwyd rhagor o fanylion: 'Canton is Treganna, "the hamlet of Saint Canna", a female saint whose name is preserved also in Pont Canna'.[39] Er hynny, *Canton* oedd y ffurf a ddefnyddid fel rheol mewn ffynonellau Cymraeg, gydag ambell enghraifft o'r ffurf lafar *Cantwn*.[40] Mae'n drawiadol fod Ceinwen Thomas (1911–2008), wrth gwyno am ddihidrwydd 'dynion dwad' o enwau Cymraeg cynhenid Caerdydd, yn nodi mai ' "*Cantwn*" a glywais i erioed ar Canton'.[41] Tybed

the Welsh form found in any document that has come under his observation?', 'Ancient Cardiff', *Evening Express*, 3 July 1900, 4.

[34] CR i, 22 a 26; CR v, 406 ('Saint Cana's Pool').

[35] W. de Gray Birch, 'Cardiff Records. Second letter of criticism', *South Wales Daily News*, 29 March 1899, 3.

[36] John Hobson Matthews, 'Cardiff Records', *South Wales Daily News*, 4 April 1899, 8; CR v, 406.

[37] CR ii, 30; cymharer Morgan, *Place-Names of Glamorgan*, 32.

[38] 'Records of Cardiff', *South Wales Daily News*, 25 June 1900, 4.

[39] Matthews, 'Placenames of the Cardiff district', 39. Ymddengys fod dylanwad Iolo Morganwg i'w weld yma hefyd, cymharer Williams, *Iolo Manuscripts*, 132.

[40] Am enghreifftiau a thrafodaeth, gweler Morgan, *Place-Names of Glamorgan*, 31–2.

[41] Ceinwen Thomas, 'Rhagor o enwau lleol', *Y Dinesydd*, 16 (Rhagfyr 1974), 12. Noda hefyd mai 'Cantwn' a geir gan G.J. Williams yn y map yn ei gyfrol *Iolo Morganwg* (Caerdydd, 1956), yn dilyn td. 467. Sylwer bod Salem, capel Eglwys Bresbyteraidd Cymru, yn defnyddio 'Canton' hyd heddiw yn eu cyhoeddiadau ffurfiol, gweler hefyd Richard Hall Williams a D. Haydn Thomas, *Hanes Salem Canton, Caerdydd o 1856 hyd 2000* (Caerdydd, 2001). Gweler hefyd Gwynedd O. Pierce, 'Treganna: Canton', *Y Gadwyn*, lx.10 (Rhagfyr 2009 / Ionawr 2010), 20–2.

felly nad Matthews ei hun a fathodd *Treganna*, gan ddilyn patrwm enwau eraill yn yr ardal i'r gorllewin o Gaerdydd, megis Colwinston / Tregolwyn a Candleston / Tregawntlo?[42] Gellir nodi hefyd fod *Treganna* i'w chael weithiau fel ffurf amrywiol ar yr enw lle *Tregenna* yng Nghernyw.[43] Ceir sawl man o'r enw *Tregenna* – yr amlycaf ohonynt yw'r *Tregenna* ger St Ives.[44] Gwelwyd eisoes fod tad Matthews yn dod o St Ives, ac roedd Matthews ei hun wedi cyhoeddi cyfrol ar hanes yr ardal yn 1892.[45] Y ffurf *Tregenna* a geir ganddo yn honno, felly am y tro ni allwn ond dyfalu a oedd adlais Cernywaidd o ryw fath yn rhan o benderfyniad Matthews i fabwysiadu'r enw *Treganna* am Canton yng Nghaerdydd.

Er nad da ganddo gael ei gywiro gan eraill, fel y gwelwyd, gallai Matthews newid ei farn – yn dawel fach – pan ddeuai o hyd i dystiolaeth newydd. Yn ei ddarlith yn 1901, dychwelodd at yr enw 'Pont-y-llechau' yr oedd yn 1893, fel y gwelwyd uchod, wedi gresynu ynghylch ei golli. Ond bellach, wrth gyfeirio at y ffurf 'Pont-y-llechau' ar fap 1886 dywed, '[t]his is about as correct as Ordnance Survey maps were at this date'. Noda mai'r enw cywir oedd 'Pont Lleici', 'Lleici being an ancient Welsh female name, colloquially pronounced "Licky" '.[46] Ym mhumed gyfrol y *Cardiff Records*, dychwelodd Matthews at yr enw eto gan nodi, '[e]ven the Ordnance Chart has it quite wrong, calling it "Pont-y-llechau" (the bridge of flat stones)   a name which it never at any time bore'. Gwelwn yno'r rheswm dros y newid barn, sef bod Matthews wedi taro ar ffurfiau amgen o'r enw yn ei ymchwil ddogfennol: 'Pontlickey Bridge' (1861) a 'Pontlecky Bridge' (1864).[47] Ond cyn bwysiced â hynny yw'r dystiolaeth lafar a gasglwyd ganddo gan rai o siaradwyr Cymraeg brodorol y Rhath,

---

[42] Ar enwau Cymraeg mewn *Tre(f)-* yn cyfateb i enwau Saesneg mewn *-ton*, gweler Pierce, *Place-names of Dinas Powys*, 23 ac *idem*, *Place-Names in Glamorgan*, 197.

[43] Digwydd y ffurf *Treganna* ambell dro mewn papurau newydd o Gymru ar ddiwedd y bedwaredd ganrif ar bymtheg, gweler, er enghraifft, 'Advertising', *Y Cymro*, 20 Awst 1896, 4. Ymddengys fod tŷ o'r enw *Treganna* yn Llanisien ger Caerdydd ar ddiwedd y bedwaredd ganrif ar bymtheg, 'Advertising', *South Wales Daily News*, 9 December 1898, 2.

[44] Yn Patrick Hanks *et al.* (eds), *The Oxford Dictionary of Family Names in Britain and Ireland* (Oxford, 2016), 2716, nodir y gallai'r cyfenw *Tregenna* ddeillio o unrhyw un o'r deg lle o'r enw hwnnw yng Nghernyw. Gweler yno hefyd y cofnod ar *Tregunna*.

[45] John Hobson Matthews, *A History of the Parishes of Saint Ives, Lelant, Towednack and Zennor* (London, 1892), 416. Yng Nghasgliadau Arbennig ac Archifau Prifysgol Caerdydd mae copi o'r gyfrol hon sy'n cynnwys cywiriadau yn llaw Matthews ei hun; fe'i cyflwyn-wyd ganddo 'to the Cardiff University College' ddydd Gŵyl Ddewi 1894.

[46] Matthews, 'Placenames of the Cardiff district', 44.

[47] CR v, 404.

gan gynnwys Mrs Mary Harris a Mr Job Richards o'r Tai Cochion.[48] Ymhlith pethau eraill, casglodd Matthews enwau pontydd yr ardal ganddynt.[49] Er mai 'Pont Lleici' yw'r ffurf a nodir gan Matthews yn y prif destun, mewn troednodyn mae'n nodi mai 'Pont Licky' (Mary Harris) a 'Pont Leeky' (Job Richards) oedd yr union ffurfiau.[50] Bu iddo anwybyddu'r treiglad hanesyddol a oedd wedi esgor ar y ffurf *Pont Leucu* (o'i rhoi mewn orgraff safonol), ond er hynny fe gofnododd y ffurfiau dogfennol a llafar yn fanwl.[51]

Er mai hawdd yw beirniadau elfennau o waith Matthews, mae'n bwysig cydnabod gwedd ymarferol ei weithgarwch. Mynnai, er enghraifft, na fyddai'r rhestr o enwau lleoedd yn y *Cardiff Records* yn gwireddu ei obeithion oni bai ei bod yn arwain at 'the perpetuation of interesting Welsh appellations in the nomenclature of new streets'.[52] Yn hynny o beth, mae ei weledigaeth yn arwain y blaen ar waith diweddarach Edgar Chappell (1879–1949) ac yn wir bolisi enwau lleoedd diweddar Cyngor Caerdydd.[53] Heb gyfraniadau Matthews, mae'n sicr na fyddai *Treganna* yn enw cyfarwydd yng Nghaerdydd, ac mae'n debyg y gellid dweud yr un peth am enwau Cymraeg â mwy o dystiolaeth hanesyddol drostynt, megis *Heol y Plwca* a *Nant Lleucu*.[54] Ac nid oedd ei weledigaeth wedi ei chyfyngu i enwau Cymraeg. Anelai hefyd at gael gan yr awdurdodau adfer enwau Saesneg a gollwyd, gan nodi'n ddiflewyn-ar-dafod yn y *Cardiff Records*:

---

[48] CR v, 316–31; casglwyd yr wybodaeth ar 17 Hydref 1896. Cymharer y modd y cofnododd Matthews dystiolaeth am y Gernyweg yn achos yr enwog 'Cranken Rhyme' a gafwyd gan John Davy (1812–91), Matthews, *History of the Parishes of Saint Ives*, 404–5.

[49] 'Pont Tredelerch' dros afon Rhymni, 'Pont y Rhâth' dros y Nant Mawr ar Heol Casnewydd, 'Pont Lleici, carrying the Cefn Coed lane across the Nant Mawr, at the foot of Pen-y-lan'; 'y bont genol' dros y pynfarch ger melin y Rhath, a'r bont 'gerllaw'r eglwys' dros y Nant Mawr ger eglwys y plwyf; roedd y ddwy olaf hyn, chwedl Mrs Harris a Mr Richards, wedi eu ffurfio gan un '[g]arag fawr iawn dros yr afon' a oedd yn ddigon cryf i gynnal certi', CR v, 329.

[50] CR v, 329. Ymddengys fod y llafariad yn y goben yn fyr gan Mary Harris ond yn hwy gan Job Richards. Cymharer sylwadau Matthews ar ynganiad *Cogan* yn CR v, 356; ar hynny gweler hefyd Pierce, *Place-Names of Dinas Powys*, 31.

[51] Noder mai *Pontyllechau* yw'r ffurf a ddefnyddir ar fap digidol Cyngor Caerdydd hyd heddiw: <https://ishare.cardiff.gov.uk>; ST 192 782 yw cyfeirnod grid yr OS.

[52] CR v, vi.

[53] Edgar L. Chappell, *Cardiff Street Names* (Cardiff, 1939); Cyngor Caerdydd, *Polisi Enwau Strydoedd* (Caerdydd, 2019).

[54] Ar Heol y Plwca, gweler Matthews, 'Placenames of the Cardiff district', 43–4 a CR v, 351; ar y defnydd heddiw o Nant Lleucu (am ran o'r Nant Mawr neu Nant y Dderwen Deg, neu 'Roath Brook'), gweler Owen John Thomas, *The Welsh Language in Cardiff* (Tal-y-bont, 2020), 133.

'[t]he Editor would avail himself of this opportunity to urge upon the Corporation and the Burgesses, in the interests of antiquity, a restoration of the instructive old street-names which have been allowed to disappear from the town of Cardiff within the last half-century'.[55] Y golled fwyaf iddo oedd diflaniad yr enw *Crockherbtown* a ddisodlwyd gan *Queen Street* (er mwyn coffáu'r Frenhines Victoria nad ymwelodd erioed â thref Caerdydd).[56] Wfftiodd at y rhai a newidiodd yr enw fel 'Vandals' gan ddweud, yn ei ffordd ddihafal ei hun, '[e]very fourth-rate market town has its "Queen Street"; but "Crockherbtown" is ancient, distinctive and historically interesting. It is, moreover, still a household word in the mouths of genuine Cardiffians, who would rejoice to see it re-instated.'[57] Gobeithiai'n fawr y gwelai ryw ddydd 'the tardy but welcome restoration of "Crockherbtown" and its congeners'.[58]

Gwelwn felly nad oedd ymwneud Matthews ag arweinwyr dinesig Caerdydd bob tro o natur gymodlon. Ond amwys hefyd oedd ei berthynas â phrif ffrwd y Gaerdydd Gymraeg. Diau fod ei Gatholigiaeth yn gyfrifol i gryn raddau am hynny – ystyriai mai'r Eglwys Gatholig oedd gwir eglwys y Cymry ac y dylid defnyddio'r Gymraeg er mwyn ennill aelodau newydd iddi.[59] Gwir fod ganddo yn Cochfarf gefnogwr a oedd yntau'n

---

[55] CR v, 335.

[56] Fel y noda John Ballinger yn chweched gyfrol y *Cardiff Records*, 'Royal visits to Cardiff', CR vi, xliv–xlv.

[57] CR v, 335. Wrth gwrs, ymgais i barchuso a lledneisio tirwedd ieithyddol Caerdydd oedd y gwaredu ar *Crockherbtown*; i'r rhai a newidiodd yr enw, roedd gormod o flas y pridd ar yr elfen 'crock' yn achos stryd a oedd yn un o brif rodfeydd masnachol y dref. Ar yr enw *Crockherbtown*, a luniwyd ar sail y *Crockerton* cynharach, gweler B.G. Charles, *Non-Celtic Place-Names in Wales* (London, 1938), 162; Thomas Jones, 'The place names of Cardiff', *South Wales and Monmouth Record Society Publications*, 2 (1950), 46–7; a chymharer troednodyn 63 isod.

[58] CR v, vi. Ymhlith y 'congeners' hyn yr oedd Whitmore Lane, stryd a gawsai enw drwg am yr hyn elwid yn y papurau newydd yn 'disorderly houses'. Newidiwyd yr enw i 'Custom House Street', ond erbyn 1905 roedd yr enw hwnnw, meddai Matthews, yn sgil symud y Tollty, yn 'incongruous and misleading'. Derbyniai Matthews fod gan yr hen enw ei gysylltiadau negyddol, ond ni welai pam na ellid ei adfer ar ffurf newydd: '[t]here may be a reason against the restoration of "Whitmore Lane"; but the thoroughfare might now appropriately receive the name "Whitmoor Street" ', CR v, 335 a 336.

[59] Cymharer y sylw am y Tad John Hayde (1837–1914) a Matthews yng nghyd-destun eu cyfraniad i gyhoeddi'r *Llyfr Gweddi Catholig* (1899) gan Gymdeithas y Gwirionedd Catholig yng Nghaerdydd: 'y ddau o Gaerdydd, y naill yn Wyddel a'r llall yn Sais; ond y ddau wedi meistroli'r Gymraeg, er eu cymmhwyso yn well i fod o wasanaeth i Eglwys Rhufain yng Nghymru!', 'Y Pabyddion yn Nghymru. Cais i'n hennill yn ôl i Rufain', *Baner ac Amserau Cymru*, 6 Medi 1899, 1. Cawsai'r Tad Hayde ei eni a'i fagu yn swydd Gaerhirfryn ond roedd o dras Wyddelig.

agos iawn at gymuned Wyddelig Caerdydd ac a oedd hefyd yn rhannu diddordeb Matthews yn enwau lleoedd a hanes y dref.[60] Fel arall, prin y gallwn ddweud bod Cymry Cymraeg Caerdydd wedi cydio yn syniadau Matthews ag arddeliad. Ystyriwn, er enghraifft, y Parch. Hugh Michael Hughes (1855–1933), gweinidog Ebenezer, eglwys yr Annibynwyr yng nghanol y dref.[61] Iddo ef, roedd defnydd rhai o aelodau Ebenezer o ffurfiau Cymraeg ar enwau lleoedd, megis 'Rhâth' yn lle 'Roath', yn rhywbeth i'w nodi â difyrrwch, ond nid gyda golwg ar hybu'r arfer.[62] Diau mai 'Roath' oedd ffurf arferol trwch aelodaeth yr eglwys a'r gweinidog yntau, ac mae defnydd lletchwith Hughes o 'Rhâth' heb y fannod yn awgrymu nad oedd ef, yn wahanol i Matthews, yn gwbl gyfarwydd neu gyffyrddus â dull arferol y Cymry Cymraeg lleol o gyfeirio at y plwyf.[63] Ni bu i Gymdeithas Cymrodorion Caerdydd, ychwaith, ymateb i weledigaeth Matthews am enwau lleoedd gyda rhyw lawer o frwdfrydedd ymarferol.[64]

---

[60] Ar gysylltiad Cochfarf â'r gymuned Wyddelig, gweler Jones, 'Edward Thomas (Cochfarf)', 31. Cwynodd Cochfarf am ddiffyg Cymreictod enwau strydoedd Caerdydd yn ei golofn 'Comments and criticisms', *Evening Express*, 17 October 1901, 2.

[61] Arno, gweler <https://bywgraffiadur.cymru>.

[62] Dywed Hughes am Crockerton Street, '[d]yma'r ffordd a arweiniai i Râth, ac fel yna y seinid y gair gan yr hen bobl hyd yn oed pan ddeuthum i i'r dref. Ni chymerai Dafydd Howell y byd am ddweud *Roath*, mwy nag y cymerai arno alw pentref St Nicholas yn y Fro yn rhywbeth heblaw "Shin Nicôlesh" ', *Hanes Ebenezer Caerdydd: 1826–1926* (Caerdydd, 1926), 24. Bu David Howell(s) (1819–1905), siopwr a cheidwad y Swyddfa Bost yn Adam Street, yn ddiacon rhwng 1859 a'i farwolaeth yn 1905, gweler *ibid.* 83. Er iddo gael ei eni yn Llanilltud Fawr a threulio peth amser yn Sain Ffagan, daeth i Gaerdydd pan oedd yn ifanc. Ymaelododd yn Ebenezer yn 1838, 'Obituary. Mr David Howell, an old Cardiff resident', *Evening Express*, 24 March 1905, 2; '[he] had to the last a very lively remembrance of the Vale and of Cardiff in the early and middle parts of last century. He loved the Vale, and had its lore at his fingers' ends', *ibid.*

[63] Cymharer sylwadau 'Ap Rhys' o Ealing (sef Thomas neu Tom Rees, brodor o fferm y New Park ym mhlwyf Llantrisant, a fu'n byw am gyfnod yn Glamorgan Street, Treganna, fel y dengys Cyfrifiad 1891): '[a]ll Welsh country people in alluding to Roath and Crockerbtown speak of the two places as Y Rhath and Y Crockerton respectively; that is, the Roath, or Rhath, and the Crockherbtown', 'Historic Cardiff', *Evening Express*, 20 November 1901, 3. Dywedodd Matthews ei hun, hefyd yn 1901, 'to this day, Welsh speakers call the parish "Y Rhâth" ', 'Placenames of the Cardiff district', 38. Sylwer mai llwyddiannus fu gwrthwynebiad Hughes i'r cynnig i newid yr enwau Ebenezer Street a Paradise Place yn Queen's Place, gweler 'Paradise and Ebenezer', *Evening Express*, 10 March 1910, 3.

[64] Mae'n bosibl iawn mai rhoi llais i ddymuniadau Matthews a Cochfarf a wnaeth Alfred Thomas (1840–1927) wrth ddweud mewn cyfarfod o'r Cymmrodorion ar 19 Hydref 1898, 'it was the duty of the Cymmrodorion to preserve the old Welsh place-names, which in and around Cardiff were in danger of becoming forgotten. A paper written by a competent person on the old Welsh place-names in Cardiff and neighbourhood could not fail to prove

Er mai digon cyfyng oedd ei ddylanwad yn ystod ei oes ei hun, roedd agwedd Matthews at enwau lleoedd yn gyfuniad o'r hynafiaethol a'r blaengar. Roedd ganddo ymwybyddiaeth amlwg o'r berthynas rhwng enwau lleoedd, grym a gwleidyddiaeth ac ni welai enwau lleoedd fel adlewyrchiad syml a diduedd o fywyd economaidd a chymdeithasol ardal. Yn hytrach, gwyddai y gallent fod yn gynnyrch grym gwleidyddol a chan hynny roedd modd eu rhoi ar waith o blaid neu yn erbyn amcanion gwleidyddol penodol. Yn achos Matthews, fel y gwelwyd eisoes, dyrchafu Caerdydd fel prifddinas Cymru oedd y nod, ac aeth ati i ddefnyddio enwau lleoedd er pwysleisio hynafiaeth Caerdydd a hefyd ei Chymreictod. Honnai, er enghraifft, y gellid uniaethu'r ffurf *Ratostabios* (a gafwyd gan y daearyddwr Ptolemi oddeutu 150 OC) â'r 'British words "Râth-Tav", "the Râth on the Taff" '.[65] Rhoddai hynny dras hynafol i'r ddarpar ddinas a hynny drwy gyfrwng y Frythoneg, mamiaith y Gymraeg. A chan dynnu ar waith John Stuart Corbett, gallai ddangos hefyd fod y Gymraeg wedi

interesting and instructive', *Evening Express*, 20 October 1898, 2; nodwyd bod Cochfarf yn bresennol yn y cyfarfod. Soniwyd am gynnal cynhadledd ar bwnc diogelu enwau lleoedd yn 1902, ond ymddengys na ddaeth dim o hynny, gweler 'Galw cynhadledd yn Nghaerdydd', *Weekly Mail*, 27 July 1901, 6; 'Cymmrodorion Caerdydd. Enwau Lleoedd yng Nghymru', *Baner ac Amserau Cymru*, 22 Chwefror 1902, 6; Idriswyn [Edward Thomas], 'Enwau lleoedd yng Nghymru', *Weekly News*, 1 March 1902, 6. Dychwelwyd at y pwnc yn 1906, ond eto heb ganlyniadau amlwg, gweler 'Cardiff Cymmrodorion. The retention of Welsh place-names', *Weekly Mail*, 7 April 1906, 10. Bu'r Gymdeithas yn ymboeni am y ffurfiau ar enwau lleoedd a ddefnyddid yng nghyhoeddiadau'r Public Record Office, gweler Huw J. Huws, 'Cymmrodorion Caerdydd. Perthynas Cymru a Swyddfa Gyhoeddus y Cofnodion', *Baner ac Amserau Cymru*, 18 Gorffennaf 1908, 6. Sylwer i Evan Owen, aelod amlwg o Gymrodorion Caerdydd, ddarlithio ar bwnc enwau lleoedd i chwaer-gymdeithas yng Nghwm Rhondda ar 15 Ionawr 1901, gan dynnu ar waith Matthews a'r ffurf *Treganna* yn benodol, gweler 'Cymmrodorion Rhondda', *Tarian y Gweithiwr*, 24 Ionawr 1901, 5.

[65] Matthews, 'Placenames of the Cardiff district', 38; CR v, 269. Roedd eraill wedi cynnig hyn o'i flaen, gweler, er enghraifft, Williams, *Iolo Manuscripts*, 368 troednodyn 2 a 375 troednodyn 3. Gall mai dau enw wedi eu rhedeg i'w gilydd a welir yn y ffurf broblemataidd *Ratostabius* neu *Ratostathybius*, gweler Patrick Sims-Williams, 'Degrees of Celticity in Ptolemy's names: examples from Wales', yn David N. Parsons & Patrick Sims-Williams (eds), *Ptolemy: Towards a Linguistic Atlas of the Earliest Celtic Place-names of Europe* (Aberystwyth, 2000), 8. Ar yr anawsterau sydd ynghlwm wrth gysylltu'r ffurfiau hyn â'r Rhath neu ag afon Taf, gweler Pierce, *Place-Names in Glamorgan*, 172–3. Roedd hynaf-iaeth yr enw *Ratostabios* eisoes wedi ei defnyddio er mwyn dadlau o blaid lleoli cofrestrfa Prifysgol Cymru yng Nghaerdydd, gweler Bwrdeisdref Sir Caerdydd, *Cofeb Corfforaeth Caerdydd yn Deisyf ar Lys Prifysgol Cymru i Leoli Swyddfa Cofrestrydd y Brifysgol yn y Fwrdeisdref Sir* (Caerdydd, 1897), cyfieithiad o *Memorial of the Corporation of Cardiff, Praying the Court of the University of Wales to Locate the Office of the University Registrar in the County Borough* (Cardiff, 1897).

disodli'r Saesneg yng nghyffiniau'r dref ers yr Oesoedd Canol.[66] 'I need not remind you', meddai Matthews, 'that Welsh was the common vernacular of Cardiff down to the first quarter of the nineteenth century'.[67] Roedd enwau lleoedd a hanes y Gymraeg yn y dref yn rhan o'r wrthddadl yn erbyn y rheini a honnai nad oedd Caerdydd yn ddigon Cymreig na Chymraeg i fod yn brifddinas ar Gymru. I'r gwrthwyneb, meddai Matthews, o ran ei Chymreictod roedd Caerdydd yn drech na'i phrif gystadleuydd Abertawe. Roedd honno'n dref 'which has no direct associations with the Celtic British race, but which, on the contrary, is portion of a Teutonic colony', chwedl Matthews mewn memorandwm cofiadwy o bolemaidd dan yr enw 'The claim of Cardiff to be the Capital of Wales'.[68]

Gan hynny, er mai mawr yw ein dyled iddo am y bron 1,200 o enwau a restrodd yn ei 'Schedule of Place-names', gorwedd pwysigrwydd pennaf Matthews yn y modd y deallai fod enwau lleoedd yn rym byw yn y gymdeithas o'n cwmpas. Mae'n wir nad yw ei ddadansoddiadau etymol-egol yn taro deuddeg bob tro, ffaith nad yw'n syndod o gofio na chawsai'r cyfle i astudio'r iaith mewn modd ffurfiol. Ond er hynny, nid amhriodol yw dod â'r drafodaeth fer hon i ben drwy nodi bod y modd y syniai Matthews am enwau lleoedd yn rhagargoel, mewn sawl ffordd, o rai o'r datblygiadau diweddaraf ym maes toponymeg feirniadol.[69]

---

[66] CR v, 333.

[67] Matthews, 'Placenames of the Cardiff district', 41.

[68] CR v, 265.

[69] Gweler, er enghraifft, Lawrence D. Berg & Jani Vuolteenaho (eds), *Critical Toponomies: The Contested Politics of Place Naming* (London, 2017) a Peter E. Raper (ed.), *Critical Toponymy: Place Names in Political, Historical and Commercial Land-scapes* (Bloemfontein, 2019).

4

Yr elfen 'gochel' mewn enwau lleoedd

G. ANGHARAD FYCHAN

Yn uchel ar y llechwedd serth i'r de-orllewin o bentref Cwmerfyn, yng ngogledd Ceredigion, gellir gweld olion bwthyn Penygeuallt,[1] ond i Hywel Lewis, y mae ei deulu wedi amaethu fferm Cwmerfyn gerllaw, ers o leiaf tair cenhedlaeth, dyma *Gochel Gwympo*.[2] Ceir cofnod o'r enw yng Nghyfrifiad 1881, a digwydd hefyd mewn dau adroddiad papur newydd am achosion llys yn gysylltiedig â'r preswylwyr: achos honedig o ladrad oddi ar Edward Jones yn 1876,[3] a Lewis Davies o flaen ei well am beidio â gyrru ei blant i'r ysgol yn 1880.[4]

Yr hyn sy'n gwneud yr enw'n fwy diddorol yw bod Hywel Lewis yn tystio i fodolaeth dau enw arall cysylltiedig. *Gochel Dwmlo*[5] yw ei enw ef am adfail Tanygeuallt ar law chwith y ffordd sy'n arwain o Gwmerfyn i Fancydarren, a chyfeiria at bwll dŵr bychan yn y cae ar lan yr afon islaw fel *Gochel Foddi*.[6] Cymydog arall a wyddai am y tri enw oedd y diweddar Emlyn Griffiths, y chweched genhedlaeth o'i deulu i fyw ym Mhenlanolau, dros y gefnen yn nyffryn Melindwr.

---

[1] SN 69244 82537.

[2] Clywais gyntaf am *Gochel Gwympo* gan y diweddar Llew Davies, Llwynderw, Penbont Rhydybeddau. Cyfeiriai at y tŷ drws nesaf fel *Stand Up*, a hoffai adrodd stori am ŵr *Gochel Gwympo* yn cael ei ddal yn feddw yn Aberystwyth, a'r heddwas yn gofyn iddo ym mhle roedd yn byw: 'Yn *Gochel Gwympo*.' 'A lle mae *Gochel Gwympo*?' 'Drws nesa i *Stand Up*!'. Cymerais mai bathiad llafar cellweirus gan Llew oedd *Stand Up*, nes canfod colofn yn *The Western Mail*, 24 September 1898, 4, sy'n adrodd, 'Two houses built on the brink of a precipice, in a Cardiganshire village, are called respectively "Stand Up" and "Gochel Gwmpo" ("Mind Don't Fall")'. Ymddengys nad dyma'r unig enw cellweirus am yr ail dŷ chwaith, gan fod erthygl yn *Y Diwygiwr*, 72 (1907), 78, yn holi 'Wyddoch chwi beth yw enw y bwthyn acw? Dacw Gochel Gw'mpo! Wyddoch chwi beth yw'r llall yn ei ymyl? Dacw *Stand Fast*!'.

[3] *The Cambrian News and Merionethshire Standard*, 7 January 1876, 2.

[4] *The Aberystwyth Observer*, 31 January 1880, 4.

[5] SN 69167 82735.

[6] SN 69148 82925.

Felly beth yw arwyddocâd yr enwau? Ffurf ail berson unigol gorch-mynnol y ferf *gochel* sydd yma, yn golygu 'gwylia rhag'.[7] Mae'r llethr lle safai *Gochel Gwympo* yn eithriadol o serth, ac mae'r enw'n rhoi rhybudd pendant rhag i rywun syrthio. Arwyddocâd digon tebyg sydd i'r enw *Gochel Dwmlo*, gyda *twmlo* yn fenthyciad o'r Saesneg *(to) tumble* 'disgyn bendramwnwgl'. A thebyg bod *Gochel Foddi* yn tynnu sylw at beryglon amlwg y pwll dŵr.

Ceir yn y tri enw adlais o'r Farwolaeth Driphlyg, sy'n thema gyffredin mewn llenyddiaeth. Fe'i gwelir yn *Cymru Fu* mewn chwedl sy'n adrodd am un o wylliaid Hiraethog yn mynd i ymladd â gwiber ar glogwyn uchel yn Nant Conwy wedi iddo gael sicrwydd gan ddewin na fyddai farw oni châi ei frathu gan y wiber, torri ei wddf, a boddi.[8] Ni choelia y byddai'n bosibl iddo ddioddef y tair anffawd, ond dyna yw ei dynged: mae'r wiber yn ei frathu, mae'n torri ei wddf wrth gwympo bendramwnwgl dros y clogwyn, a rholio i'r afon a boddi.

Gan nad oes tystiolaeth ysgrifenedig o'r enwau *Gochel Dwmlo* a *Gochel Foddi*, tybed ai enwau oeddent a fathwyd fel ymestyniad at *Gochel Gwympo* fel sail i chwedl am farwolaeth driphlyg? Ond os oedd chwedl unwaith, aeth ar ddifancoll.

Ac edrych yn ehangach ar draws Cymru, a oes rhagor o dystiolaeth o'r elfen *gochel* yn yr ystyr rybuddiol hon?[9]

Gochel Gwympo

I sir Drefaldwyn y perthyn yr unig enghraifft arall o'r enw *Gochel Gwympo* a ddaeth i'r fei, ac ymddengys mai hon hefyd yw'r fwyaf gogleddol o'r elfen *gochel* yn y cyd-destun hwn. Fe'i cofnodir yn *The Aberdare Leader* yn 1914, heb nodi ei hunion leoliad, ond gan esbonio'i harwyddocâd:

Nid ar dafarndai yn unig y ceir enwau od. Mewn pentref yn Maldwyn mae siop a elwir yn 'Gochel Gwympo' – enw eithaf priodol i dafarn. Mae gris beryglus o flaen y faelfa hon, yr hyn a gyfrif am y rhybudd.[10]

---

[7] GPC dan *gochelaf.* Sylwer bod y ffurfiau *gwachel* a *gwachal* yn digwydd yn nhafodiaith y De.

[8] *Cymru Fu* (Wrexham, 1862), 430–2.

[9] Dylid nodi bod yr elfen *gochel* yn digwydd hefyd fel ail elfen mewn enwau lleoedd (megis caeau *Perthi Gochel Isaf* a *Pherthi Gochel Uchaf* ar dir Gwernhywel Ganol, Ysbyty Ifan, sir Ddinbych; *Pen y Gochel* a *Phont y Gochel*, Llanfair Caereinion, sir Drefaldwyn; a *Chwm Gwachel* yng Nghynwyl Elfed, sir Gaerfyrddin) lle gallai, o bosibl, olygu 'ymochel, cysgodi, neu lochesu', ond nad dyna'r diddordeb yn yr erthygl hon.

[10] *The Aberdare Leader*, 11 April 1914, 6.

Gochel Dwm(b)lo

Enw'r allt serth goediog sy'n gorwedd ar lan ogleddol afon Teifi rhwng Cenarth a Llandygwydd ar fapiau'r OS yw *Gwachal Dwmlo*.[11] Digwydd hefyd ar fap llawysgrif hynod Idris Mathias o afon Teifi yn y ffurf *Allt Gwachal Dwmlo*.[12] Ymddengys y ffurf dalfyredig *Gwachal* yng Nghyfrifiad plwyf Llandygwydd yn 1851, sy'n profi ei fod yn enw ar dŷ yn ogystal.

Daw'r unig enghraifft arall o'r enw o ardal Cwmaman ger Aberdâr, Morgannwg. Cofnodir yr enw *Gochel Dwmblo*,[13] ynghyd â dehongliad o'i ystyr, yn y gyfrol *Hanes Cwmaman*:

> Dywedir wrthym (ond nid oes sicrwydd am hyny) fod y tai a adnabyddir genym fel 'Llygad Eglur' wedi bod unwaith yn fferm. Enw y fferm oedd 'Gwachal Dwmblo,' ac enw priodol iawn ydoedd, gan fod y tai hyn yn sefyll ar dwyn uchel ar fynydd Fforchaman, ac yn edrych yn ddigon tebyg o 'dwmblo;' ond aros y maent hyd heddiw.[14]

Gochel Foddi

Cafwyd pum enghraifft o'r enw hwn yn sir Gaerfyrddin.

Digwydd yr enw *Gwachel Foddi* ar fap Hen Gyfres yr OS yn 1831 am le a elwir bellach yn Barc-y-splots, i'r de o Johnstown, Caerfyrddin.[15] Gan ei fod wedi ei leoli gerllaw dolen sylweddol yn afon Tywi, tebyg mai cyfeiriad at lecyn peryglus yn yr afon ydoedd yn wreiddiol. Mae'n amlwg i'r enw gael ei fyrhau i *Gwachal* dros amser am mai dyna'r ffurf a welir mewn amryw o gyhoeddiadau rhwng 1856 ac 1919.[16]

Perthyn yr enghraifft nesaf i blwyf Talyllychau lle ceir cofnod o ddau enw, *Gochel foddi* a *Gochel foddi uchaf*, yng Nghyfrifiad 1851. Tebyg mai'r un lle sydd dan sylw mewn rhigwm sy'n rhestru rhai o dai pentref Halfway:

> Gwachel Dagu,
> Gwachel Foddi,
> Halfway House
> A Chastell Dwrgi.[17]

---

[11] SN 25780 42743.

[12] <http://hdl.handle.net/10107/5475019>.

[13] SS 99968 99686.

[14] David Lloyd, *Hanes Cwmaman* (Aberaman, 1913), 10–11. Gwelais yr enghraifft hon gyntaf yn D.L. Davies, 'At y Golygydd', *Y Casglwr*, 101 (2011), 22.

[15] SN 39734 17964.

[16] *The Welshman*, 4 April 1856, 4; *Papur Pawb*, 2 Tachwedd 1895, 1; *The Carmarthen Journal*, 11 July 1919, 1.

[17] GPC dan *gochelaf*.

Rhydd ysgrif yn *The Western Mail* yn 1898 ddarlun cliriach o union amgylchiadau'r lleoliad gan awgrymu'r rheswm dros ei enwi:

> Near Talley there are two cottages on the banks of Avon Ddu called 'Llety'r Dwrgi' and 'Gochel Foddi' ('Otter's Home' and 'Beware of Drowning'). The last-named house … stands on a miniature island, the river opening out at one end and joining again the other side.[18]

Ategir y dystiolaeth gan D.J. Williams yn ei gyfrol *Hen Dŷ Ffarm* lle mae'n nodi:

> gerllaw hen dafarn yr 'Haff Wae' y mae dau hen dŷ bach, gan nad pwy oedd yr optimist a'i cododd yno, yn union ar lan yr Afon Ddu. Gochel Foddi yw enw'r naill, a Boddi'n Lân yw enw'r llall, ar lafar gwlad. Pa ryfedd nad oes ond prin eu hôl yno'n awr![19]

Digwydd enghraifft arall o'r enw, *Gochel Foddu* [sic], yng Nghyfrifiad 1851 plwyf Sant Paul, Llanelli. Er na wyddom ei union leoliad, ar sail ei berthynas ag enwau eraill y rhestr,[20] gellir mentro ei fod rhywle yn nwyrain tref Llanelli.

Trown nesaf i Gwm Aman, ac at erthygl yn *The Amman Valley Chronicle* yn 1917 sy'n trafod effeithiau llifogydd ar yr ardal:

> Cawsom Awst gwlyb … Llifodd yr Aman dros y glannau nes boddi Pantyffynnon … aeth Pedol … yn wyllt gynddeiriog dros ffyrdd a gerddi … A dacw hithau'r Berach annwyl … oddiar y Tyrcan a'r Drysgol, yn cadw ei thymer wrth dderbyn dyfroedd gloewon Ffynnon Fari ar Nantglas ger Gochelfoddi![21]

Gwyddom bod afon Berach yn tarddu ar y Drysgol a bod Nant Glas yn ymuno â hi ar gwr gogleddol Glanaman,[22] felly rhaid bod *Gochel Foddi* yn y cyffiniau hynny.

Daw enghraifft olaf sir Gaerfyrddin o blwyf Pen-bre, lle digwydd y ffurf *Gwachel ffothy* yng Nghyfrifiad 1851. Er nad yw'r union leoliad yn hysbys, mae'r enwau eraill a restrir[23] yn awgrymu ei fod yn ardal Llandyry.

---

[18] *The Western Mail*, 27 September 1898, 4.

[19] D.J. Williams, *Hen Dŷ Ffarm* (Aberystwyth, 1953), 29.

[20] Fe'i rhestrir rhwng *Glandaven* (Llandafen SN 52723 00462) a *Trostre Farm* (Trostre Fawr SS 52044 99714).

[21] *The Amman Valley Chronicle*, 6 September 1917, 4.

[22] SN 67265 14254.

[23] Megis *Tyr morva vach* (Morfa SN 42911 05080) a *Talycarnfach* (Tal-carn SN 43124 05416).

I Forgannwg y perthyn yr unig ddwy enghraifft arall o'r enw a ddaeth i'r amlwg. *Gochel Foddi* oedd hen enw Cymraeg tafarn y Pontardawe Inn,[24] a pharheir i'w hadnabod fel y *Gwachel*.[25] Yn ôl pob tebyg, roedd yr enw'n cyfeirio'n wreiddiol at fan peryglus yn afon Tawe, ond bellach, gellid ei ddehongli, yng nghyd-destun y dafarn, fel rhybudd pendant i'w mynychwyr beidio â'i gor-wneud hi! Mewn eitem ym mhapur *Y Gwladgarwr* yn 1867, sonnir am fedydd yn afon Tawe gerllaw *Gochel Foddi*, sy'n lleoliad braidd yn annisgwyl a mentrus i ddefod o'r fath:

> Daeth Shon y saint tua'r ty yn uniongyrchol wedi clywed am [enedig-aeth ein baban marwanedig], a dywedodd, os buasai Catws a minau yn cymeryd ein bedyddio ganddo yn union heb oedi y gallas[a]i ddodi bywyd yn [y baban]; ac heb gloffi dim rhwng dau feddwl mi gydsyniais i … Aethym i gyda Shon i lawr tua Thawe, ac wrth y 'Gochel foddi' aethom i lawr i'r dwfr, a chefais y twc glanaf a gafodd dyn erioed.[26]

Mewn pennod sy'n trafod enwau lleoedd yn y llyfr *Cloc y Capel*,[27] crybwyllir lle o'r enw *Gwachal Foddi* heb nodi ei union leoliad o fewn plwyf Margam, Morgannwg. Efallai mai'r un lle sydd dan sylw yn yr enw *Gwachel Lodge* sy'n digwydd yng Nghyfrifiad 1891 dan bentref Tai-bach, plwyf Margam. Awgryma trefn ymddangosiad yr enw yno[28] leoliad ar gwr dwyreiniol Aberafan. Gall fod cysylltiad hefyd â'r *Gwachal Lodge* a enwir mewn adroddiad yn *The Western Mail* yn 1869,[29] a'r *Gwachal Cottage*, Port Talbot, sy'n digwydd mewn hysbyseb yn y *South Wales Daily Post* yn 1895.[30]

Gochel Dagu

Rhybudd yw'r enw *Gochel Dagu* rhag i rywun dagu o syched, a hynny, mae'n ymddangos, naill ai am fod lleoliad yr anheddau dan sylw yn anymarferol o bell o gyflenwad dŵr, neu am fod yno ffynnon a oedd yn anwadal ac yn dueddol o sychu.

Yn *The Place-Names of Cardiganshire* cofnodir mai *Gwachaldagu* oedd hen enw Llainweddfa ym mhentref Betws Ifan, Ceredigion.[31] Fe'i

---

[24] SN 72444 03733.

[25] *Gwachel* yw enw cyfrif trydar y dafarn: <https://twitter.com/PontardaweInn>.

[26] *Y Gwladgarwr*, 26 Hydref 1867, 3.

[27] Gomer M. Roberts, *Cloc y Capel* (Llandysul, 1973), 29. Gwelais y cyfeirad hwn gyntaf yn 'Briwsion Bruce', *Y Casglwr*, 111 (2014), 12.

[28] Yn dilyn *Tydraw Farm* (Ty-draw SS 77172 90185).

[29] *The Western Mail*, 8 October 1869, 4.

[30] *The South Wales Daily Post*, 10 July 1895, 1.

[31] Iwan Wmffre, *The Place-Names of Cardiganshire* (Oxford, 2004), 111; SN 29952 47974.

gwelir yn y ffurf dalfyredig *Gwachal* yng Nghyfrifiad 1851. Dichon fod yr enw'n cyfeirio at ffynnon a leolir nid nepell o'r tŷ.

Digwydd yr enw *Gwachal-dagu* ar fap chwe modfedd yr OS am ffynnon ar fin ffordd fach rhwng Gwbert a'r Ferwig,[32] eto yng Ngheredigion. Gan iddo ymddangos hefyd yng Nghyfrifiad y Ferwig yn 1851, rhaid ei fod yn dŷ annedd yn ogystal bryd hynny, er nad oes fawr ddim i'w weld yno heddiw.

Ceir enghraifft arall o'r enw *Gochel Dagu*[33] dros y ffin yn sir Benfro, yn y Garn ger Hwlffordd. Digwydd ar fapiau chwe modfedd yr OS yn y ffurfiau *Gwachell-tagu* (1888) a *Gwachal-tagy* (1908). Cyhoeddwyd ymgais i ddehongli'r enw yn *The Western Mail* yn 1898:

> Two houses near St. David's are called respectively 'Gochel Dagu' and 'Mentra Mam,' the former because it is so high above a river that every drop of domestic water has to be carried up to it.[34]

Yr un yw'r neges a gyflëir mewn ysgrif yng nghylchgrawn *Y Cenad Hedd* yn 1893:

> Mor wahanol ydoedd pobl fy ngwlad gynt pan enwasant dŷ newydd ar fryn yn mhell oddiwrth ddwfr yn Gochel Dagu.[35]

Tystia B.G. Charles mai *The Wachal* oedd ei enw llafar lleol,[36] ac ategir hynny mewn hysbyseb yn *The Haverfordwest Telegraph* yn 1917 sy'n cyfeirio ato fel *Gwachal*.[37]

Dros y ffin yn sir Gaerfyrddin, ac mewn cofnod am achos llys ym Mhumsaint yn *The Welshman* yn 1876,[38] adroddir bod Thomas Davies o *Gwachel-dagy*, Llan-y-crwys, wedi ei gyhuddo o fod yn feddw yn ffair y Ram, Pencarreg. Er gwaethaf pob ymgais, methwyd â rhoi lleoliad manwl i'r annedd.

Enw arall na fu modd ei leoli yw'r *Gwachaldagci* a nodir yng Nghyfrifiad 1851 plwyf Cyffig, sir Gaerfyrddin. Mae'r tai annedd a restrir o boptu iddo[39] wedi eu lleoli i'r gogledd-ddwyrain o bentref Tafarn-sbeit, felly gellir bod yn weddol sicr fod yr enw'n perthyn i'r ardal honno.

---

[32] SN 17162 50002.

[33] SM 90458 22046.

[34] *The Western Mail*, 30 December 1898, 4.

[35] 'Cofnodion Misol', *Y Cenad Hedd*, 13 (1893), 152.

[36] B.G. Charles, *The Place-Names of Pembrokeshire* (Aberystwyth, 1992), 623.

[37] *The Haverfordwest and Milford Haven Telegraph*, 5 September 1917, 2.

[38] *The Welshman*, 29 September 1876, 5.

[39] *Tavernspite Cottage* (Tafarn-sbeit SN 18180 12633), *White Gate* (White Gate Cottage SN 18836 13385), a Cavancoch (Cafan-coch SN 19845 14290).

Digwydd yr enw *Gwachel dagi* yn Adysgrifiadau'r Esgob ar gyfer plwyf Llanismel, sir Gaerfyrddin, ond oherwydd natur y ffynhonnell honno, bu'n amhosibl rhoi lleoliad pendant iddo.

Gochel Sythu

Cofnodir yr enw *Gwachalsethy* (fel *Gwachaldagci* uchod) dan blwyf Cyffig, sir Gaerfyrddin, yng Nghyfrifiad 1851, felly ymddengys ei fod yntau hefyd rywle yn yr ardal i'r gogledd-ddwyrain o Dafarn-sbeit.

Dros y ffin yn sir Benfro, ceir dwy esiampl bellach o'r enw. Mae'r gyntaf i'w gweld ar lethrau deheuol mynydd Carn Ingli i'r de o Dref-draeth. Yn ogystal â digwydd ar fapiau'r OS, fe'i ceir hefyd yng Nghyfrifiad 1841 ac 1851 ac yn Adysgrifiadau'r Esgob, sy'n profi iddo fod hefyd yn dŷ byw. Enw cae yw'r ail, y gellir ei leoli'n fras yng nghyffiniau Penrallt-llyn i'r de-ddwyrain o Gilgerran. Fe'i henwir yn *The Welshman* yn 1865 wrth ddisgrifio ras rhwng y ddau geffyl, The Maid of Cilgerran a Poll:

> they kept close together rendering it difficult to discern which was foremost, until the field called *Gochel sythu*, where Poll showed signs of distress.[40]

Rhaid bod y mannau hyn yn neilltuol o wyntog ac agored i'r elfennau, lle byddai'n hawdd sythu gan oerfel.[41]

Gochel Losgi

Daeth dwy enghraifft o'r enw hwn i'r fei, a hynny yn siroedd Caerfyrddin a Mynwy. Digwydd *Gwachal losgi* yn Adysgrifiadau'r Esgob ar gyfer plwyf Llanismel, sir Gaerfyrddin, ac o'r herwydd, nid yw ei leoliad yn wybyddus. Tystia Cyfrifiad 1891 Llanwenarth, sir Fynwy, i fodolaeth tŷ annedd o'r enw *Gochellosgi Cottage*. O'i leoliad yn y rhestr[42] gellir amcanu ei fod rhwng Twyn Wenallt a Maesygwartha i'r gogledd-ddwyrain o Glydach. Mae'r enwau hyn yn awgrymu llecynnau yn llygad haul, lle byddai tuedd i'r ddaear losgi, er na ddylid diystyru'r posibilrwydd iddynt ddioddef gan dân rywdro.

Enghreifftiau moel

Cafwyd hyd i chwe enghraifft arall lle nad oes berf yn rhan o'r enw, er bod posibilrwydd i un fodoli unwaith.

---

[40] *The Welshman*, 17 March 1865, 5.
[41] Cymharer yr elfen *oerfa* 'lle oeraidd' sy'n digwydd yn gyffredin mewn enwau lleoedd.
[42] Rhwng *Ty pwll Farm* (Ty-pwll SO 24927 13801) a *Forge Row* (SO 23462 13911).

Dengys Iwan Wmffre fod *Gochel* yn enw llafar am Troed-y-rhiw i'r gogledd-orllewin o Lanbedr Pont Steffan.[43] Fe'i ceir yng Nghyfrifiad 1901 Llanbedr Pont Steffan Wledig yn y ffurf *Gochel*, a chyfeirir ato fel *Gochel a Gochel Maestir* ym mhapurau newydd y cyfnod.[44]

Nodir dwy enghraifft goll o'r enw *Gochel* yn *The Place-Names of Pembrokeshire*.[45] Lleolir y gyntaf ym mhlwyf Wiston a chaiff ei chofnodi yn y Cyfrifiad fel *Gwachal* (1841) a *Gwachel* (1851). Fe'i rhestrir yng Nghyfrifiad 1851 ochr yn ochr â Wiston Mill sydd i'r gogledd-ddwyrain o Hwlffordd, felly mae'n deg casglu bod *Gochel* yn yr un ardal. Lleolir yr ail enw ym mhlwyf Amroth, lle digwydd yn y cofnodion treth tir ar gyfer 1793 yn y ffurf *Goghel*. Dyma'r enghraifft gynharaf i mi ei chanfod o'r elfen *gochel* yn y cyd-destun hwn, gan fod y gweddill i gyd yn perthyn i'r bedwaredd ganrif a'r bymtheg a'r ugeinfed ganrif.

Ceir tair esiampl o *Gwachal* yng Nghyfrifiad sir Gaerfyrddin ar gyfer 1851. Ymddengys un yn Llan-gan East, plwyf Llanboidy, gyda threfn yr enwau'n awgrymu ei fod yng nghyffiniau Cwmfelin-boeth. Digwydd un arall ym mhlwyf Llanwinio, o bosibl yn ardal Blaen-waun. A lleolir trydedd rywle ym mhlwyf Tre-lech a'r Betws. Cofnodir enghraifft bellach yn sir Gaerfyrddin mewn rhestr o enwau lleoedd plwyf Llannewydd yn y gyfrol *The History and Antiquities of the Parish of Newchurch*,[46] ond ni wyddom ei hunion leoliad hithau chwaith.

*   *   *   *   *

Gellir sefydlu bellach bod yr enwau hyn yn ddull creadigol a chellweirus o ddynodi a rhybuddio rhag perygl, ac yn batrwm enwi sy'n perthyn i Ganolbarth a De Cymru. Mae tystiolaeth hefyd mai llysenwau neu enwau llafar amgen oedd amryw ohonynt, a'u bod yn aml yn bodoli ochr yn ochr ag enwau mwy swyddogol.

Awgryma'r modd y cynhwyswyd yr ymadrodd *Gwachal Gwympo* gyda'r ystyr 'beware falling' mewn rhestr o eirfa de Ceredigion yn *Cymru*[47] yn 1907, bod iddo ddefnydd helaethach na chyd-destun enwau lleoedd yn unig. Mae'n ddiddorol nodi felly bod yr ymadroddion hyn wedi eu dehongli a'u defnyddio i rybuddio rhag tai o ansawdd gwael yn ogystal

[43] Wmffre, *Place-Names of Cardiganshire*, 409; SN 54277 50097.

[44] *The Cambrian News*, 31 May 1901, 7; *The Welsh Gazette and West Wales Advertiser*, 30 May 1901, 5.

[45] Charles, *Place-Names of Pembrokeshire*, 462, 471.

[46] T.M. Morgan, *The History and Antiquities of the Parish of Newchurch* (Carmarthen, 1910), 63.

[47] D. Arthen Evans, 'Geiriau Hynod Godre Ceredigion', *Cymru*, 33 (1907), 283.

â lleoliadau peryglus. Dyna ergyd y sylwadau canlynol o gylchgrawn *Yr Haul* yn 1877:

> rhoddi enwau ar dai newyddion mewn llawer ardal megys Gwachal Gwympo, Gwachal Dwmlo, neu Gwachal Dagu, &c. Dyfeisir y llysenwau hyn er dynodi gwaeledd yr adeiladaeth,[48]

ac o bapur *The Cambrian News* yn 1903:

> the spotting of insanitary dwellings … 'Pen Nebo,' a dilapidated house described … as being encased in 'stand ups' (the Welsh puts it from the converse view, '*gochel gwympo*') stone walls, which, however, do not keep out the damp.'[49]

Mae'n arwyddocaol felly sut y dehonglwyd yr enw *Gwachal* ym mhlwyf Llannewydd, sir Gaerfyrddin, fel, 'Beware (from the dilapidated state of the old building).'[50]

Gwelwn fod yr ymadroddion *gochel gwympo* a *gochel dwmlo* wedi eu defnyddio'n ffigurol mewn ystyr ehangach yn ogystal. Ystyrier y dyfyniad hwn o bapur newydd *Y Goleuad* yn 1906 sy'n disgrifio dadfeiliad achos crefyddol:

> Y mae tro mawr wedi cymeryd lle yn ansawdd gwerin, er y tro olaf y bu y Cyfarfod Misol yn rhoi '*gochel gw'mpo*' i geisio cadw yr 'Achos' i fyny.'[51]

a'r disgrifiad canlynol o ddirywiad yn safon côr a gyhoeddwyd yng nghylchgrawn *Y Gwladgarwr* yn 1880:

> Y peth sydd yn anhyall i'r bobol yw, pa fodd yr oedd yn bosibl i gôr Eos Cynlais ddisgyn lawr dros greigiau *Gwachal-dwmlo* nes cyrhaedd llawr-bant annerfyniol dinodedd Ceubreneiddiwch Cerddorol.[52]

*   *   *   *   *

Er bod y patrwm dyfeisgar hwn o enwi anhedd-dai wedi hen ddiflannu, rwy'n hynod falch fod y triawd enwau, *Gochel Gwympo*, *Gochel Dwmlo*, a *Gochel Foddi*, yn fy milltir sgwâr yng Nghwmerfyn, yn parhau i gael eu harddel ar lafar, am y tro beth bynnag.

---

[48] 'Gwerth Moesgarwch ym Mysg y Dosbarth Gweithiol', *Yr Haul*, 21 (1877), 212.
[49] *The Cambrian News*, 13 November 1903, 8.
[50] Morgan, *History and Antiquities of the Parish of Newchurch*, 63.
[51] *Y Goleuad*, 11 Ebrill 1906, 12.
[52] *Y Gwladgarwr*, 27 Awst 1880, 6.

Rhai o enwau hanesyddol ardal Bont-goch (Elerch), gogledd Ceredigion

RICHARD E. HUWS

Mae tref neu barsel degwm Elerch yn seiliedig ar un o raniadau hanesyddol plwyf Llanbadarn Fawr, a chyfeirir at *Eleirch* fel *anial dir* yng nghywydd Dafydd ap Gwilym (*fl.* 1320–80), 'Taith i garu'.[1] Calon y plwyf yw pentref hirgul Bont-goch, sydd 7 milltir i'r gogledd-ddwyrain o dref Aberystwyth, ac sydd heddiw yn gymuned o ryw 50 o dai, gyda chyfran uchel ohonynt wedi eu hadeiladu yn gymharol ddiweddar. Mae'r enw *Bont-goch* yn dyddio o gyfnod diweddarach, ond mae tystiolaeth ddogfennol fod yr enw yn cael ei ddefnyddio erbyn canol y ddeunawfed ganrif. Cyhoeddais lyfryn yn trafod enwau lleol yr ardal yn 2017, ac mae'r detholiad canlynol yn seiliedig ar y cynnwys.[2]

Brynybarcud

Cyfeirir at *Tythin Bryn y Barked* mewn dogfen ddyddiedig 1597 (LlGC, W. Isaac Williams 3). Ceir cyfeiriadau pellach yn 1719 (LlGC, Gwynfryn 197), yn 1780 (LlGC, Glansevern 11501) ac 1820 (LlGC, British Records Association 1235/26). Mae'r lleoliad yn anhysbys, ond ymddengys ei fod rywle yng nghyffiniau ffermdy Bwlchrosser, un o dai hynaf y plwyf. Mae Cnwcybarcud, tŷ modern o fewn ffiniau'r plwyf, sydd yn agos at leoliad tebygol tyddyn Brynybarcud, wedi sicrhau parhad yr elfen *barcud* ymhlith enwau tai y plwyf. Deilliodd yr enw hwnnw o foncyff yng Nghwm Ceulan gerllaw sy'n dwyn yr un enw (SN 71620 89769).

Mae'r *barcud* yn aderyn cyfarwydd i drigolion y pentref, ac yn ardal Llyn Craig y Pistyll gerllaw (SN 72028 85714) cofnodir yr enw *Craig y Barkit* ar un o fapiau cynnar ystad Plas Gogerddan (LlGC, Mapiau 37).

---

[1] Gwefan Dafydd ap Gwilym <http://www.dafyddapgwilym.net> cerdd 96, llinell 7–8.

[2] Richard E. Huws, *Enwau Tai a Ffermydd Bont-goch (Elerch), Ceredigion* (Bont-goch, 2017).

Bwlch yr Adwy SN 71596 86980

Cyfrifir *Bwlch yr Adwy* yn un o'r ffyrdd a ddefnyddid yn gynnar iawn i gyrraedd tiroedd uchel Pumlumon, ond erbyn heddiw mae'n gyrchfan boblogaidd i feicwyr wrth iddynt ddilyn Llwybr Syfydrin. Cofnodir *Llyest called Bwlchyradwy* yn llyfrau rhent Gogerddan yn 1714 a chofnodir *Bwlch-yr-Adwy* fel 'homestead' ar fap degwm Llanbadarn Fawr (1846), ond ni cheir tystiolaeth yn yr un Cyfrifiad iddo gael ei ddefnyddio fel tŷ annedd parhaol. Mae olion amlwg y lluest i'w gweld yno o hyd, a chofnodir yr enw ar fapiau modern yr OS 1:50,000. Mae'r bardd J.R. Jones (1923–2002), Tal-y-bont, yn cyfeirio at y bwlch yn un o'i gerddi mwyaf adnabyddus, 'Yng Nghwm Eleri':

> Mae'n oer yng nghwm Eleri
> Pan ddaw'r fflangellwr main,
> I lawr drwy Fwlch-yr-adwy
> A'i chwip fel pigau'r drain.[3]

Ymddengys mai *adwy* neu *agoriad* yng nghlawdd y mynydd, sydd dan sylw yma. Y *clawdd mynydd* neu'r *clawdd eithaf* oedd yn gwahanu'r tiroedd isel amgaeedig a gâi eu pori yn ystod y gaeaf, a'r mynydd agored lle gyrrid anifeiliaid yn yr haf. Ceir yr elfen debyg *ffin* mewn enwau megis Pant-y-ffin a drafodir isod.

Bwlchrosser SN 68784 86576

Cafodd tŷ presennol Bwlchrosser ei adfer o olion y tŷ gwreiddiol yn ystod y 1980au. Mae'r sicr bod y safle yn dyddio o gyfnod mor gynnar â'r ail ganrif ar bymtheg, neu hyd yn oed ynghynt. Cofnodir y ffurf *Bwlch y Rhosser* mewn gweithred yn dyddio o 1662 (LlGC, Gwynfryn 221). Bu Bwlchrosser yn arwyddocaol yn hanes datblygiad y Bedyddwyr yn yr ardal, ac yma, ar ddechrau'r bedwaredd ganrif ar bymtheg, y bu Samuel Breeze (1772–1812) yn pregethu. Yno yr oedd James James yn byw ar y pryd, sef tad-cu J. Spinther James (1837–1914), hanesydd y Bedyddwyr. Erbyn 1861 roedd fferm Bwlchrosser yn un sylweddol ac yn ymestyn i 221 erw o dir.

Nid oes sicrwydd beth yw tarddiad yr enw *Bwlchrosser*, sef y ffurf sydd wedi goroesi dros y canrifoedd, a'r ffurf a gofnodir yn gyson yn y Cyfrifiad. Nid oes tystiolaeth gadarn i awgrymu mai enw personol yw'r ail elfen, ond gwn fod y diweddar R.J. Thomas (1908–76), golygydd *Geiriadur Prifysgol Cymru*, yn bleidiol i'r awgrym mai'r enw *Rhosier* (*Roger*) sydd yma. Mae hynny'n cyd-daro gyda thraddodiad ymhlith teulu

---

[3] J.R. Jones, *Rhwng Cyrn yr Arad'* (Llandybïe, 1962), 17.

Jones Bwlchrosser mai enw lleidr pen-ffordd oedd *Rosser*, gŵr a fyddai'n ymosod ar deithwyr wrth iddynt fynd trwy'r *bwlch*! Adroddwyd hynny gan William John Jones (1908–2005) wrth ei gymydog Richard Hamp ar ddechrau'r 1970au.

Posibilrwydd arall yw fod yr elfen *rhosser* a geir yn y cofnod cynharaf yn deillio o'r enwau *rhos* + *tir* neu *rhos* + *hir*, a byddai'r ddau gyfuniad yn addas i'r lleoliad a'r tirlun.

Cwmere SN 68356 88226

Mae Cwmere yn un o ffermydd mwyaf cyfarwydd y plwyf ac fe'i cysylltir gydag un o gymeriadau lliwgar yr ardal a aned yno, sef y ddiweddar Hilda Elizabeth Thomas (1914–2008), un a fu'n gyfarwydd iawn i'r genedl oherwydd ei chyfraniadau cyson i *Stondin Sulwyn* ar Radio Cymru, fel y nodwyd yn hunangofiant y darlledwr. Gweithiodd yn ddiflino dros ei milltir sgwâr a bu ei chyfraniad i Eglwys St Pedr, Elerch, a'r papur bro lleol yn amhrisiadwy. Mae'r tŷ fferm yn un o'r rhai mwyaf hynafol yn y plwyf, ac mae ei adeiladau allanol hefyd yn hynod o gelfydd a phwysig. Yn un ohonynt ceir simnai drawiadol sy'n dal mewn cyflwr da, ac yno yr arferai'r perchennog bobi bara a pharatoi cawl.

Noda *Geiriadur Prifysgol Cymru* mai ystyr *cymer* yw man cyfarfod mwy nag un afon neu nant, a bod y ffurf dafodieithol *cwmere* ar y lluosog *cymerau* yn gyfarwydd mewn enwau lleoedd. Mae tair afon yn cwrdd yn ymyl y tŷ fferm, sef Leri, Cwmere (Nant Perfedd) a Chyneiniog. Dioddefodd y fferm yn enbyd gan lifogydd yn dilyn storm dorgwmwl ym Mehefin 1935. Ceir yr un elfen yn yr enw *Cymer Afan* (SS 86 96), ger Castell-nedd, lle ymuna afonydd Afan a Chorrwg.

Ffynnonwared SN 67496 86752

Dyma un arall o ffermydd hanesyddol Bont-goch, sydd bellach yn adfail amlwg iawn i'w weld ar y ffordd allan o'r pentref wrth deithio i gyfeiriad Tal-y-bont. Cyfeirir at y fferm yn ewyllys Richard James Morgan, Ty'n-y-rhos, Llanfihangel Genau'r-glyn, a brofwyd yn 1799 (LlGC, SD/1799/131), ond mae'r safle yn dipyn hŷn na hynny. Fe'i nodir ar fap degwm Llanfihangel Genau'r-glyn (1845), ac fe'i cofnodir ar fapiau'r OS hyd at fapiau modern cyfoes. Nodir Ffynnonwared fel safle ffynnon sanctaidd yn llyfr safonol Francis Jones, *The Holy Wells of Wales*.[4] Mae pentwr o gerrig ar ddiwedd clawdd o goed onnen tua 300 llath o'r tŷ i gyfeiriad y gogledd-orllewin yn nodi tarddiad y ffynnon. Bu'r fferm yn gartref i deulu lluosog yn ystod y bedwaredd ganrif ar bymtheg hyd at yr ugeinfed ganrif.

---

[4] Francis Jones, *The Holy Wells of Wales* (Cardiff, 1954), 163.

Bedyddiwyd naw o blant Ffynnonwared yn Eglwys Elerch rhwng 1868 ac 1883. Credir mai'r olaf i fyw yno oedd Lewis Arthur Jones (1890–1959), a fu farw yng Nghapel Dewi (ger Aberystwyth), ac a gladdwyd yn Eglwys Elerch.

Mae'r elfen *(g)wared* yn yr enw yn ffurf amrywiol ar *gwaered*, sy'n gyffredin yng Ngheredigion am 'riw serth at i lawr', neu 'ddisgynfa'. Mae'n dipyn o ddringfa i gyrraedd Ffynnonwared, a chadarnha'r enw fod y ffynnon i'w gweld ar y gwaered, o dan gesail Banc Mynydd Gorddu. Adwaenid y darn tir hwn ar lafar fel *Cae War Tŷ*. Mae'n ddiddorol nodi mai'r ffurf *Ffynnonwaered* sydd ar feddau cynharaf y teulu ym mynwent Elerch. Cynigwyd esboniadau eraill ar yr enw. Awgrymodd Dr David Jenkins, y cyn-Lyfrgellydd Cenedlaethol, mai talfyriad o'r enw personol *Gwilym ap Gwrwared*, un o hynafiaid Dafydd ap Gwilym, a geir yma, tra oedd R.J. Thomas yn ffafrio esboniad sy'n fwy credadwy, sef mai'r elfennau *ffynnon* + *(g)wared* sydd yn yr enw, hynny yw, 'ffynnon sy'n gwared neu'n iacháu salwch'.

Llety Ifan Hen SN 68564 85266

Mae Llety Ifan Hen yn un o ffermydd mwyaf Bont-goch, ac mae wedi bod o dan ofal yr un teulu ers diwedd y Rhyfel Mawr. Ar un o gaeau'r fferm ceir olion trawiadol Pen y Castell, caer o Oes yr Haearn (SN 68946 84805). Mae tŷ presennol Llety Ifan Hen yn dyddio o ganol y ddeunawfed ganrif, ac fe'i hadwaenid yr adeg honno fel Pen-y-bryn. Ceir llun trawiadol iawn ohono yng nghyfrol Iestyn Hughes, *Ceredigion: Wrth fy Nhraed*.[5] Ymddengys fod Pen-y-bryn wedi cael ei fabwysiadu fel tŷ fferm Llety Ifan Hen yn fuan ar ôl 1841, tra defnyddiwyd yr hen dŷ fel bwthyn mwynwr hyd at o leiaf 1881. Nid nepell o'r tŷ gwreiddiol ceir olion ac adfeilion gwaith plwm a sinc Vaughan (SN 69411 84905) a fu'n weithredol ar adegau gwahanol rhwng 1840 ac 1911.

Mae olion y tŷ gwreiddiol i'w gweld mewn man cysgodol ychydig llai na hanner milltir o dan y tŷ presennol yng nghwm afon Stewi (SN 68511 84852). Mae rhan o fur cefn gogleddol y tŷ yn dal i sefyll ac i'w gweld yn glir, ond mae tyfiant onnen wedi difetha gweddill y mur. Ymddengys hefyd fod olion adeilad arall, sgubor o bosibl, y tu cefn iddo. O flaen y tŷ mae gardd sylweddol a ddefnyddir o hyd gan y perchnogion presennol i dyfu llysiau. Mae tystiolaeth gadarn fod y safle hon yn deillio o'r ail ganrif ar bymtheg, ac, o bosibl, cyn hynny. Yn 1603, cofnodir achos cyfreithiol yng Nghwrt y Siecr gan gyn-denantiaid abaty Ystrad-fflur yn erbyn tirfeddiannwr newydd, yn ymwneud â 'summer house and an ancient

---

[5] Iestyn Hughes, *Ceredigion: Wrth fy Nhraed* (Llandysul, 2016), 12–13.

tenancy' o'r enw *Tyddyn Llety Jevan Hen,* a oedd yn rhan o faenor y Dywarchen *alias* Tirymynach.[6] Mae'n bur debyg, felly, fod y safle hon yn dipyn hŷn na 1603, a cheir cadarnhad pellach o hynny ym mhresenoldeb codiadau yn y tir i'r gorllewin o'r olion, sy'n dynodi setliad cynharach. Mae'n bosibl fod yr annedd hon yn darparu lle i bererinion aros ar eu ffordd i'r abaty. Byddai hynny hefyd yn egluro defnydd y gair *llety* yn y cyd-destun hwn.

Cofnodir enw'r fferm mewn sawl ffurf ar fap Lewis Morris 1744 (LlGC, Gogerddan 211), ac ar fapiau ystad Trawsgoed yn 1778 (LlGC, Crosswood 345) a Gogerddan yn 1790 (LlGC, Gogerddan 232). Mae'n ymddangos ar fap degwm plwyf Llanfihangel Genau'r-glyn (1845) ac mae lleoliad y sgubor hefyd wedi ei nodi'n glir. Mewn cofnod o gladdedigaethau yn Eglwys Elerch yn 1878 ceir y ffurf *Llety Ifan Hen Isaf,* ac ar fap 25" (1887) yr OS ceir y ffurf *Hen-llety-Evan-hên.* Cofnodir y ffurf *Lletynhen* yng nghofrestr claddedigaethau Llanfihangel Genau'r-glyn yn 1853, a *Lletyn-hen* yw'r ffurf a ddefnyddir o hyd ar lafar gan y brodorion.

Yn ei hunangofiant *Atgofion Oes,* mae'r Arglwydd Elystan Morgan yn cyfeirio at ei gysylltiad teuluol â Llety Ifan Hen.[7] Noda fod ei deulu wedi ymsefydlu yno yn yr ail ganrif ar bymtheg, a'i fod yn ddisgynnydd uniongyrchol i Ifan Hen. Mae'n adrodd stori ddifyr a rhamantus am ŵyr Ifan Hen, sef Siencyn ap Morgan ap Ifan Hen. Ef oedd ail blentyn ei rieni, ac yn hytrach na ffermio, aeth i'r môr a dod yn gapten llong. Drylliwyd ei long ar arfordir Sbaen a gorfodwyd iddo gael lloches gyda theulu lleol yn La Coruña. Syrthiodd mewn cariad â'u merch brydferth, Rosina, gan ddod â hi yn ôl i Gymru ymhen amser i'w phriodi.

Cyfeiria T.I. Ellis at y fferm yn ei gyfrol *Crwydro Ceredigion,* ac yn fwy penodol at y ffordd las sy'n rhedeg ar hyd Banc Llety Ifan Hen: 'Prin y cynghorwn i neb i fentro mewn car na hyd yn oed ar gefn beisicl ar hyd y ffordd hon', meddai,[8] – byddai'n synnu, rwy'n siŵr, i glywed mai dyma un o lwybrau beicio mynydd mwyaf poblogaidd Cymru erbyn hyn!

Llyn-loew SN 68558 86081

Mae Llyn-loew yn un o dai mwyaf hanesyddol a diddorol Bont-goch: tŷ hir traddodiadol Cymreig yn dyddio o'r ail ganrif ar bymtheg ganrif o leiaf, er mai 1720 yw'r cofnod cynharaf ohono a geir yng nghofrestri plwyf Llanbadarn Fawr. Mae traddodiad diddorol yn gysylltiedig â'r enw

---

[6] T.I. Jeffreys-Jones, *Exchequer Proceedings Concerning Wales in Tempore James I* (Cardiff, 1955), 95–6.

[7] Elystan Morgan, *Atgofion Oes* (Tal-y-bont, 2012), 26.

[8] T.I. Ellis, *Crwydro Ceredigion* (Llandybïe, 1953), 33.

sy'n rhan o'r chwedl yn ymwneud â lladd bwystfil rheibus a fu'n poen-
ydio'r ardal. Mae afon Leri yn rhedeg o dan y ffermdy, a honnir fod gwaed
y bwystfil wedi llygru a lliwio'r afon hyd at y tyddyn hwn. Fodd bynnag,
yno y gwelwyd y dŵr claear neu loyw uchaf yn rhediad afon Leri, gan roi
yr enw Llyn-loew i'r annedd.

Mae Cledwyn Fychan wedi cynnig eglurhad arall digon tebyg a
glywodd ar lafar gan y diweddar William M. Edwards (1893–1968),
Elerch House, Bont-goch, sy'n werth ei ddyfynnu'n llawn:

> Arferai athro yn Ysgol Elerch, un a elwir yn Roberts Unfraich, ddweud
> wrth y plant mai hen gadfridog oedd Cadifor ac iddo gael ei ladd ar y
> llechwedd rhwng Llety Ifan Hen a Llyn-loew. Rhedodd ei waed yn nant
> fach goch i'r afon ger Llyn-loew, a dyna sut y cafwyd yr enw: y dŵr yn
> gloywi'r afon yn y pwll.

Mae mawn yn tueddu i roi lliw cochlyd i'r afon ar ei hyd, ond o gwmpas
y tŷ hwn ceir pyllau cliriach o ddŵr, sydd, mae'n debyg, yn eglurhad mwy
credadwy ar yr enw.

Mynydd Gorddu SN 67246 86155

Mae Mynydd Gorddu yn un arall o ffermydd hynaf yr ardal, ac yn lleoliad
un o'r gweithiau mwyn mwyaf arwyddocaol.

Cofnodir y ffurf *Mynydd Gorthin* yn un o ddogfennau Cwrtmawr yn
1656 (LlGC, Cwrtmawr 1327). Ceir y ffurf *Mynydd Gorddy* yn 1756, ac
amrywiadau ar y sillafiad hwnnw mewn cyfnodau hwyrach. Tarddiad yr
ansoddair yw *gor-* + *du*, fel y gair Hen Wyddeleg *fordub* 'tywyll iawn,
du'. Nid oes sicrwydd am darddiad yr enw, ond awgrymodd R. Geraint
Gruffydd[9] y gallasai'r ymadrodd *dan fantell orddu* yn y gerdd 'Taith i
garu' gan Ddafydd ap Gwilym[10] fod yn ymgais fwriadol i dwyn i gof yr
enw *Mynydd Gorddu*.

Cysylltir yr enw Mynydd Gorddu yn bennaf â fferm wynt arloesol y
diweddar Dr Dafydd Huws (1936–2011) a'i briod Rhian, a gwblhawyd yn
1998.

Pant-y-ffin SN 69170 86153

Mae olion Pant-y-ffin i'w gweld yn glir ar lechwedd Banc Bwlchrosser.
Cofnodir y tŷ ym mhob Cyfrifiad rhwng 1841 ac 1891. Er ei fod yn 'a
house unoccupied' yng Nghyfrifiad 1881, yn dilyn ymadawiad Thomas

---

[9] R. Geraint Gruffydd, 'Dafydd ap Gwilym: An Outline Biography', in Cyril J. Byrne *et
al.* (eds), *Celtic Languages and Celtic Peoples: Proceedings of the Second North American
Congress of Celtic Studies* (Halifax, N.S., 1992), 430.
[10] Gwefan Dafydd ap Gwilym <http://www.dafyddapgwilym.net> cerdd 96, llinell 46.

Evans a'i deulu, ceir teulu newydd yn byw yno yn 1882 yn ôl tystiolaeth bedydd Richard James Jones yn Eglwys Elerch ar 12 Gorffennaf 1882. Nodir y tŷ hefyd ar fap degwm Llanbadarn Fawr (1846) ac ar fap 25" (1887) a 6" (1906) yr OS. Nid yw'n ymddangos yng Nghyfrifiad 1901 nac 1911. Cafwyd tystiolaeth ar lafar gan y diweddar Ceredig Evans, Penrhyncoch, disgynnydd i un o'r teuluoedd a fu'n byw yno, i rai cerrig o adfeilion y tŷ gael eu defnyddio i godi ffermdy newydd Bwlchrosser.

Mae'n bosibl mai'r *ffin* dan sylw yma yw'r terfyn rhwng tiroedd llawr gwlad a thiroedd y mynydd. Ond mae esboniadau eraill y gellir eu cynnig hefyd. Gall gyfeirio at ffin rhwng dwy fferm (Bwlchrosser a Llyn-loew), neu'r ffin rhwng tiroedd dwy ystad. Cynigiodd Ceredig Evans, a fu'n gweithio i'r Weinyddiaeth Amaeth, eglurhad ychwanegol ar lafar i mi yn seiliedig ar yr arolwg o briddoedd yr ardal a gyhoeddwyd yn 1970. Eglurodd fod Pant-y-ffin hefyd wedi ei leoli yn agos at ffin rhwng tir gwlyb a thir sychach ei ansawdd.

Pantyffynnon SN 68651 86864

Ar un adeg roedd Pantyffynnon yn un o ffermydd mwyaf y plwyf. Nodir yng Nghyfrifiad 1861 fod y fferm yn ymestyn i 175 erw gan gyflogi pedwar labrwr. Mae'n dŷ ac iddo hanes hynod drist; fe'i trawyd gan fellten yn 1891 a lladdwyd dau o'r trigolion.[11]

Ceir yr elfen *ffynnon* mewn enwau eraill yn yr ardal megis *Ffynnonwared*, ac ar dir Pennant ceir *Ffynnon Padarn (Pistyll Padarn)*. Cadarnhaodd un o gyn-berchnogion Pantyffynnon fod sawl ffynnon ar dir y fferm. Arferai un fod ar lawr y bwtri neu laethdy'r fferm, tan iddi gael ei gorchuddio o dan lawr concrid a phibellau dreiniau dŵr ar ddechrau'r 1970au. Lleolwyd ffynnon arall ar safle llyn pysgota newydd (SN 68704 86926) a grëwyd tua'r un adeg.

Sarn-ddu SN 71401 84750

Cofnodir *Sarn du* fel un o sawl tenement ar ystad Court Grange mewn dogfen ddyddiedig 1755 o gasgliad Trawsgoed (LlGC, Crosswood I.888). Mewn gweithred ddyddiedig 1769 (LlGC, Crosswood I.1029) ceir y ffurf *Llyast-y-sarn-ddu* ar yr enw. Nodir union leoliad y tŷ a elwir wrth ei ffurf lawn, *Pensarn ddu,* ar fap dyddiedig 1788 hefyd o ystad y Court Grange (LlGC, Mapiau 38).

Nodir ei fod yn dyddyn 11 erw yn agos at Lawrcwm Bach, ar ochr ddeheuol yr afon, a cheir y ffurf *Sarn ddu* hefyd ar fap degwm Llanfihangel Genau'r-glyn (1845) a'i ddisgrifio yno fel 'House, garden and field

---

[11] *The Cambrian News and Merionethshire Standard*, 26 June 1891, 5.

adjoining'. Ymddengys *Sarnddu* yng Nghyfrifiad Llanfihangel Genau'r-glyn am 1841 ac 1851. Yn 1851 roedd yn gartref i Jane Davies, gwraig weddw a thlotyn, a'u merched 26 a 28 oed, y ddwy yn gyflogedig yn y gwaith mwyn. Ceir traddodiad llafar fod yma hefyd dafarn, *Tafarn y Sarnau*, ar gyfer y mwynwyr, yn gwasanaethu anghenion nifer o weithiau cyfagos.

Mae olion y tŷ, sydd o faint eithaf sylweddol, i'w gweld o hyd, ond maent yn anodd eu canfod yng nghanol coedwig y Comisiwn Coedwig-aeth. Saif yr adfeilion ar dir uchel uwchben Llawrcwm Mawr ar ymyl y ffordd sy'n arwain ar hyd Banc Llety Ifan Hen heibio'r Rhiw Fawr i gyfeiriad Llyn Syfydrin. Adwaenir y tir yn ei ymyl fel *Waun Sarnau.* Yn ôl Cledwyn Fychan arferai'r diweddar Jenkin 'Siencyn' Nuttall Hughes (1889–1985), y gŵr olaf i ffermio Llawrcwm Mawr, gyfeirio at ddefnyddio *Ffald y Sarnau.* Cadarnhaodd Emyr Davies, Llety Ifan Hen, ei fod yntau hefyd yn gyfarwydd â'r enw *Ffald y Sarnau.*

Spain Cottages SN 73620 88521

Yn ymyl y ffordd sy'n arwain o chwarel yr Hafan at gronfa Nant y Moch adeiladwyd capel Tabor (Annibynwyr), a gwblhawyd yn 1871 i ddiwallu anghenion poblogaeth tyddynnod y mynydd a'r mwynwyr a oedd yn byw mewn adeiladau pwrpasol a godwyd i gartrefu'r gweithwyr lluosog a oedd yn yr ardal. Fe'i nodir yng Nghyfrifiad 1871, a gofnodwyd ar 2 Ebrill, fel 'Intepentant [*sic*] Chapel Building'. Bu Tabor yn ganolfan grefyddol a diwylliannol bwysig i ardal eang.

Enw'r capel ar lafar oedd *Tabor y Mynydd*, neu *Gapel Sbaen*, ac mae hynny i'w briodoli i'r ddau fwthyn a safai nid nepell o'r capel ac a adwaenid wrth yr enw *Spain Cottages*. Defnyddiwyd y ffurf *Yspaen* mewn cerdd o waith y bardd gwlad J.Ll. Nuttall 'Llwyd Fryniog', a cheir troed-nodyn ganddo yn y gyfrol *Telyn Trefeurig* (1896) yn nodi: 'Gelwir yr ardal lle saif Tabor, yn Yspaen', ond ni chynigir esboniad ar yr enw.[12] Yn eu hymyl roedd baracs hefyd yn dwyn yr un enw, a gellir gweld olion prin y ddau fwthyn hyd heddiw. Ceir *Spain* ar fap dyddiedig 1859 (LlGC, Gogerddan 24) a cheir *yspaen Coatage* [*sic*] yng Nghyfrifiad 1861, *yspaen Cottage* ac *yspaen Barracks* yng Nghyfrifiad 1871, a'r ffurf *Spain Cottage* yn 1881. Nodir yng Nghyfrifiad 1891 ac 1901 nad oedd neb yn byw yn yr un o'r ddau Spain Cottages.

Nid oes sicrwydd beth yw tarddiad yr enw, ond yr esboniad mwyaf tebygol yw ei fod yn gysylltiedig â'r hyn a ysgrifennodd William Waller yn ei adroddiad yn 1689 am y Welsh Potosi pan gymharodd botensial

---

[12] J.Ll. Nuttall, *Telyn Trefeurig* (Llundain, 1896), 43.

cyfoeth mwynfeydd cyfagos Esgair Hir ac Esgair Fraith gyda mwynfeydd enwog Bolivia o'r un enw. Mae *potosi*, gair Sbaeneg, yn cyfieithu fel 'ffortiwn'. Cynigir esboniad tebyg ar yr enw, ond un sy'n fwy rhamantus, gan Cledwyn Fychan yn ei gyfrol *Nabod Cymru*, sy'n werth ei ddyfynnu'n llawn:

> Dywedodd un o'r mwynwyr wrth gyfaill ei fod am ymfudo i un o fwyngloddiau Sbaen ond pan gyfarfu'r ddau ym mhen blwyddyn 'roedd y mwynwr yn codi tŷ ar lannau Camddwr. 'Fan hyn mae dy Sbaen di, felly.' meddai'r cyfaill, a Sbaen fu enw'r tŷ byth oddi ar hynny. Pan godwyd capel gerllaw yn ddiweddarach, Capel Sbaen oedd hwnnw hefyd.[13]

---

[13] Cledwyn Fychan, *Nabod Cymru* (Tal-y-bont, 1973), 69.

6

O baent gwyrdd i bwyllgorau:
hanes safoni enwau lleoedd Cymru

ELERI HEDD JAMES

Protestiadau'r 1960au a'r 1970au yw man cychwyn yr ymdrechion sefydliadol i safoni enwau Cymru. Ysbrydolodd yr ymgyrchoedd difrodi arwyddion ffyrdd, a'r paent gwyrdd a daenwyd yn drwch dros yr arwyddion, sawl cân brotest, gan gynnwys anthem Dafydd Iwan, 'Peintio'r byd yn wyrdd'. Mae'r caneuon hyn yn tystio i effeithiau pellgyrhaeddol a chwyldroadol yr ymgyrchoedd a gydiodd yn nychymyg y 'sefydliad' Cymreig yn ogystal â'r mudiad protest, gan arwain at ganlyniad oedd yn sicr yn destun cân. Gorfodwyd llywodraeth ganol San Steffan i dalu sylw.

Ym mis Chwefror 1971 sefydlwyd pwyllgor ymgynghorol i ystyried holl fater arwyddion ffyrdd dwyieithog o dan gadeiryddiaeth Roderic Bowen, QC. Gwnaeth adroddiad y pwyllgor hwn, a gyhoeddwyd yn Awst 1972, nifer o argymhellion pellgyrhaeddol, gan gynnwys yr argymhelliad sylfaenol bod lle i arwyddion ffyrdd dwyieithog yng Nghymru. Un o'r argymhellion hyn oedd y dylid sefydlu corff canolog i gynnig cyngor arbenigol ar ffurfiau 'cywir' neu safonol enwau lleoedd. Cyngor yr Athro Melville Richards i bwyllgor Bowen ar y pryd oedd mai'r drefn fwyaf priodol fyddai i'r corff hwn 'argyhoeddi pobl leol drwy eglurhad rhesymegol yn hytrach na thrwy ddatganiad awdurdodol'.[1]

Yr argymhelliad hwn a arweiniodd at sefydlu pwyllgor parhaol dan ofal y Swyddfa Gymreig, sef y Pwyllgor Ymgynghorol ar Enwau Lleoedd – neu'r 'Place-Names Advisory Committee' (PNAC) fel yr adwaenid ef gan amlaf – i ddarparu cyngor arbenigol ar ofyn i awdurdodau lleol, Swyddfa'r Post, yr Arolwg Ordnans ac eraill ar ffurfiau safonol enwau Cymru. Prin fod angen egluro'r angen dros sefydlu pwyllgor o'r fath i gynulleidfa dybiedig y gyfrol hon, caredigion Cymdeithas Enwau Lleoedd Cymru. Byddant yn adnabod y Gymru lle y cofnodwyd ei henwau at ddibenion gweinyddol dros y canrifoedd gan bobl a chanddynt wybodaeth gyfyng-

---

[1] *Bilingual Traffic Signs / Arwyddion Ffyrdd Dwyieithog: Report of the Committee of Inquiry under the Chairmanship of Roderic Bowen, Esq., Q.C., M.A., LL.D, 1971–72* (Caerdydd, 1972), 67.

edig, a dweud y lleiaf, am y Gymraeg a'i horgraff. Byddant yn deall bod amrywiadau hanesyddol lu yn deillio o'r ffaith i enwau Cymraeg gael eu defnyddio, eu datblygu a'u dehongli o dan ddylanwad y Saesneg, arfer a ddryswyd ymhellach gan y ffaith na safonwyd orgraff Cymraeg Modern yn ffurfiol tan 1928. Byddant yn gyfarwydd hefyd â byw yn y Gymru lle y gall sawl amrywiad ar enw lle gael eu harddel yn swyddogol gan gyrff cyhoeddus, heb unrhyw gonsensws na chysondeb.

Er bod argymhellion PNAC ar gof a chadw gennym, a'u bod wedi darparu sylfaen gref i ymdrechion safoni dilynol, ychydig iawn sy'n hysbys neu wedi'i gyhoeddi am drafodaethau a threfniadaeth y Pwyllgor. Gwyddom mai gweision sifil y Swyddfa Gymreig oedd yn gyfrifol am gynnal ei ysgrifenyddiaeth ac y byddai'n ymateb i ymholiadau *ad hoc* gan sefydliadau. Byddai'n gymwynas fawr â'r maes pe bai ymchwilydd yn gweld yn dda ryw ddydd i ganfod yr archifau perthnasol a'u dadansoddi. Yn y cyfamser, braint fawr i mi oedd gallu mynd at lygad y ffynnon a holi un o aelodau amlycaf PNAC, yr Athro Gwynedd O. Pierce, am ei atgofion personol ef o'r Pwyllgor.

Gwahoddwyd Gwynedd Pierce i wasanaethu ar y pwyllgor bychan hwn yn 1976 o dan gadeiryddiaeth yr Athro T.J. Morgan. Talodd deyrnged i gadeiryddiaeth T.J. Morgan mewn llythyr at yr Ysgrifennydd Gwladol yn 1983 yn derbyn y gwahoddiad i'w olynu. Disgrifiodd ei gyfnod o dan ei gadeiryddiaeth fel un 'enjoyable and productive' a dywedodd ei fod ef a'i gyd-aelodau wedi buddio'n fawr o'i 'wise counsel and his infinite patience' wrth ddelio ag awdurdodau lleol:

> We can only recommend what the often meagre evidence indicates while continuing to take full cognisance of usage and local opinion in order to strive at acceptable compromises without sacrificing historical and linguistic accuracy. I can only hope to continue in this vein as successfully as my predecessor.[2]

O 1983 felly ef oedd Cadeirydd y Pwyllgor – y 'smallest quango in the world' chwedl yntau, neu'r 'quango that never meets' chwedl y *Western Mail*.[3] Un aelod arall yn unig a eisteddai o dan gadeiryddiaeth Gwynedd Pierce, sef Tomos Roberts, Archifydd Prifysgol Bangor, a wahoddwyd i'r Pwyllgor hefyd yn 1983. Ac ni fyddai'r ddau yn eistedd mewn ystafell bwyllgor gyda'i gilydd yn gyson gan mai dros y ffôn a thrwy lythyr y

---

[2] Yr Athro Gwynedd O. Pierce mewn llythyr at y Gwir Anrhydeddus Nicholas Edwards (dyddiedig 13 Mai 1983).

[3] 'Phone chat decides place names', *The Western Mail*, 7 November 1994.

gweithredai'r Pwyllgor 'digyfarfod' hwn gan amlaf. Fel yr eglurodd Gwynedd Pierce mewn llythyr personol ataf:

> Y rheswm am gadw'r Pwyllgor yn fychan oedd y gyfathrach rhwng Tomos a minnau. 'Doeddem ni ddim yn gyfeillion mynwesol er ein bod rhywsut yn adnabod ein gilydd yn dda, yn gwybod beth oedd maint gwybodaeth ein gilydd yn rhyfeddol, yn gallu ymddiried i'r carn ym mhenderfyniadau ein gilydd a'r ffaith syml, ond hynod o bwysig, ein bod yn gallu dod i'r penderfyniadau hynny yn weddol gyflym, heb lol, dim ond galwad ar y ffôn.[4]

Cryfder arall y bartneriaeth effeithlon hon, na welodd yr un 'gair croes', oedd y ffaith fod gan Tomos Roberts y 'ffynhonnell bwysicaf mewn bod wrth ei benelin'[5] ym Mangor, sef Archif Melville Richards.[6] Un o'r ychydig achlysuron y byddai'r Pwyllgor yn cwrdd oedd pan fyddai Gwynedd Pierce yn manteisio ar y cyfle i ymweld â'i dylwyth yng Nghaernarfon ac yn mynd i Fangor i astudio'r slipiau hyn dros baneidiau lu o 'de o fath arbennig, o liw gwyrdd bron, y byddai Tomos yn eu paratoi mewn congl ddirgel yn ei ystafell!'[7] Cadeiriodd y Pwyllgor bach bodlon hwn am gyfnod 'hynod bleserus'[8] hyd nes iddo ymddeol yn 2001 wrth i Gomisiwn Penodiadau Cyhoeddus Cynulliad Cenedlaethol Cymru (fel ag yr oedd ar y pryd), a oedd wedi etifeddu'r cyfrifoldeb am y gwaith yn dilyn datganoli, adolygu ei drefniadau penodiadau cyhoeddus. Ac yntau'n 80 oed erbyn hynny ac wedi gwasanaethu'r Pwyllgor yn ddi-dor ers chwarter canrif, daeth hi'n bryd iddo fwynhau ymddeoliad haeddiannol a llacio ei afael ar yr awenau.

Does dim byd newydd dan yr haul

Mae'r model hwn o bwyllgor ymgynghorol heb bwerau statudol i orfodi ei gyngor neu ei argymhellion yn parhau hyd heddiw. Gwir bod ei aelod-aeth a'i fethodoleg wedi esblygu'n sylweddol dros y degawdau, ond mae ei statws ymgynghorol wedi aros yn gyson. Cyson hefyd yw nifer o'i brof-

---

[4] Yr Athro Gwynedd O. Pierce mewn llythyr personol ataf (dyddiedig 17 Tachwedd 2020).

[5] *Ibid.*

[6] Cydweithiodd Gwynedd Pierce a'r Athro Bedwyr Lewis Jones (1933–92), olynydd Melville Richards ym Mangor, i ddechrau ar y gwaith o drosi'r 328,778 o slipiau yn y gronfa ddata, gorchwyl a gwblhawyd dan gyfarwyddyd yr Athro Hywel Wyn Owen. Ceir crynodeb hwylus o'r hanes yn Gwynedd O. Pierce, 'Welsh place-name studies. The background', *Archaeologia Cambrensis*, 144 (1995), 31–6 ac AMR 'hanes a chefndir'.

[7] Yr Athro Gwynedd O. Pierce mewn llythyr personol ataf (dyddiedig 17 Tachwedd 2020).

[8] *Ibid.*

iadau. Wrth holi'r Athro Gwynedd Pierce am ei brif argraffiadau am y gwaith, nododd mai un o'r pethau a'i trawodd fwyaf oedd parodrwydd yr awdurdodau lleol, ar y cyfan, i dderbyn barn a chymeradwyaeth y Pwyllgor. Tystiodd fod anghytundeb yn codi weithiau ac y byddai'r achosion hyn ychydig yn fwy trafferthus i'w datrys, ond eithriadau oedd y rheini. Mae'n drawiadol iddo nodi yn ei ohebiaeth ataf un enghraifft neilltuol 'a gymerodd flynyddoedd i'w thrafod ac nad wyf yn sicr ei bod wedi ei setlo hyd heddiw',[9] sef *Pencoed / Pen-coed* ger Pen-y-bont ar Ogwr.

Mae'r enghraifft hon yn un hynod gyfarwydd i minnau. Pan ddechreuais weithio i Fwrdd yr Iaith Gymraeg yn Hydref 2006 roedd y cof am y trafodaethau poenus hynny am gynnwys y cysylltnod ai peidio yn dal yn fyw iawn. Argymhelliad cychwynnol Tîm Safoni Enwau Lleoedd y Bwrdd oedd y dylid arddel y ffurf â chysylltnod, *Pen-coed*, yn unol â chyngor y cyfeirlyfr safonol, *Rhestr o Enwau Lleoedd* Bwrdd Gwybodau Celtaidd Prifysgol Cymru,[10] gan nad aceniad gobennol sydd i'r enw. Fodd bynnag, yn dilyn pwysau gwleidyddol gan gynrychiolwyr etholedig ynghyd â thystiolaeth ddogfennol helaeth nad oedd y cysylltnod yn cael ei ddefnyddio'n gyson, bu'n rhaid i'r Tîm gydsynio'n anfoddog i newid ei argymhelliad gwreiddiol gan osod *Pencoed* yn y categori o eithriadau cydnabyddedig o safbwynt y defnydd o'r cysylltnod, fel *Caerdydd*, *Penarth* neu *Maesteg* gerllaw. Roedd y cyfaddawd hwn, yn groes i ganllaw a chyfeirlyfr, yn un a achosodd anesmwythyd i aelodau'r Tîm ar y pryd, ac mae'n sicr yn un sydd wedi cyfrannu at gynyddu'r ansicrwydd ynghylch sut i sillafu ac ynganu'r enw hwn. Ond diau fod cyfaddawdu achlysurol yn anochel mewn cyfundrefn lle nad oes awdurdod enwi statudol yn bodoli ac mai awdurdodau lleol sy'n bennaf cyfrifol am y ffurfiau sy'n ymddangos ar arwyddion ffyrdd o fewn eu ffiniau.

Tîm Safoni Enwau Lleoedd Bwrdd yr Iaith Gymraeg

Roedd y cyfaddawd hwn yn anochel hefyd o ystyried mai prif nod Bwrdd yr Iaith Gymraeg, y corff statudol hwnnw a sefydlwyd gan Ddeddf yr Iaith Gymraeg 1993, oedd hybu a hyrwyddo defnydd o'r Gymraeg. Ni thalai i'r Bwrdd gael ei weld yn ymgecru'n gyhoeddus ynghylch a ddylid cynnwys cysylltnod ai peidio mewn enw lle. Roedd y Bwrdd wedi dod yn gyfrifol am y gwasanaeth ymgynghorol ar enwau lleoedd pan wahoddwyd ef yn Hydref 2001 gan Lywodraeth Cynulliad Cymru (fel ag yr oedd bryd hynny) i ddarparu cyngor arbenigol a dibynadwy i gyrff cyhoeddus ar ffurfiau safonol enwau aneddiadau yng Nghymru, yn Gymraeg a Saesneg.

---

[9] *Ibid.*
[10] Elwyn Davies (gol.), *Rhestr o Enwau Lleoedd* (Caerdydd, 1967).

Gwahoddwyd y Bwrdd hefyd i hyrwyddo'r defnydd o'r ffurfiau safonol hyn ac i ymestyn ei wasanaeth cynghori ar enwau lleoedd fel y gwelai'n dda.

Un o'r pethau cyntaf y gwelodd y Bwrdd yn dda i'w wneud oedd cynnull ei bwyllgor ymgynghorol arbenigol ei hun, y Tîm Safoni Enwau Lleoedd. Roedd aelodaeth y Tîm hwn yn llawer mwy na dau aelod ac yn ymgais i briodi arbenigwyr academaidd â defnyddwyr yn y maes, gan ddwyn ynghyd ieithyddion, geiriadurwyr, haneswyr a gweision cyhoedd-us gan gynnwys cynrychiolaeth o lywodraeth leol a chenedlaethol, yr Arolwg Ordnans a Chymdeithas Cyfieithwyr Cymru. Yr Athro Glyn E. Jones oedd Cadeirydd cyntaf y Tîm, ac roedd hefyd yn gyfrifol am gadeirio Tîm Safoni Termau'r Bwrdd. Cadeiriwyd y Tîm yn fedrus ac yn foneddigaidd gan yr Athro David Thorne o 2006 ymlaen, ac o dan arwein-yddiaeth strategol Gwyn Jones, Cyfarwyddwr Polisi a Therminoleg y Bwrdd, gwnaeth y Tîm ei gyfraniad mwyaf gwreiddiol a hirhoedlog at ymdrechion safoni enwau yng Nghymru trwy lunio *Canllawiau Safoni Enwau Lleoedd Cymru*. Roedd y ddogfen hon yn dwyn ynghyd yr egwyddorion sylfaenol a ddefnyddiwyd gan y Tîm ac yn sicrhau bod dull cyson yn llywio ymdrechion safoni ym mhob cornel o Gymru. Mae hefyd yn crynhoi ymagwedd y Tîm tuag at y dasg, a ddisgrifiwyd yn fachog gan Gwyn Jones fel 'sound scholarship tempered with common sense'.[11]

Doedd dim amheuaeth fod sylfeini ysgolheigaidd aelodau'r Tîm ei hun yn rhai digon cadarn. Er enghraifft, roedd yr Athro Hywel Wyn Owen, un o ysgolheigion pennaf y maes, Cyfarwyddwr y Ganolfan Ymchwil Enwau Lleoedd ym Mhrifysgol Bangor ac arweinydd y prosiect AHRB i gwbl-hau'r gwaith o ddigido Archif Melville Richards,[12] ymhlith yr aelodau parhaol. Serch hynny, roedd y Tîm ar brydiau yn falch iawn o allu ymgynghori ag arbenigwyr allanol ar ambell enw neu ardal. Mawr yw'r diolch, er enghraifft, i Richard Morgan, cyd-awdur y *Dictionary of the Place-Names of Wales* (Llandysul, 2007), am ddarparu mor hael o'i archifau personol. Ac er i Gwynedd Pierce lacio ei afael ar awenau'r prosiect safoni cenedlaethol yn 2001 parhaodd i gyfrannu'n helaeth ato drwy ddarparu nodiadau ymchwil ar gais y Tîm am enwau o Forgannwg i Fynwy. Roedd ei nodiadau, a gyflwynwyd bob amser yn ei lawysgrifen ddestlus, yn tystio i'w adnabyddiaeth ddofn o hanes y broydd hyn, ac yn

---

[11] Gwyn Jones, 'Standardizing the Place-names of Wales', Papur anghyhoeddedig a draddodwyd yng nghynhadledd 'Trends in Toponomy 4' ym Mhrifysgol Caeredin (29 Mehefin 2010).

[12] AMR.

arddangos ysgolheictod cadarn ynghyd â dogn helaeth o synnwyr cyffredin.

Yr ail ddatblygiad arwyddocaol a ddechreuodd yn ystod oes y Bwrdd oedd cynllunio prosiectau safoni yn systematig ar lefel sirol. Mentrwyd am y tro cyntaf i'r maes ffrwythlon hwn â phrosiect peilot yn yr hen sir Drefaldwyn, yn rhan o ymgais uchelgeisiol gan Gyngor Sir Powys ar droad y mileniwm i fabwysiadu ffurfiau safonol ar gyfer pob enw yn yr awdurdod lleol – yn enwau strydoedd ac aneddiadau. Nid yw'n gyd-ddigwyddiad fod llawer o waith y Bwrdd ar enwau lleoedd wedi digwydd mewn partneriaeth ag awdurdodau lleol. Yn gyntaf, yn absenoldeb awdurdod enwi cenedlaethol â phwerau statudol, awdurdodau lleol, heb os, yw'r chwaraewyr mwyaf dylanwadol ym maes enwau lleoedd Cymru. Nodwyd eisoes mai hwy sydd â'r gair olaf ar y ffurfiau sy'n ymddangos ar arwyddion o fewn eu ffiniau ac sy'n cael eu llwytho i restrau cyfeiriadau lleol a chenedlaethol. Yn ail, rhoddodd Deddf yr Iaith Gymraeg 1993 ddyletswydd ar gyrff cyhoeddus i drin y Gymraeg a'r Saesneg yn gyfartal a pharatoi cynlluniau iaith yn amlinellu sut y byddent yn darparu gwasan-aethau Cymraeg. Er nad oes unrhyw sôn penodol am enwau lleoedd yn y canllawiau statudol ar gyfer paratoi cynlluniau iaith, roedd cynlluniau diweddarach y cytunwyd arnynt ag awdurdodau lleol yn cynnwys ym-rwymiadau clir mewn perthynas ag enwau lleoedd, gan gynnwys cydweithio â'r Bwrdd ar brosiectau safoni.

Ym mis Hydref 2006 estynnodd y Bwrdd wahoddiad ffurfiol i swydd-ogion iaith awdurdodau lleol i gydweithio ar brosiectau safoni. Esgorodd hyn ar gyfres o brosiectau safoni mewn partneriaeth ag awdurdodau lleol, lle byddai'r Tîm Safoni Enwau Lleoedd yn ystyried rhestrau o enwau aneddiadau ac yn cyflwyno argymhellion manwl i'r awdurdodau lleol. Byddai'r argymhellion hyn yn seiliedig ar ddefnydd cyfredol a hanesyddol o'r enwau yn ogystal ag ar egwyddorion y canllawiau safoni cenedlaethol. Yn gyffredinol, fel y tystiodd Gwynedd Pierce am brofiad PNAC, roedd y partneriaethau hyn yn ffrwythlon ac yn effeithiol iawn, a'r awdurdodau lleol yn barod i ystyried cyngor arbenigol y Bwrdd yn llawn ac, mewn rhai achosion, ei ategu â gwybodaeth leol.

Fodd bynnag, nid oedd y trefniadau hyn yn gwbl foddhaol chwaith. Gwelwyd sawl 'Pencoed / Pen-coed' ar y daith â nifer o ffurfiau dadleuol yn cael eu gadael yn anghyson a heb eu datrys. Un o'r enghreifftiau amlycaf, a gafodd fwy o sylw na Phen-coed hyd yn oed, oedd Y Farteg yn Nhorfaen. Cydweithiodd Cyngor Bwrdeistref Sirol Torfaen â'r Bwrdd ar brosiect safoni yn 2009 a chyngor y Bwrdd ar y pryd, yn unol â chanllawiau'r Tîm Safoni Enwau Lleoedd, oedd y dylid mabwysiadu

Y Farteg yn ffurf safonol i'w defnyddio yn y ddwy iaith. Cynhaliodd y Cyngor ymgynghoriad cyhoeddus am yr enwau arfaethedig a chafwyd gwrthwynebiad chwyrn i'r ffurf *Y Farteg* gan drigolion lleol a ofnai y byddai'r ffurf safonol hon yn destun gwawd. Sail eu pryderon, wrth gwrs, oedd y byddai siaradwyr di-Gymraeg yn ynganu'r ffurf Gymraeg yn unol â rheolau orgraff y Saesneg. Mae pryderon ac ymgyrchoedd tebyg wedi codi eu pen yng nghyd-destun enwau eraill yn ne-ddwyrain Cymru, yn fwyaf arbennig *Brynbuga* (*Usk*) a *Sili* (*Sully*), lle cododd arwyddion newydd ofnau newydd y byddai'r enwau Cymraeg safonol hyn yn peri dryswch a gwawd ymysg y di-Gymraeg. Yn achos *Y Farteg*, cyrhaeddodd y stori'r papurau newydd Llundeinig yn ogystal â'r *New York Times*.

Ond mwy arwyddocaol, efallai, yw'r sylw a roddwyd i'r enw *Y Farteg* ar lawr siambr y Senedd pan wnaeth Lynne Neagle AC gais i'r Prif Weinidog ar y pryd, Carwyn Jones AC, wneud sylwadau ar yr 'ymyriad trwsgl hwn [a oedd] wedi creu hollt rhwng cymunedau Cymraeg eu hiaith a di-Gymraeg eu hiaith unwaith eto'. Ymatebodd y Prif Weinidog trwy ddweud bod yn rhaid bod yn 'ymarferol a phragmataidd' am y pethau hyn a 'bod yn rhaid i ni fod yn sensitif, fel cenedl ddwyieithog, i'r cam-ddehongliadau sy'n deillio o ffyrdd penodol o sillafu'.[13] Oherwydd cryfder barn y cyhoedd, penderfynodd yr awdurdod lleol gefnu ar ei gyn-lluniau i fabwysiadu'r ffurf Gymraeg safonol – hyd yn oed ochr yn ochr â'r ffurf *Varteg*. Barnwyd mai'r datrysiad 'ymarferol a phragmataidd' yn yr achos hwn, felly, oedd anwybyddu'r ffurf safonol.

Mae'r prosiect safoni a gynhaliwyd ar y cyd â Chyngor Bwrdeistref Sirol Torfaen yn ddefnyddiol i enghreifftio'r safbwyntiau cyferbyniol sy'n gallu bodoli mewn cymunedau ynghylch derbynioldeb a dymunoldeb mabwysiadu enwau Cymraeg safonol. Mae hefyd yn pwysleisio pa mor amhosibl yw hi i argymhellion pwyllgor – waeth pa mor arbenigol neu annibynnol ydynt – blesio neu apelio at bawb. Yn rhan o'r un prosiect safoni, derbyniodd y Bwrdd sylwadau gan drigolion lleol ynghylch fersiynau Cymraeg ar enwau lleoedd eraill. Dangosodd yr ohebiaeth yn glir awydd y trigolion hynny i fabwysiadu enwau Cymraeg ar gyfer aneddiadau yn Nhorfaen er mwyn hyrwyddo hunaniaeth Gymraeg a chefnogi ymdrechion i adfywio'r iaith yn yr ardal. Roedd y ffurfiau a gyflwynwyd yn amrywio o rai posibl (*Hen Ffwrnais* ar gyfer *Old Furnace*), i rai annhebygol (*Sain Derfel* ar gyfer *St Dials*), i eraill a oedd yn ymylu ar fod yn amharchus (*Pentre Carlo* ar gyfer *Charlesville*). Nid oedd modd i'r

---

[13] Cynulliad Cenedlaethol Cymru, Cofnod y Trafodion (1 Hydref 2013) <https://business.senedd.wales/documents/s107144/Transcript%20for%20the%20meeting.pdf>, 16–17.

Tîm Safoni Enwau Lleoedd gefnogi nifer o'r cynigion hyn ar y pryd gan
nad oedd ganddynt dystiolaeth bod y ffurfiau'n cael eu defnyddio'n
gyffredin ac roedd canllawiau'r Tîm yn cynghori'n glir y dylid ymwrthod
â ffurfiau hynafiaethol neu gyfieithiadau llythrennol a mympwyol.

Er cydnabod nad yw enwau lleoedd fyth yn aros yn statig,[14] roedd y Tîm
Safoni Enwau Lleoedd yn amheus o ymdrechion bwriadol i fathu neu
gyfieithu enwau gan y gallai bathiad ffug adlewyrchu barn a dymuniadau
carfan fechan o'r gymuned yn unig. Ystyriaeth arall, wrth gwrs, yw y
gallasai polisi o gyfieithu enwau yn fwriadol a mynnu ffurfiau dwyieithog
ar bob man yng Nghymru arwain at greu enwau Saesneg ar aneddiadau
sydd ag enwau Cymraeg yn unig arnynt ar hyn o bryd. Afraid dweud nad
oedd y safbwynt hwn o fod yn betrus ynghylch derbyn bathiadau Cymraeg
diweddar yn boblogaidd gan bawb ac roedd rhai yn ei chael yn chwith nad
oedd sefydliad â chyfrifoldeb statudol dros hyrwyddo a hwyluso'r
defnydd o'r Gymraeg yn dadlau y dylai fod gan bob lle yng Nghymru enw
Cymraeg. Arddangoswyd enghraifft o'r rhwystredigaeth hon yn glir yn sir
Fynwy lle yr ymgyrchodd trigolion lleol a'r Cyngor Plwyf yn llwydd-
iannus yn 2011 i gael gwared â'r ffurf *Llanoronwy* ar gyfer *Rockfield* a
Croes Onnen ar gyfer *Cross Ash* a oedd wedi ymddangos ar arwyddion
ffyrdd newydd. Bu'n rhaid i'r Tîm gydnabod ar y pryd nad oedd llawer o
dystiolaeth i ddangos bod y ffurf *Llanoronwy* wedi'i defnyddio i gyfateb
i'r *Rockfield* modern, ac ni allent ddod o hyd i unrhyw dystiolaeth
hanesyddol i gefnogi'r ffurf Gymraeg *Croes Onnen* chwaith.

Nid yw'n syndod bod y safiad hwn wedi peri rhwystredigaeth i Gym-
deithas yr Iaith Gymraeg.[15] Roedd hefyd yn destun rhwystredigaeth i
garfan arall o drigolion sir Fynwy a oedd o blaid arddel a defnyddio'r
ffurfiau Cymraeg, waeth beth fo'u tras hanesyddol. Eu dadl hwy oedd mai
prin fyddai'r ffurfiau Cymraeg a dderbynnid yn sir Fynwy o gwbl pe bai
amlder defnydd yn faen prawf hanfodol ac y dylid ymgynghori eto cyn
tynnu'r arwyddion ag enwau Cymraeg a oedd wedi dechrau ennill eu
plwyf. Mae'r ymateb hwn yn datgelu ymhellach yr heriau sy'n gysyllt-
iedig â chasglu barn leol a phenderfynu beth yw ystyr 'plwyfo' neu 'gael
ei ddefnyddio'n eang' mewn ardaloedd lle nad yw'r Gymraeg yn iaith
gymunedol neu pan fo tystiolaeth ysgrifenedig yn brin. Mewn achos
cyferbyniol, arweiniodd penderfyniad y Tîm i gydnabod y bathiad

---

[14] Yn wir, byddai'r Cadeirydd, yr Athro David Thorne, yn ein hatgoffa'n aml fod enwau
lleoedd yn elfennau ieithyddol a bod pob iaith fyw mewn cyflwr parhaol o newid.

[15] 'Pentrefi Sir Fynwy yn dileu enwau Cymraeg', *Golwg 360*, 1 Mehefin 2011
<https://golwg.360.cymru/newyddion/cymru/39690-pentrefi-sir-fynwy-yn-dileu-enwau-
cymraeg>.

diweddar *Cil-y-coed*, hefyd yn sir Fynwy, i rai puryddion feirniadu'r Tîm am dderbyn y fersiwn Cymraeg anhanesyddol hwn o *Caldicot*. Fodd bynnag, nid oes amheuaeth fod y ffurf Gymraeg hon bellach wedi hen ennill ei phlwyf yn lleol ac yn genedlaethol, ac mae'n arwyddocaol ei bod wedi'i mabwysiadu'n rhan o enw'r Cylch Meithrin lleol.

Safonau'r Gymraeg ac ymdrechion safoni

Diddymwyd Bwrdd yr Iaith Gymraeg gan Fesur y Gymraeg (Cymru) 2011: y ddeddf iaith gyntaf i gael ei llunio yng Nghymru ar gyfer pobl Cymru. Hwn hefyd oedd y darn cyntaf o ddeddfwriaeth i ddatgan statws swyddogol yr iaith yng Nghymru yn ddiamod ac yn ddiamwys. Er mwyn gwireddu'r datganiad hwn ac er mwyn iddo gael effaith ar y rhai sy'n dymuno defnyddio'r Gymraeg yn eu bywydau beunyddiol, mae'r Mesur yn darparu cyfres o fecanweithiau er mwyn hyrwyddo a hwyluso'r defnydd o'r Gymraeg. Yr amlycaf – a'r mwyaf pellgyrhaeddol efallai – yw cyflwyno dyletswyddau iaith statudol ar ffurf Safonau'r Gymraeg. Sefydlodd y Mesur hefyd Gomisiynydd y Gymraeg, a chanddo'r prif nod o hyrwyddo a hwyluso'r defnydd o'r Gymraeg, a bod yn gyfrifol am oruchwylio cydymffurfiaeth sefydliadau â'r Safonau.

   Y Comisiynydd a etifeddodd y cyfrifoldeb i gynnig cyngor ar ffurfiau safonol enwau lleoedd Cymru yn dilyn diddymu'r Bwrdd. Yn y bôn, mae'r Comisiynydd wedi arfer y swyddogaeth hon mewn ffordd debyg iawn i'w rhagflaenydd. Fel y Bwrdd, mae'r Comisiynydd hefyd wedi cynnull panel o arbenigwyr i'w gynghori, y Panel Safoni Enwau Lleoedd, er bod aelodaeth y panel hwn yn llawer mwy cyfyng nag un y Bwrdd, ac wedi'i gyfyngu i arbenigwyr yn hytrach nag ymarferwyr. Mabwysiadodd y Panel hwn ddogfen *Canllawiau Safoni Enwau Lleoedd Cymru* ei ragflaenydd, ac mae wedi mireinio'r canllawiau ac ychwanegu atynt wrth i'r gwaith ddatblygu. Mae'r Comisiynydd hefyd wedi parhau â'r gwaith o gydweithio ag awdurdodau lleol ar brosiectau safoni. Y prif ffactor sy'n gwneud ymdrechion y Comisiynydd yn wahanol i ymdrechion y Bwrdd gynt yw'r ffaith fod y Comisiynydd yn cyhoeddi ac yn hyrwyddo ei argymhellion drwy'r 'Rhestr o Enwau Lleoedd Safonol Cymru' ar lein.[16] Er 2018, pan gyhoeddwyd y rhestr hon ar wefan y Comisiynydd, nid yw argymhellion y Panel Safoni Enwau Lleoedd bellach yn fater preifat rhwng ei aelodau a phartïon â diddordeb; yn hytrach fe'u cyhoeddir trwy'r Rhestr a hyrwyddir eu defnydd yn weithredol. Mae tystiolaeth fod yr adnodd ar lein hwn yn cael ei ddefnyddio'n helaeth ac mae'n gyson ymhlith y tudalennau yr ymwelir â hwy amlaf ar wefan y Comisiynydd.

---

[16] Gweler Gwefan Comisiynydd y Gymraeg <https://www.comisiynyddygymraeg.cymru/>.

Bu newid sylfaenol hefyd yn y berthynas â'r awdurdodau lleol. Roedd awdurdodau lleol Cymru eisoes yn gyfarwydd â chynllunio'u defnydd o'r Gymraeg yn unol â gofynion eu cynlluniau iaith statudol, wrth gwrs. Y newid mawr yn y drefn Safonau oedd eu bod hwy'n cael eu llunio yn y lle cyntaf gan Weinidogion Cymru a'u gorfodi gan y Comisiynydd. Roedd hynny'n cymryd y disgresiwn ynghylch ble a phryd i ddefnyddio'r Gymraeg yn gadarn allan o ddwylo sefydliadau unigol. Mae'r Safonau hyn yn nodi'n fanwl sut y mae'n rhaid i sefydliadau ddefnyddio'r Gymraeg mewn gwahanol sefyllfaoedd: wrth ddarparu gwasanaethau, llunio polisi a gweithredu'n fewnol, er enghraifft. Ar ben hynny, mae gan sefydliadau eraill, sef Llywodraeth Cymru, awdurdodau lleol a'r parciau cenedlaethol, ddyletswyddau statudol ychwanegol i hyrwyddo'r iaith.

Diau mai'r newid fframweithiol hwn sy'n gyfrifol am y newid sylfaenol a fu yn ymagweddu awdurdodau lleol dros y blynyddoedd diwethaf. Gwelwyd brwdfrydedd newydd gan rai awdurdodau lleol i ymgymryd â phrosiectau safoni ac i sicrhau bod ffurfiau Cymraeg safonol yn cael eu harddel. O droi at Dorfaen eto, gwelwyd mai'r ffurf Gymraeg safonol *Cwmbrân* (gyda'r acen grom angenrheidiol) yw'r unig ffurf sy'n cael ei harddangos ar arwyddion a godwyd yn ddiweddar yn yr ardal. Datblygiad arall sy'n haeddu sylw yn Nhorfaen yw'r defnydd o'r bathiad diweddar *Y Dafarn Newydd* ar gyfer *New Inn*. Does dim amheuaeth nad yw'n gyfieithiad modern a llythrennol (mae gan *Y Gwesty Newydd*, *Y Neuadd* ac *Y Dafarn Fach* fwy o achau) ac fe'i diystyriwyd gan Dîm Safoni Bwrdd yr Iaith Gymraeg gynt. Fodd bynnag, mae defnydd swyddogol yr awdurdod lleol ac amlygrwydd yr enw ar arwyddion ffyrdd wedi arwain Panel y Comisiynydd i gydnabod ei fod bellach wedi'i sefydlu'n ddigonol i gael ei gynnwys ar ei restr o ffurfiau safonol.

Mae'r ymdrechion newydd hyn gan awdurdodau lleol i sicrhau eu bod yn arddel ac yn arddangos ffurfiau safonol yn cyd-fynd â'r ymdrechion cyffredinol a welwyd i gydymffurfio â'r Safonau. Adeg llunio'r erthygl hon ddiwedd 2020 roedd dros 120 o sefydliadau yn gweithredu'r Safonau ac mae'r Comisiynydd yn cyhoeddi adroddiadau sicrwydd blynyddol am berfformiad sefydliadau a phrofiadau defnyddwyr sy'n dangos bod y Safonau wedi cyfrannu'n helaeth at newid y tirlun ieithyddol yng Nghymru.

Fodd bynnag, daeth defnyddio enwau lleoedd safonol ar arwyddion ffyrdd yn fwy na dim ond ffordd i osgoi cwynion gan y cyhoedd ac ymchwiliadau gan y Comisiynydd. Gwelwyd llawer o enghreifftiau cadarnhaol o awdurdodau lleol yn defnyddio enwau lleoedd Cymraeg yn fodd o gyflwyno'r iaith a'r dreftadaeth leol i'r cymunedau y maent yn eu gwasanaethu. Mae Cyngor Bwrdeistref Sirol Caerffili yn ne-ddwyrain Cymru yn enghraifft o awdurdod lleol sydd wedi mynd ati'n rhagweithiol i baratoi llyfryn cynhwysfawr sy'n cyflwyno'r enwau a'u straeon.[17] Adeg lansio Rhestr o Enwau Safonol y Comisiynydd yn 2018 roedd nifer o'r ffurfiau a argymhellwyd yn y rhestr yn wahanol i'r ffurfiau a ddefnyddiwyd yn llyfryn Caerffili. Esgorodd hyn ar brosiect safoni newydd er mwyn ceisio mynd i'r afael â'r gwahaniaethau hyn gan geisio plethu arbenigedd cenedlaethol y Panel â gwybodaeth leol yr awdurdod lleol. Pen draw'r prosiect hwn yw rhestr o enwau aneddiadau[18] lle y mae'r awdurdod lleol a'r Comisiynydd yn gytûn ar bob enw namyn un: *Coed Duon* yw'r ffurf a arddelir gan yr Awdurdod ond mae'r Panel yn glynu wrth ei argymhelliad gwreiddiol y dylid ysgrifennu enw'r anheddiad hwn yn un gair a chysylltnod i wahanu'r ddwy *d* (*Coed-duon*) yn unol â'r *Canllawiau Safoni*.

Mae'r rhod yn dal i droi

Taith, nid digwyddiad yw dod i gytundeb a chonsensws ar ffurfiau safonol enwau lleoedd Cymru. Yn achos enwau aneddiadau Cymru nid oes amheuaeth ein bod wedi teithio ffordd bell ers yr ymgyrchoedd difrodi arwyddion. Mae'r deddfau iaith a gyflwynwyd yn y degawdau wedi hynny – ynghyd â gwaith argyhoeddi a pherswadio'r pwyllgorau a nodwyd uchod – wedi disodli'r angen am baent gwyrdd yn y mwyafrif o achosion, er nad yw'r arfer o ddifwyno arwyddion ffyrdd mewn protest o blaid ac yn erbyn ffurfiau ansafonol wedi diflannu'n llwyr fel y gwelwyd yn achos *Llansanffraid-ym-Mechain*.[19] Ac er y byddai'r puryddion yn ein plith yn cael hwyl, o bosibl, ar fynd â'r beiro coch neu'r potyn o baent gwyrdd at ambell i ffurf ansafonol, mae gofidiau mwy wedi mynd â bryd caredigion enwau lleoedd Cymru yn ystod y blynyddoedd diwethaf. Gwelwyd pryderu cynyddol am enwau tai a thirwedd Cymru a chanfyddiad cyffredinol fod enwau Cymraeg traddodiadol yn cael eu cyfieithu, eu colli neu'u diystyru. Mae'r pryderon hyn wedi ysgogi ymgyrchoedd gwleidyddol yn ogystal ag ymgyrchoedd poblogaidd ar y cyfryngau cymdeithasol. Amser a ddengys a fydd yr ymgyrchoedd hyn yn ddigonol i sicrhau bod llywodraeth ein dydd ni yn talu sylw ac yn rhoi ystyriaeth o ddifri i'r ffordd orau o fynd i'r afael â'r her hon.

---

[17] *Enwau Lleoedd ym Mwrdeistref Sirol Caerffili 2016* <https://www.caerphilly.gov.uk/CaerphillyDocs/Equalities/Enwau-Lleoedd-ym-Mwrdeistref-Sirol-Caerffili-2014.aspx>.

[18] Mae Cyngor Bwrdeistref Sirol Caerffili yn bwriadu diweddaru'i lyfryn maes o law i adewyrchu hyn ac egluro'r rhesymau dros y diwygiadau.

[19] 'Llansanffraid village to have "t" back in its name', *BBC News,* 1 October 2014 <https://www.bbc.co.uk/news/uk-wales-29438533>.

Toldar: a place-name in Meddyfnych, a ninth-century estate in Carmarthenshire

HEATHER JAMES AND DAVID THORNE

The place-names that describe the bounds of the estate of Meddyfnych occur in a marginal entry in the Llandeilo or Chad or Lichfield Gospels. They are amongst the handful of surviving examples of early written Welsh. It is hoped that the detailed work in progress by the authors of this paper will help to reappraise certain aspects of the ninth-century landscape of the *maenor* 'administrative unit' of Meddyfnych, indicating both the character of what has been completely altered or removed from the present-day terrain as well as documenting the time-depth of what survives.[1]

The Llandeilo or Chad or Lichfield Gospels

The Llandeilo or Lichfield or Chad Gospels are a noteworthy example of the 'insular'[2] works of art of the early Middle Ages. The late Melville Richards conclusively established that the Chad Gospels at Lichfield Cathedral were originally at Teilo's monastery at Llandeilo, rather than at Llandaf as previously supposed.[3] He suggested a date of *c.*730 AD for their creation, possibly, though not indisputably, in Wales. But by the late tenth or early eleventh century the Gospels were at Lichfield Cathedral. Apart from some brief intervals elsewhere that is where they have remained. They may well have been seized from Llandeilo during a Mercian raid. A digital version of this significant example of insular art is on display in Llandeilo church using 'turning pages' technology accompanied by a

---

[1] Heather James & David Thorne, ' "Mensura Med Diminih": boundary place-names of a ninth century estate at Llandybïe, Carmarthenshire', *The Carmarthenshire Antiquary*, 56 (2020), 13–34.

[2] The term 'insular' is used to described the sculpture, metalwork and manuscripts of the British Isles between the mid-fifth to mid-ninth centuries AD. For a recent overview, see Michelle P. Brown, *Art of the Islands: Celtic, Pictish, Anglo-Saxon and Viking Visual Culture c.450–1050* (Oxford, 2016).

[3] Melville Richards, 'The "Lichfield" Gospels (Book of "Saint Chad")', *National Library of Wales Journal,* 18 (1973), 135–45.

small exhibition. The Gospels can also be viewed online at a Lichfield Cathedral website.[4]

The other examples of important insular art that can be viewed in Llandeilo church are the ninth-century crosshead and cross slab (CM 19 and CM 20).[5] The fragments of the cross slab (CM 19) indicate a unique monument without close parallels. Nancy Edwards suggests that the 'carpet page' of intricate decorative arcs in the Gospel Book might have provided inspiration for the sculptor of the cross. Although not sub-stantiated archaeologically, it is generally agreed that the present Llandeilo church and churchyard occupy the site of the important early medieval monastery of St Teilo. A now lost roman-letter inscribed stone (CM 18), from Llandeilo of late fifth- to early sixth-century date,[6] suggests that an ecclesiastical site at Llandeilo could have early post-Roman origins.

The Reverend William Strange has recently reviewed the evidence relating to the monastery of Teilo at Llandeilo. It was clearly the major ecclesiastical centre for Ystrad Tywi between the eighth and tenth centuries with substantial land holdings extending both north and south of the Tywi valley.[7] Although the monastery of Teilo was in decline by the tenth century, Llandeilo remained a major medieval parish church within the deanery of Llandcilo and Llangadog, albeit with many of its estates north of the Tywi being used by the Lord Rhys, Prince of Deheubarth, and his descendants to endow the new foundation of Talley Abbey in the twelfth and thirteenth centuries.[8] Even though the Bishop of St Davids retained Llandeilo town and *patria* as an episcopal manor, it is likely that the Meddyfnych estate was appropriated by local rulers in Ystrad Tywi, becoming a core part of the possessions of the Lord Rhys and his descendants.

---

[4] 'The St Chad Gospels' <https://www.lichfield-cathedral.org/downloads/st-chad-gospels.pdf>; 'Manuscripts of Lichfield Cathedral' <https://lichfield.ou.edu>.

[5] Nancy Edwards, *A Corpus of Early Medieval Inscribed Stones and Stone Sculpture in Wales, Vol. II: South-West Wales* (Cardiff, 2007), 239–42. Monuments are numbered by county; thus CM is Carmarthenshire.

[6] *Ibid.* 237–8.

[7] William Strange, 'The Early Medieval Community at Llandeilo Fawr', *The Carmarthenshire Antiquary*, 48 (2012), 5–10.

[8] Melville Richards, 'The Carmarthenshire Possessions of Talyllychau' in Tudor Barnes & Nigel Yates (eds), *Carmarthenshire Studies: Essays Presented to Major Francis Jones* (Carmarthen, 1974), 110–21.

The Marginalia

Whether or not Teilo lived and died within the fifth or sixth centuries AD it is clear, as with other Welsh monastic founder saints, that he was regarded as a living presence in his church centuries later, and especially before his high altar which may possibly have contained physical primary or secondary relics. This is where oaths would have been sworn and important transactions recorded in the margins of the Gospel Book, with dire sanctions if they were breached. These marginalia have long been known and studied; there are eight in all and they are numbered consecutively with the prefix 'Chad'. The dates of the marginalia are generally agreed to fall in the ninth and into the early tenth centuries AD, a century or so later than the production of the Gospels. Chad 1 records the gift of the Gospel Book to the altar of Teilo by Gelli son of Arthudd who had bought it from one Cingal for the price of a very good horse.

The most recent and detailed studies, particularly of Chad 2, the 'Surexit' memorandum, containing the earliest written Welsh, are by Dr Morfydd Owen and Professor Dafydd Jenkins.[9] Although analogous in some ways to the land grants with bounds recorded in the numerous Anglo-Saxon charters,[10] Professor Wendy Davies has shown that there was a distinct 'Celtic' charter tradition for the much smaller number of early medieval charters from Britain, Ireland and Brittany in both Latin and the vernacular languages.[11] These charters end with a 'sanction' clause which invokes the wrath and curses of God and / or the saint on whoever challenged the grant made in the charter itself. Chad 3 and 4 are typical examples with a sanction clause in Latin: *quicunque custodierit benedictus erit. Et qui franxerit maladictis erit a Deo* 'whoever keeps (this agreement) will be blessed and whoever breaks it will be cursed by God'.

Our discussion in this paper is concerned with a boundary name which occurs in Chad 6. The entries record the *mensura* and *nobilitas* of the *maenor* of *med diminih*. The *mensura* lists the bounds of the maenor;

[9] Dafydd Jenkins & Morfydd E. Owen, 'The Welsh Marginalia in the Lichfield Gospels Part I', *Cambridge Medieval Celtic Studies*, 5 (Summer 1983), 37–65; *eidem*, 'The Welsh Marginalia in the Lichfield Gospels Part II: The "Surexit" Memorandum', *Cambridge Medieval Celtic Studies,* 7 (Summer 1984), 91–120.

[10] P.H. Sawyer, *Anglo-Saxon Charters: an Annotated List and Bibliography* (London, 1968); now updated as 'The Electronic Sawyer' < https://esawyer.lib.cam.ac.uk>.

[11] W. Davies, 'The Latin charter-tradition in western Britain, Brittany and Ireland in the early medieval period' in D. Whitelock *et al.* (eds), *Ireland in Early Medieval Europe: Studies in memory of Kathleen Hughes* (Cambridge, 1982), 258–80; *eadem*, 'Charter-writing and its uses in early medieval Celtic societies' in Huw Pryce (ed.), *Literacy in Medieval Celtic Societies* (Cambridge, 1998), 99–111.

nobilitas may be translated as Welsh *braint* or 'privilege'. The Chad 6 marginalia are the earliest contemporary scripts relating to any place-name in Carmarthenshire.

It was Canon John Fisher, who identified *med diminih* with *Meddyfnych*.[12] That name and the various spellings were considered by Ifor Williams.[13] He considered that *Dyfnych* was probably a personal name and was unsure whether the initial element *ma-* 'place, plain' had become *me-* as a result of vowel mutation. The personal name is unrecorded. *Meddyfnych*, however, survives as a farm name (SN 629 134) nowadays pronounced *Meddynfych* and in a modern housing development. Fisher also noted that several of the boundary features recorded in Chad 6 survive as modern place-names and that the bounds of the estate were roughly coterminous with the ecclesiastical parish of Llandybïe, an area of roughly twelve square miles.

The most substantial work on Chad 6 and the historic landscape of Llandybïe was done by Glanville Jones. His first map was published in his chapter on 'Post-Roman Wales' in *The Agrarian History of England and Wales*.[14] He identified and mapped many of the bounds and also places and field names indicating probable medieval, even early medieval settlement and land use. He continued working on the bounds and kindly sent Heather James a revised map that he had prepared for a conference paper.[15] He also provided much information and advice; sadly he died before his latest work could be published.

Our discussion seeks to build on his work and suggest some new identifications and locations.

toldar, Tollddar SN 63242 16386

Glanville Jones suggested a general location based on its position in the list of bounds.[16] With the assistance of Felicity Sage of Dyfed Archaeological Trust, we can now suggest a more precise location due to the occurrence of the field name *Cae'r Dderwen* ('the oak field') in a 1776 Dynevor Estate Map for Llwyn y Piod Farm, also in the Tithe Schedule,

[12] J. Fisher, 'Meddynfych, Llandebie', *Transactions of the Carmarthenshire Antiquarian Society and Field Club,* 20 (1926–7), 14–15.
[13] Ifor Williams, 'Meddyfnych', *Bulletin of the Board of Celtic Studies*, 7 (1933–5), 369–70.
[14] Glanville R. Jones, 'Post-Roman Wales', in H.P.R. Finberg (ed.), *The Agrarian History of England and Wales,* vol. 1 part 2 (Cambridge, 1972), 281–382.
[15] Heather James, 'Gwaun Henllan – the Oldest Recorded Meadow in Wales?' in Simon Taylor (ed.), *The Uses of Place-Names* (Edinburgh, 1998), 169–79.
[16] *Ibid.* 172.

1841, for field 2479, part of Llwynpiod, as *Cae'r dderwen*, where the field use at that time was arable. In Chad 6 *toldar* is followed by the descriptive phrase *in guoilaut clun* Modern Welsh *yng ngwaelod clun* 'in the lower part of the / a meadow'.[17] Fisher was unable to suggest a location for *toldar* but proposed the interpretation 'boled oak'.

Individual trees, including oaks, occur as boundary features in a number of Anglo-Saxon charters. None, however, occur in the smaller, but more closely comparable, corpus of charter bounds in *Liber Landavensis* 'The Book of Llandaf'. It seems to us that this gloss has been appended for specific reasons: in order to indicate that the oak tree stood alone and in order to demonstrate indigenous familiarity.

Tollddar, with adjectival *twll* (fem. *toll*) 'holed, perforated' and feminine singular noun *dâr* 'oak-tree', can be compared to *Tyllgoed*. Dr William Linnard has argued convincingly that *Tyllgoed* can refer to holed or perforated wood, trees pierced in order to promote honey bees.[18] We must consider that *Tollddar* has a similar significance and meaning to *Tyllgoed* and that the former refers to an oak that hosts a nesting place for wild bees. The form *Twllddar* was selected by Jones on both of his maps and probably reflects local parlance.[19] Beekeeping in natural apertures and in man-made holes was common throughout Europe in the Middle Ages.[20] And in the general area of Myddynfych a modest cluster of examples of *Tyllgoed* names occur in the parish of Llanarthne, cwmwd Is Cennen and *Ffynnon Dyllgoed* is close to Llyn Llech Owain.[21]

Bydaf is the name used in *Cyfreithiau Hywel Dda* ('The Laws of Hywel Dda') for wild bees that nest in a tree. Since bees are peripatetic as well as being an important source of income, there were detailed rules pertaining to their ownership, especially as regards ownership of the tree and the land where the bees made their nest. The theft of honey could be a problem and

---

[17] The prepositional phrase is quoted in GPC under *clun*[2] 'meadow, moor; brake, brushwood'.

[18] William Linnard, 'Tyllgoed', *Bulletin of the Board of Celtic Studies*, 27 (1976–8), 559–60; *idem*, *Welsh Woods and Forests: A History* (Llandysul, 2000), 47–8; *idem*, 'Hunting Honey in the Vale of Neath', *Morgannwg*, 53 (2009), 31–9. See further Ann Parry Owen (ed.), *Gwaith Ieuan Gethin* (Aberystwyth, 2013), poem 2; O.J. Padel, *Cornish Place-Name Elements* (Nottingham, 1985), 219–20; Iwan Wmffre, *The Place-Names of Cardiganshire* (Oxford, 2004), 299, 1031–2, 1041.

[19] James, 'Gwaun Henllan', 172.

[20] Eva Crane, *The World History of Beekeeping and Honey Hunting* (London, 1999); Melville Richards (trans.), *The Laws of Hywel Dda (The Book of Blegywryd)* (Liverpool, 1954), 94 and 63.

[21] R.J. Thomas, *Enwau Afonydd a Nentydd Cymru* (Caerdydd, 1938), 171.

thieves frequently looked for nests in natural holes or apertures in the trunk or main branches of oak trees. On discovering the *bydaf*, the thieves would bore a hole in the tree and plunder the honey and the wax. Trees, shrubs and herbs provide forage for honey bees. Older oaks especially develop large cavities for nesting sites and form a sheltered environment. Oak seems to be particularly attractive to bees. The damage done to the tree would cause the bees to depart and according to Welsh Law the owner could claim redress for his loss.

The section on the value of trees in the Welsh Laws is also highly relevant to our discussion. *Llyfr Blegywryd*, the redaction of the laws traditionally associated with south-west Wales notes:[22]

Derwen, wheugeint a tal. Or tyllir trwydi, trugeint a telir dros hynny. Pob keig arbenhic o'r derwen, dec ar hugeint a tal.[23]

'An oak is six score pence in value. If it be bored through, three score pence are to be paid for that. Every principal branch of the oak is thirty pence in value.'[24]

In the Welsh versions the technical term used for gouging oak is *tyllu* (*tyllir*). *Llyfr Blegywryd* also provides information on the value of wild bees:

Gwenynllestyr, deu swllt. Bydaf yn y coet, deuswllt. Or dygir bydaf letrat, a thorri y pren y bo yndaw, gwerth y pren a gwerth y vydaf a telir i arglwyd y tir. Y neb a gaffo bydaf, os dengys y perchennawc y tir, pedeir keinhawc a'e ginyaw a geiff, neu y cwyr.[25]

'The worth of a bee-hive is two shillings. The worth of a hive in the woods, two shillings. If a hive be stolen, and the tree in which it is be cut, the worth of the tree along with the worth of the hive is to be paid to the lord of the land. Whoever shall find a hive, if he show it to the owner of the land, is to have four pence and his dinner; or the wax.'[26]

With the practice of gouging oak in order to access honey being firmly attested, we must consider that *toldar* (Tollddar) in Chad 6 in Maenor Meddyfnych is a very early reference, ninth- or tenth-century place-name evidence, of bee hunting, of honey hunting in Carmarthenshire.

---

[22] Stephen J. Williams & J. Enoch Powell, *Cyfreithiau Hywel Dda yn ôl Llyfr Blegywryd (Dull Dyfed)* (Caerdydd, 1961), 98 and 55.

[23] *Ibid.* 98.

[24] Richards, *Laws of Hywel Dda*, 94.

[25] Williams & Powell, *Cyfreithiau Hywel Dda*, 55.

[26] Richards, *Laws of Hywel Dda*, 63.

8

Broderick, Brotheroe, Brobin and Critchett: Welsh or English?

PETER McCLURE

In their chapter on 'The Patronymic System' in *Welsh Surnames*, T.J. and Prys Morgan expressed their puzzlement at the absence of provection in *Broderick*, *Brotheroe* and *Brob(b)in*, if they are to be interpreted as variants of *Protheroe* (from *ap Rhydderch*) and *Probin* (from *ap Robin*). They also speculate on the possible survival in modern surnames of patronymics formed from Welsh *merch*, lenited to *ferch* and reduced to *ach* before the father's personal name. *Crichard* or *Critchett* (from *ach Richard*?) is offered as a potential candidate.[1] The questions that they properly raise about these names are of wider interest than the examples themselves, for the answers to them may provide insight into more general patterns of surname development and linguistic identity.[2]

Much of the uncertainty, as they recognised, is that a great deal of the data for post-medieval Welsh surnames comes from English records from the Marches, especially parish registers. Some Welsh-looking names may actually be English in origin, through phonetic or orthographic convergence, and some genuine Welsh names may have been altered by English mispronunciation or miswritten by the parish clerk. Identifying and disambiguating English / Welsh homonyms (or homographs) and patterns of English mispronunciation and misspellings requires access to a great quantity of local surname data, ideally linked to well-researched family histories.

The histories are still in short supply but access to surname data has been greatly expanded in recent years by electronic databases such as The National Archives Discovery website, which includes its own catalogues as well as those of many 'county' archives,[3] and the FamilySearch website, whose Record indexes (hereafter FSR) contain millions of dated

---

[1] T.J. Morgan & Prys Morgan, *Welsh Surnames* (Cardiff, 1985), 10–11, 185, 187.

[2] I am grateful to Oliver Padel for some good advice on the content and wording of this paper. Any remaining infelicities are entirely my own.

[3] <http://discovery.nationalarchives.gov.uk/>.

and (mostly) precisely located name entries from church and civil records from the sixteenth century to the twentieth.[4] In addition we can search online transcriptions of the Census returns from 1841 to 1911 and view images of the original documents.[5] The 1881 transcriptions were used by Archer to create his ground-breaking *British 19th Century Surname Atlas*, where his maps of every surname spelling give us a picture of their geographical distribution and frequency at that point in time.[6] Comparative studies of these sources and many others are also producing a greatly improved understanding of the patterns of short- and long-distance migration that account for the modern distribution of surnames.[7]

We are therefore in a much better position to solve the Morgans' puzzles than was feasible in the pre-internet days of the 1980s, when comparative searches of records were infinitely more laborious and time-consuming and relevant reference works, such as Reaney's and Cottle's surname dictionaries, were far from comprehensive or etymologically trustworthy for many thousands of less common names.[8] These dictionaries have now been superseded by the *Oxford Dictionary of Family Names in Britain and Ireland* (hereafter *ODFNBI*), which has been designed to exploit the vastly greater information offered by electronic texts and databases and to develop a more advanced method of comparative analysis.[9] The increased capacity for linking and matching different name spellings, correlated by place and time, is enabling us to create more relevant hypotheses about surname identities and origins and to test their validity against a much wider range of data.

---

[4] <https://www.familysearch.org/search/>. This is a more discriminating (and growing) version of what used to be known as the International Genealogical Index (IGI), which also contained user-submitted data of sometimes doubtful reliability. The new International Genealogical Index on this website is now dedicated to user submissions.

[5] The Census transcriptions and images are available at <https://www.ancestry.co.uk/> and <https://www.findmypast.co.uk/>.

[6] Steve Archer, *The British 19th Century Surname Atlas*, version 1.20, CD-ROM (Archer Software, 2003–15).

[7] See, for example, George Redmonds *et al.*, *Surnames, DNA, and Family History* (Oxford, 2011), chapter 4.

[8] P.H. Reaney, *A Dictionary of British Surnames* (London, 1958); Basil Cottle, *The Penguin Dictionary of Surnames* (2nd edition; London, 1978).

[9] Patrick Hanks *et al.* (eds), *The Oxford Dictionary of Family Names in Britain and Ireland* (Oxford, 2016). Note that it uses IGI as the abbreviated reference to what I am calling FSR in this paper. The work for the dictionary was undertaken at the University of the West of England and funded by the Arts and Humanities Research Council.

Within the constraints of time and money that accompany a successful bid for a research grant, *ODFNBI* represents a major advance on what we can truly know or conjecture about a very large number of surname origins. It is also a testament to how much more work remains to be done before we get anywhere near a reliable set of explanations for a substantial swathe of British and Irish surnames for which there was insufficient data or research time. Several decades of research and revision lie ahead, but one of the pleasing outcomes of *ODFNBI* was discovering some solutions for the Morgans' anomalous *B-* names. My reason for discussing them here as a group is to make explicit the underlying method that led to the *ODFNBI* derivations and to provide a template for further research. The explanation that I am offering for *Critchett* is new and will appear in a future second edition of *ODFNBI*.

Broderick

Broderick has a strongly Lancashire and Yorkshire distribution in Archer's 1881 surname map, with variable numbers of bearers elsewhere, including 53 in Cheshire, 43 in Glamorgan and one in Shropshire. It has a long history of misinterpretation by dictionary compilers. Bardsley thought it was from the Germanic personal name *Baldric*, which is phonologically implausible.[10] Cottle explained it as 'son (from Welsh *Ap-*) of Roderick', a personal name that he elliptically glossed as 'fame power Germanic'. Titford's revised third edition of Cottle's dictionary re-phrases it as 'Welsh: son of (ab-) Roderick'. Under the surname Roderick, he derives the personal name 'from a Germanic first-name Hrodric ("fame-powerful") brought to England by the Normans as *Rodric*'.[11] However, there is no evidence that the name ever belonged to the Norman name-stock, and had it done so its Old French form would have been *Ror(r)i*, not *Rodric*. Titford offers a second explanation for *Roderick*: 'Anglicized form of Welsh *Rhydderch*', borrowed no doubt from Wilson's revision of Reaney's dictionary, where Broderick (a new entry) is glossed as 'Welsh *ap Rotheric* "son of *Rhydderch*" '.[12] By giving the Welsh name an anglicized spelling *Rotheric* Wilson may have hoped to account for the phonetic shape of *Broderick* but, like Cottle and Titford, he failed to acknowledge (or was unaware) that *ab* before an aspirated *R-* is devoiced

---

[10] Charles Wareing Bardsley, *A Dictionary of English and Welsh Surnames* (London, 1901).

[11] John Titford, *Penguin Dictionary of British Surnames* (London, 2009).

[12] P.H. Reaney & R.M. Wilson, *A Dictionary of English Surnames* (London, 1991).

in Welsh to *ap*, hence the surname *Prothero(e)* alias *Prothero(ugh)*, *Prytherch, Prydderch, Prytherick* and *Prodrick* – but surely not *Broderick*.

If not Welsh, what is it? The Morgans were uncertain, but they pointed readers in the right direction, twice. They had noticed that *Broderick* occurred in the parish registers of Meol Brace, a village next to Shrewsbury.[13] It is not dated by them but the reference may be to Thos. *Broderick*, baptised son of Mary *Broderick*, 1797 in FSR. They compare it with the earlier surname *Braderick* in the St Chad, Shrewsbury, registers; this is indexed in FSR as Andrew and George *Braderick*, baptised twins of George and Elizabeth *Braderick*, 1716. They also draw attention to the alternative spellings *Brederick* and *Bretherick* in both registers, and suggest that the latter 'follows the pattern of *Retherick*' as an anglicized form of Welsh *Rhydderch*.[14]

These variants are important clues to the possible origin of the Shropshire name, for they belong to the Yorkshire surname *Broderick*. This is first recorded in a 1301 subsidy roll in the name of William *Bradrigg* of Reeth in Swaledale (North Riding) and later on as *Bradrick*, *Brodrigg* and *Broderick* in FSR data for seventeenth- and eighteenth-century Muker in Swaledale. It derives from northern Middle English *brad* 'broad' (subsequently altered to *brod, broad* through the influence of Standard English), and *rigg* 'ridge, back', with devoicing of the final consonant to give *-rick*. The name was either locative in origin (perhaps referring to an unidentified place in Swaledale) or it was a nickname. Further FSR evidence indicates that, by the seventeenth century, branches of the Swaledale family had migrated to the West Riding, to Lancashire and to Cheshire, where the name variously occurs as *Bradderick*, *Bretherick, Brotherick* and *Broderick*.[15] A subsequent move from Cheshire into Shropshire is unsurprising.

'We have a suspicion that *Broderick* was of Irish origin', write the Morgans,[16] and their suspicion is borne out, not for the eighteenth-century Shropshire name but for the name in Wales. The 1881 Census returns provide proof, in John *Broderick*, born in Cork, Ireland, resident in Merthyr Tydfil, Glamorgan, and Michael *Broderick*, born in Ireland,

---

[13] Morgan & Morgan, *Welsh Surnames*, 185.

[14] *Ibid*. 10.

[15] See George Redmonds, *A Dictionary of Yorkshire Surnames* (Donington, 2015) under *Broadrick* (which refers to the Morgans' discussion). See also *ODFNBI* under *Broderick*. For the development of post-vocalic /d/ to /ð/ before /ər/ see E.J. Dobson, *English Pronunciation 1500–1700* (2nd edition; Oxford, 1968), ii, §384.

[16] Morgan & Morgan, *Welsh Surnames*, 10.

resident in Llantrisant, Glamorgan. According to MacLysaght it was adopted in Ireland as an alternative to *Broder* and *Browder*, anglicized forms of the Cork surname *Ó Bruadair*, which is thought to derive from Irish use of the Old Norse personal name *Bróðir*.[17] FSR and Census data show that Irish migrants, notably from Cork, brought the name to Devon and the Bristol area in the late eighteenth and nineteenth centuries, when it also became an additional source of *Broderick* in Lancashire and the only source of the name in South Wales.

Brotheroe

The Morgans wonder if *Brotheroe* might be another aberrant form of *Protheroe*, noting also 'the deliberate change to *Brotherwood* in one Shropshire parish' [Wrockwardine].[18] FSR lists in Wrockwardine Ann *Brotheroe*, 1756, William *Brotherwood* alias *Brotherhood*, 1793, and Elizabeth *Brothwood*, 1829. The phonetic similarity is seductive, but the lessons of *Broderick* are a sharp reminder not to be led up this garden path. In fact Wrockwardine's *Brotheroe* is later in date than other spellings such as *Brotherhow*, *Brotherhood*, *Brotherwood* and *Brothwood*, recorded in other Shropshire registers (the earliest is *Brothwood*, 1674, in Lilleshall), and I have found no evidence of *Prothero(e)* in any of them. The value of FSR indexing becomes clearer still when it reveals the geographical distribution of the same variants from the sixteenth century onwards in counties further east and south (Leicestershire, Nottinghamshire, Bedfordshire, Norfolk and Kent) as well as the spellings *Brothered* and *Brotherhead* (the latter dated 1559 in Kegworth, Leicestershire). It seems to be a matter of chance which variant eventually dominated in which county. Archer's 1881 maps highlight *Brotherhood* in Leicestershire (112 bearers), *Brotherwood* in Kent (74), *Brothwood* in Shropshire (71) and *Brotheroe* in Staffordshire (2). Could the latter two be variants of the Leicestershire name by migration?

In *ODFNBI* I suggested a derivation from Middle English *brother-(h)ede*, *brother(h)ode* 'brotherhood, fraternity', later reduced to *Brotheroe* or re-formed as *Broth(er)wood* on the analogy of surnames in which -*wood* is reduced to -*ood*. If this is correct the surname may have been elliptical for *of the Brother(h)ede* (~ *Brotherod*), denoting a member or official of a guild or some other confraternity.[19] However, this may not

---

[17] Edward MacLysaght, *The Surnames of Ireland* (6th edition; Dublin, 1985). See also *ODFNBI* under *Brouder* and *Broderick*.

[18] Morgan & Morgan, *Welsh Surnames*, 10, 185.

[19] *ODFNBI* under *Brotherhood*.

be the right explanation. I have hunted in vain for medieval evidence of the surname in the proposed form. Its absence leaves open the possibility that it has other origins (perhaps from an unidentified place-name) and that *Brotherhood* is the result of folk etymology.

Brobin

Brobin is an uncommon surname, located in Archer's 1881 surname map in Gloucestershire (12 bearers), Glamorgan (5) and Lancashire (10). Spelled *Brobbin* it is concentrated in Lancashire (46 bearers). Reaney (1958) under Brobyn cross-refers it to *Probin* without comment. Cottle under *Broben, Brobin, Brobyn* explains it as 'son' (from Welsh *Ap-*) 'of Robin', and Titford as 'Welsh: son of *(ab-) Robin*'. The Morgans note *Brobin* and *Broben* in the seventeenth-century parish registers of Wem in Shropshire, but point out that *ab* before Welsh aspirated *R-* would not give *Brobin* but *Probin*.[20]

The name in Wem is probably that of a migrant family, either from Gloucestershire or from Lancashire. In both counties *Brob(b)in* is an attested variant of *Brabin* or *Braban*, from Middle English *Braban* 'native of Brabant'. In the 1881 Census for Cardiff, for example, the heads of household named *Brobin* are said to have been born in Gloucestershire, and in the FSR indexes for that county we can see the name changing from -*a*-spellings to -*o*-spellings in the registers of Westbury on Severn (Gloucestershire): Robt *Brabant*, John *Braban*, 1563, Samuel *Braben*, 1589, Elizabeth *Braband*, 1608, Mary *Broben*, 1663, Ester *Braben*, 1778, Joanah *Broban*, 1780, Martha *Brobyn*, 1819, and Henry *Brobben*, 1841.

Migrants into early modern Shropshire are commonly from Cheshire and Lancashire. From the registers of Bolton le Moors (Lancashire) FSR lists Anne *Brobine*, 1617, William *Brabin*, 1629, Joseph *Brobin*, 1753, Geo. *Brabbin*, 1787, and Jane *Brobbin*, 1870. Close to Bolton are Atherton and Wigan, where the Poll Tax returns record men named *le Brabayn* (1379) and *le Braban* (1381) respectively.[21] In the 1881 Census for Lancashire *Brabin* has 70 bearers and *Brobbin* 46. The phonetic change is interesting, because the early Modern English development of *a* > *o* is rare. It is assimilatory, caused by a preceding /r/, which has encouraged lip-protrusion and rounding of the vowel, especially in the context of labial

---

[20] Morgan & Morgan, *Welsh Surnames*, 10–11.
[21] Carolyn C. Fenwick (ed.), *The Poll Taxes of 1377, 1379 and 1381* (Oxford, 1998–2005), i, 458, 473.

consonants.[22] Exactly the same change occurs in *Brobson* as variant of *Brabazon*, which is synonymous with *Braban*.[23]

Critchett

The Morgans write:

> Theoretically, *ach-Richard* could become *Chrichard*: this could be expected to have the sound of *Crichard*; the name *Richard* is pronounced *Richet* or *Ritchet*, hence *Pritchet*, *Pritchette*; in the colloquial speech of South Wales, the hypothetical *Chrichard* or *Crichard* would be *Crichet*, and this, spelt *Critchett* actually exists; there are three examples in the Cardiff and S.E. Wales T[elephone] D[irectory]. There is also *Crichard* in the Bristol TD with an address in Bath; this could, conceivably, be from *Mac-richard*; but the *Critchett* version is strongly in favour of a Welsh origin for *Crichard* also.[24]

Now that we have easy access to the Census returns, the presence of *Critchett* in twentieth-century Cardiff and Bath can be reliably attributed to migration from Devon, where the surname has a long history. Indeed, *Critchard* is almost solely a Devon name in Archer's 1881 map (32 bearers there, 8 in Somerset), while *Critchett* belongs to Devon (10 bearers), Somerset (15) and Glamorgan (8). The story is epitomised in the life of James Critchett, who, according to the 1851 Census, was born in Churchstanton, Devon, and worked as a carpenter in Bridgwater, Somerset. By the 1861 Census he had moved to Cardiff with his wife and children, including several sons who carried on his trade and brought up their own families there.

The history of the name is partly revealed in FSR, where *Critchett* alias *Critchard* correlate not with *Cricket* (from the Somerset place-name) as one might have thought, nor Irish *MacRichard* (a rare variant of *McCrickard*),[25] but with *Crutchard*, as in the parishes of Woodbury (Joanne *Crichet*, 1622, Henry *Crutchard*, 1663, Thos *Crichard*, 1688, John *Critchard*, 1777), and Axmouth (John *Crutchard*, 1758, Betty *Critchard*, 1761). In seventeenth-century Devon registers *Crutchard* correlates with *Crochard*, as illustrated by Richard *Crutcherd* (1601) and Ambrose *Crochard* (1617) of Ottery St Mary. They are presumably

---

[22] Dobson, *English Pronunciation*, ii, 540 and §200.

[23] *ODFNBI* under *Brabazon* and *Brobson*.

[24] Morgan & Morgan, *Welsh Surnames*, 11.

[25] *ODFNBI* under *McCrickard*. The surname has not been noted on the British mainland before the mid-nineteenth century.

descendants of Henry *Crochard*, who was taxed there in 1524, and he was probably related to Richard *Crocherd* in the next village (Rockbeare) and to Hugh *Crutchett* in Crediton about eleven miles further on, both similarly taxed in 1524.[26] In one spelling or another the surname has been intensely local for five hundred years. Ottery St Mary is ten miles from Axmouth, seven from Woodbury and three from Talaton and Whimple, where Walter and Hugh *Crochard* were taxed respectively in 1332.[27] The presence of a John *Critchet* in Talaton in 1715 (FSR) seems more than coincidental.

The earliest known bearer of this name is Pagan *Crochard*, who had a house in Totnes in about 1200.[28] Like his forename, his surname is Old French, a derivative of either *crochu* 'bent, hooked, misshapen' or possibly *croche* 'crook, hook, crutch', with the pejorative suffix *-ard*. He or a forebear may have been physically bent or crooked, or perhaps wore a hook in lieu of a lost hand or used a crutch. Although Totnes is more than 30 miles from Talaton and Whimple, Pagan may be the progenitor of all the later Crochard, Cruchard and Critchett families. Variation between *Crochard* and *Cruchard* in the early sixteenth century is paralleled by the alternation of *crotch* and *crutch* in early Modern English.[29] The subsequent unrounding of the vowel, from *Cruchard* to *Cri(t)chard* and *Cri(t)chet(t)*, is characteristic of south-western dialects.[30]

I hope that Gwynedd, whose friendship, wit and wisdom I have cherished at names conferences, will be happy for *Broderick*, *Brotheroe*, *Brobin* and *Critchett* in Wales and the Welsh borders to be not Welsh but the products of English (not to mention Anglo-Irish) linguistic variability and family migration. Over time many surnames have lost their original intelligibility and have assumed shapes that are reminiscent of other names in their new environments. Their modern appearances may mislead us, but as comparative historical data becomes increasingly accessible, so the opportunities for disambiguating surnames that otherwise deceive us become ever greater.

---

[26] T.L. Stoate (ed.), *Devon Lay Subsidy Rolls 1524–1527* <https://www.westcountry books.com/devon1.htm> (2004).

[27] Audrey M. Erskine (ed.), *The Devon Lay Subsidy of 1332* (Torquay, 1969), 42, 90.

[28] Devon Archives and Local Studies Service (South West Heritage Trust), 312M/TY/38.

[29] OED under *crotch, n.* and *crutch, n.*

[30] See Dobson, *English Pronunciation*, ii, §96.

9

Mater yr enwau budron 'ma: Pool Bidder a'r teulu Bidder

PRYS MORGAN

Daeth yr hanesydd o Sais, Edward Freeman (1823–92), i Gaerdydd yn 1849 i ddarlithio ar bensaernïaeth ganoloesol Bro Gŵyr, gan gyhoeddi ei sylwadau yn *Archaeologia Cambrensis* ac mewn gwahanlith yn 1850.[1] Roedd yn darlithio yng nghanol helbul 'Brad y Llyfrau Gleision' ac yn cyfaddef mai gyda chryn betruster y byddai Sais yn mentro siarad am Gymru, ond y tro yma doedd dim eisiau ofni gan ei fod yn siarad am ardal 'which, in its most important respects, if not distinctively English, is at least decidedly Teutonic.'[2] Ymhellach dywed, 'Gower ... presents the phenomenon of a complete occupation of an inhabited country by invaders of another blood, at a comparatively late period of history. It is no mere political or even territorial conquest; it is a complete substitution of one set of inhabitants for another'. 'We can hardly fail to conclude that the mass of the old inhabitants were either exterminated or expelled.'[3] Tua diwedd ei ddarlith mae Freeman fel petai'n newid ei feddwl ychydig ac yn ystyried ei bod yn bosibl darganfod trwy durio'n ddwfn bod cryn olion o'r hen boblogaeth wedi goroesi mewn ardaloedd trwy Brydain, gan gydnabod bod yna raddau mawrion o wahaniaeth rhwng Celtigrwydd pur Ceredigion a Thiwtoniaeth bur Norfolk.[4]

Deuthum i fyw mewn ffermdy ar arfordir deheuol Bro Gŵyr drigain mlynedd yn ôl, i ganol meysydd fel Withybed, Silken Mead, Skergrove, Broadmead, Longacre ac yn y blaen. Roedd rhan o'r fferm wedi bod ym meddiant Isaac Hamon (m. 1707) a fu'n gohebu gydag Edward Lhuyd yn y 1690au, gan ddisgrifio holl ddeheudir y fro fel un lle roedd pawb wedi

---

[1] Daw'r dyfyniadau o'r wahanlith: *Notes on the Architectural Antiquities of the District of Gower, in Glamorganshire* (London, 1850).

[2] *Ibid.* 5.

[3] *Ibid.* 31.

[4] *Ibid.* 33–5.

bod ers canrifoedd yn siarad 'The Old English'.[5] Gallem weld o'r ardd
draw i blwyf cyfagos Pennard ac at benrhyn Pwlldu, ond pan ddigwyddais
ynganu'r enw yn y ffordd Gymraeg, chwerthin am fy mhen oedd y
gweision fferm, gan ddweud 'No, no, it's always been called Pooldye:
when we hear the sea starting to roar, we shout "When Old Pooldye begins
to cry" and flee from the storm in the offing.' Wrth fynd am dro i Fae
Caswell byddem yn pasio tŷ o'r enw Ffynon Canthed [*sic*], a'r perchennog
yn esbonio fod yr enw wedi ei awgrymu gan y gwyddonydd a'r
hynafiaethydd Clarence Seyler, a bod hwnnw wedi ei godi o siartr yn nodi
ffiniau cynnar plwyf Llandeilo Ferwallt. Roedd gan fy nhad gopi o destun
J. Gwenogvryn Evans o *Liber Landavensis*, felly dyma ni'n edrych ar y
disgrifiad o'r ffiniau (mewn Cymraeg cynnar) gan weld eu bod yn hynod
o debyg i ffiniau plwyf Llandeilo Ferwallt hyd heddiw,[6] a'r ffin orllewinol
gyda phlwyf Pennard yn igam-ogamu trwy glogwyni serth ceunant o'r
enw 'Bishopston Valley', yn ymestyn o hen gnewyllyn y pentref, o
gwmpas eglwys Sant Teilo, hyd at y môr ym mae Pwlldu. Soniai'r siartr
cynnar am *pyllou* ac felly yr oedd yna nifer o byllau, o leiaf rywbeth
heblaw'r Pwlldu. Holais hwn a hwn beth oedd enw'r nant, gan obeithio
cael hen enw Cymraeg, a'r cyfan a gefais oedd pedwar enw: *Critton,
Cretton, Gritton, Gretton*. Mwy gobeithiol oedd enw'r tŷ rhwng yr hen
eglwys a'r nant, sef *Goverslake*, a *lake* yn enw tafodiaith y fro am 'nant',
a *Gover* o bosibl yn cyfeirio at y ffordd y mae'r nant, wedi bod yn hesb
mewn tywydd sych, yn sydyn yn goferu allan o byllau yn y tir calchog.
Roedd gair y ffermwyr am y pyllau rhyfedd yn y calch yn swnio'n eithaf
Cymreigaidd, rhywbeth fel *gyddl* (o'i sillafu fel Cymraeg), ond bernais
mai ymgais at *guzzle hole* oedd hyn. Yr unig enwau yn y cwm a oedd yn
awgrymu pyllau oedd *Daw Pit* a *Roger's Well*. Roeddwn i wedi cyrraedd
y wal sy'n atal yr ymchwilydd mor aml, a rhoddais y ffidil yn y to am rai
blynyddoedd.

Ymhen amser deuthum i gydweithio ar lyfr ar hanes yr ardal gyda
hanesydd lleol, Mr Rod Cooper.[7] Mae Mr Cooper wedi gweithio ers
blynyddoedd ar yr holl enwau caeau ar fapiau degwm Bro Gŵyr, gan

[5] F.V. Emery, 'Edward Lhuyd and some of his correspondents: a View of Gower in the
1690s', *Trafodion Anrhydeddus Gymdeithas y Cymmrodorion*, 1965, 59–114, yn enwedig
80, y map yn dangos y fro Saesneg.

[6] J. Gwenogvryn Evans, *The Book of Llandâv* (Oxford, 1893), 145, *Lann Merguall*; am
ymdriniaeth gyfoes, gweler Patrick Sims-Williams, *The Book of Llandaf as a Historical
Source* (Woodbridge, 2019).

[7] Rod Cooper & Prys Morgan (eds), *A Gower Gentleman: The Diary of Charles Morgan
of Cae Forgan, Llanrhidian 1834–1857* (Swansea, 2021).

gynnwys plwyf Llandeilo Ferwallt, a'r plwyf nesaf i'r gorllewin, sef Pennard. Roedd hyn hefyd yn golygu cymharu'r mapiau a'r sgediwlau gyda llyfrau yn cynnwys enwau'r ardal.[8] Mae llethrau gorllewinol Bishopston Valley ym mhlwyf (a maenor) Pennard. Maenor ym meddiant arglwydd Gŵyr oedd Pennard pan oedd yn un o arglwyddi'r Mers. Roedd rhan ogleddol y faenor o gwmpas Fairwood Common yn rhan o faenor Gower Anglicana. Roedd tair maenor yn gyfrannol (knight's fees) i'r faenor fawr, sef Trewyddfa (o gwmpas Treforys fodern), a Lunnon (o gwmpas Llanilltud neu Ilston), a Kittle o gwmpas pentref bychan Kittle, sydd ar ben y bryn yn edrych i lawr ar hen eglwys Teilo ym mhentref Llandeilo Ferwallt.[9] Maenor fechan oedd Kittle, tua dwy filltir o'r gogledd i'r de a thua dwy filltir ar draws rhwng gorllewin a dwyrain. Roedd yr hanner gogleddol yn ymestyn mwy neu lai o bentref Parkmill dros feysydd ffrwythlon fferm plas Kilvrough a fferm Langrove nes cyrraedd coedwig-oedd Moorlakes ar ymyl Fairwood Common.[10] Roedd yr hanner deheuol yn cynnwys meysydd eang plas Kittle Hill, a phentref bychan Kittle, ac yna ffermydd hanesyddol Great Kittle a Widegate – *Widjet* i bobol yr ardal. Daw ffin y faenor i lawr at Bishopston Valley, lle mae hen heol yn disgyn at y nant o gyfeiriad fferm Heal (neu Hael) at goedwig Lockway Wood. Ffin ddwyreiniol Kittle yw'r nant yn hesb ac yn wlyb, i fyny eto i Fairwood Common. Yn rhyfedd, o Widegate at y môr, mae gwaelod cwm Bishopston Valley, lle mae'r nant yn chwyddo i fod yn afon lydan, yn ffurfio ffin maenor Pennard, gan gyffinio â phen pellaf plwyf Llandeilo Ferwallt i'r dwyrain, a'r cyfan yn gorffen ar draeth bae Pwllddu. Mae mwyafrif enwau caeau Pennard yn nodweddiadol o'r hen Saesneg, megis *Dobbins Plud*, ond sylwodd Mr Cooper ar un peth rhyfedd ar y mapiau degwm, sef bod o leiaf dri enw ar ffin ddwyreiniol Kittle yn edrych fel Cymraeg, sef *Poolybloggy, Pool Bidder* a *Penypool* neu *Penypwll*.

Nid oes sôn amdanynt ar y mapiau modern, ond roedd dau gae *Pwllybloggy* (*Pwlthybloggy* hefyd) ar ben y graig dri neu bedwar canllath i'r dwyrain o Widegate, yn edrych i lawr y dibyn serth at y nant, yn wynebu fferm hynafol Backingstone (Llandeilo Ferwallt). Tybed a oes

---

[8] Michael J. Edmunds & Joanna Martin (eds), *The Pennard Manor Court Book, 1673– 1701* (Cardiff, 2000); Bernard Morris (ed.), *Gabriel Powell's Survey of the Lordship of Gower, 1764* (Swansea, 2000); Charles Baker & G.G. Francis (eds), *Surveys of Gower and Kilvey* (London, 1870).

[9] Richard Morgan, *The Place-Names of Glamorgan* (Cardiff, 2018), 110–11 am *Kilvrough* a *Kittle*, 167 am *Pennard*, a 185 am *Pwllddu Head*. Rwyf yn hynod ddiolchgar i Mr Morgan am ei gymorth wrth ysgrifennu hyn o lith.

[10] *Ibid.* 110, *Kilvroch in Goer* 1302. Awgrym Richard Morgan yw y gallai hyn ddod o enw Cymraeg yn golygu 'cilfach y broch neu'r mochyn daear'.

atgof o'r *Bloggy* yn enw *Lockway* Wood sydd gerllaw? Safai *Pool Bidder* ychydig i'r gogledd yn agos i fferm Great Kittle, ac roedd *Penypwll* yn agos i filltir i'r gogledd, ychydig i'r gogledd o Kittle Hill, eto ar ben y dibyn serth yn edrych dros y gwahanol nentydd yn cydlifo i ffurfio Bishopston Brook. Mae safle'r tyddyn yn agos at y ffordd sy'n cysylltu Kittle gyda Fairwood Common, a choeden afalau odidog o ffrwythlon o hyd yn sefyll yno. Ar fap Ordnans 1904 (un fodfedd i'r filltir) gelwir y caeau a'r goedwig ar y dibyn yn edrych i lawr ar y nant yn llifo i mewn i fae Pwlldu yn *The Pit*, ond *Pwlldu Wood* sydd ar fapiau diweddar. Ymddengys *Pwlldu* yn y ffurf *Pulldy* mor gynnar â 1650;[11] ceir *Pwllyblogy* yn 1623[12] ac yna yn 1650 a'r archwiliadau eraill fel rheol fel dau hanner i'r un eiddo. Yn 1764 fe welir *Penypwll* a'r ddau *Pwll y Bloggy*.[13] Yn llys y faenor ar ddiwedd yr ail ganrif ar bymtheg ceir *Pwlthybloggs*, efallai oherwydd camddarllen *y* fel yr hen *s* hir, neu oherwydd ymgais i droi'r enw'n lluosog.[14] Anodd gwybod beth yn union yw ystyr *bloggy*, os nad llygriad ydyw o 'bleiddgi'.

Mae ystyr *Poolbidder* yn edrych yn eglur ar yr wyneb, sef 'pwll budr', pwll lle mae'r dyfroedd yn frwnt neu'n aflan, ac roedd yna *Pull Bidder* ger yr Ystog yn nwyrain sir Drefaldwyn.[15] Dywed *Geiriadur Prifysgol Cymru* wrthym fod gair tebyg yn yr Wyddeleg, *búadrim*, yn golygu 'aflonyddaf, cynhyrfaf', a fyddai'n gweddu i'r dim i bwll o ddyfroedd yn goferu allan ar dywydd gwlyb.[16] Dyry Salesbury yn 1547 yr ystyron 'foule, fylthy', a John Walters o Landochau yn ei eiriadur yn 1778, 'obscene'.[17] Eithr nid dyna'r ystyron arferol (o leiaf yn y cyfnodau diweddar) yn y Deheudir, lle mae ystyron *budur* wedi troi ychydig i ddisgrifio cyflwr o ddryswch neu syndod yn y meddwl. Dyna ogleddwr yn dweud yn *Seren Gomer* yn 1814 ei fod wedi clywed yn y Dehau fod merch ryfeddol o brydweddol yn 'ferch lân fudur'.[18] Mae llawer ohonom yn gyfarwydd â darn J.J. Williams 'Bachan budur yw Dai, tawn i fyth o'r

---

[11] Baker & Francis, *Surveys of Gower and Kilvey*, gweler 'Manor of Pennard', 305–34.

[12] Rwyf yn ddiolchgar i Richard Morgan am y cyfeiriad cynnar hwn.

[13] Morris, *Gabriel Powell's Survey*, 153; ceir *Penypwll* a'r ddau *Pwllybloggy*. Yn ogystal ceir cyfeiriadau at *Rytherchs*, ac *Ynisland*, enwau sydd wedi mynd ar goll.

[14] Edmunds & Martin, *Pennard Manor Court, 1673–1701*, 40.

[15] Dywed Richard Morgan wrthyf fod yr enw mewn dogfen o 1668 yng nghasgliad LlGC, Glansevern.

[16] GPC dan *budr*.

[17] *Ibid.*

[18] *Ibid.*; *Seren Gomer*, 1, rhifyn 19, 4; ceir yr ystyr 'hynod' yn 1791. Hefyd GPC dan *atal*[1], dan yr ystyr 'atal dweud', ceir esiampl gyfoes o Nantgarw lle sonir am rywun ag 'atal budur arno' yn fwy na thebyg yn golygu atal dweud 'anghyffredin neu hynod'.

fan', sydd yn cyfleu ystyr fwyaf cyffredin y gair yn y Dehau, sef 'yn peri syndod' neu 'sydd ag ochr annisgwyl i'w gymeriad'. Mae Dr Guto Rhys wedi tynnu ein sylw'n ddiweddar at amrywiaeth ystyron *budr* yn nhafodieithoedd y Gogledd a'r Dehau. Hyd yn oed yn y Gogledd mae ymadroddion megis *budur-nabod* sydd yn golygu rhywbeth hanner-a-hanner neu sy'n anodd ei ddiffinio'n gyfewin.[19] Mae *Pool Bidder* fodd bynnag yn agos iawn at *Kittle*, ac os mai 'Kite Hill' sef 'bryn y barcud' yw ystyr *Kittle*, onid oes rhaid cadw esboniad arall dan ystyriaeth, sef mai'r hen air Cymraeg *buddair*, sef 'boda neu boncath' sydd gennym yn *Pool Bidder*?[20] Os gall y barcud nythu ar y graig, gall boda neu foncath nythu uwchlaw'r pwll gerllaw.

Wedi gweld y pedwar *pwll* yn ymestyn o *Bwlldu* i fyny ar hyd y ffin blwyfol hyd at *Ben-y-pwll*, gofynnais i Mr Cooper edrych trwy ei nodiadau am arwyddion eraill o enwau ar y mapiau degwm a allasai fod yn Gymraeg. Heb fod nepell o fferm plas Kilvrough cafwyd *Pool Smith*, ac uwchlaw'r gilfach goediog sy'n arwain y ffordd fawr o blas Kilvrough at Parkmill ceir dau gae o'r enw *Caer Garrig*. Yn agos at y ddau gae hyn ceir cwm bychan sy'n ffurfio ffin y 'fee of Kittle' sef *Killiwhilly* neu *Killywilly*, ond anodd gwybod ai Cymraeg ai Saesneg ydyw. Ai Gwili oedd enw'r nant tybed?

Anodd gwybod beth a ddigwyddodd i gaeau diflanedig *Ynisland*, os nad ydynt wedi eu trawsnewid yn *Cannisland* (tybed ai o 'Cae Ynisland'?), enw nad ydym wedi llwyddo i ddod o hyd iddo yn yr hen ddogfennau. Mae *Rhytherchs* wedi mynd ar goll yn llwyr. Roedd yn hawdd i enw Cymraeg fynd i ddifancoll os oedd dau enw i'r un lle: yn archwiliad Gabriel Powell yn 1764 ceir 'Small piece of land called the Orchard, and another small piece of moist ground adjoining called The Paddock alias The Werne.'[21] A oedd hyn yn arwydd bod rhai preswylwyr yn defnyddio'r enw Saesneg ac eraill yn defnyddio'r un Cymraeg? O ran y pyllau yng ngheunant Bishopston Valley gellir tybio bod yr arfer hynafol o gerdded ar hyd ffiniau plwyfi efallai wedi cadw'r cof amdanynt yn fyw am ganrifoedd yn nannedd yr holl Seisnigo.

Daeth agwedd annisgwyl i'r golwg pan euthum un tro i ddarlithio yng Nghaerdydd. Ar ddiwedd y ddarlith daeth Ei Anrhydedd y Barnwr Neil Bidder a'i wraig ataf i ofyn imi beth oedd ystyr eu cyfenw, gan fy mod yn byw yn Llandeilo Ferwallt, a chan fod crugyn go dda o deuluoedd yn dwyn

---

[19] Guto Rhys, *AmrywIAITH: Blas ar Dafodieithoedd Cymru* (Llanrwst, 2020), 29.

[20] GPC dan *buddair*. Yn Thomas Richards, *Antiquae Linguae Britannicae Thesaurus* (Bristol, 1753), disgrifir *buddai* fel 'a bird called a bittour or bittern'.

[21] Morris, *Gabriel Powell's Survey*, 142.

yr enw Bidder o gwmpas Abertawe, nifer ohonynt yn honni eu bod yn ddisgynyddion i deulu hynafol Bidder o fferm Highway, Pennard. Saif Highway tua milltir i'r gorllewin o *Pwllybloggy* a *Pool Bidder*. Ysgrifennais atynt i esbonio mai'n betrus iawn y dywedwyd yn *Welsh Surnames* mai cyfenw Saesneg ydoedd yn codi o arfer trefnu *bidding weddings* gynt ym Mro Gŵyr gan y trefnydd, y *bidder*,[22] ac awgrymais mai gwell fyddai edrych ar astudiaeth fwy diweddar John a Sheila Rowlands, lle ceir *Ieuan ap Budur* ym Meirionnydd yn 1292, *Ieuan Biddir* yng Nghaerfyrddin yn 1507, teuluoedd *Buddyr* neu *Byddir* yn sir Benfro a Cheredigion yn y ddeunawfed ganrif, a *Byther* hyd yn oed ym mhriodasau sir Ddinbych rhwng 1813 ac 1837.[23] Eu cynnig oedd mai ei darddiad efallai oedd *budr* neu *byddar*.

Gwelais fod llawer iawn o gyfeiriadau at y teulu *Bidder of Highway* yn llyfr achau G.T. Clark, y teulu'n codi rywbryd yn ystod y bymthegfed ganrif ac yn priodi teuluoedd cefnog fel Lucas o ardal Reynoldston erbyn oes Elisabeth I.[24] Roedd nifer ohonynt wedi croesi nant Bishopston Brook a ffermio ar draws plwyf Llandeilo Ferwallt. Ceir peth o'u hanes yn llawysgrif achau LlGC, Castell Gorfod 8, a gopïwyd rywbryd wedi 1707 gan Gabriel Powell o lyfr achau 'I.H.', sef eu cymydog Isaac Hamon, lle dywed (f. 145) mai ffurf wreiddiol yr enw oedd *Bydyr or Bydeer*, sydd yn awgrym go gryf mai gair Cymraeg sydd gennym yma. Roedd Hamon wedi dysgu digon o Gymraeg i ddarllen llyfrau achau a deall enwau lleoedd. Sonnir am lawer o diroedd y teulu yn yr archwiliad a wnaed i Oliver Cromwell yn 1650, sy'n nodi John Bidder yn *Wydyett*, Robert Bydder yn *Highway*, a George Bydder yn *Southcott* (Southgate heddiw), a George Bydder yn un rhan o *Pwll y Bloggy* a Robert Bydder yn ail ran *Pwll y Bloggy* – yr hanner hwn, o bosibl, oedd *Pool Bidder*.[25] Yn ddiweddarach yn y ganrif roedd yr enw *Evan Bidder* yn awgrym o ryw gysylltiad gyda'r Gymraeg.[26] Nid yw'r achyddion, hyd y gwelaf, yn dweud pwy oedd y cyndad *Bydyr* cyntaf, ac anodd penderfynu beth oedd ystyr wreiddiol y cyfenw. Gallasai fod yn llysenw am wallt dryslyd neu sybachlyd – 'wedi siwblachad' fyddai gair Morgannwg – neu o wallt cymysgliw neu'n frith o goch a du neu lwyd a melyn, neu fe allai fod yn llysenw yn golygu

---

[22] T.J. Morgan & Prys Morgan, *Welsh Surnames* (Cardiff, 1985), 52.

[23] John & Sheila Rowlands, *Surnames of Wales* (Llandysul, 2013), 111. Ceir *Ieuan 'Biddir'* (swyddog yng Nghaerfyrddin yn 1507/8) yn Ralph A. Griffiths, *The Principality of Wales in the Later Middle Ages* (Cardiff, 1972), 344.

[24] G.T. Clark, *Limbus Patrum Morganiae* (London, 1886), 481.

[25] Baker & Francis, *Gower and Kilvey*, 305–34, yn arbennig 324–5.

[26] Edmunds & Martin, *Pennard Manor Court Book*, 64.

'cynhyrfus, aflonydd'. Gallasai godi o'r ffaith fod y teulu'n byw o gwmpas *Pool Bidder* – o leiaf yr oeddynt yn niferus iawn yno erbyn yr ail ganrif ar bymtheg. Os oedd y pwll wedi'i enwi pan oedd cymuned o Gymry wedi goroesi concwest y Normaniaid yn Kittle, gellir awgrymu bod y pwll wedi ei enwi ar ôl y teulu *Bidder*. Ar y llaw arall fe allai'r gwrthwyneb fod wedi digwydd, a'r teulu'n dwyn eu henw oddi wrth enw'r pwll, am eu bod mor niferus o'i gwmpas. Roedd cyfenwau yn codi o enwau lleoedd yn gyffredin ym Mro Gŵyr, a dyry D.E. Williams yn ei astudiaeth o gyfenwau Morgannwg nifer o gyfenwau'n tarddu oddi yno, fel *Fairwode, Landimore, Swansea* (neu *Swansey*), *Scurlage, Penhard* (Pennard), *Penrice* a *Penrees, Horton*, a *Lougher*, ac yn wir y mae *Gower* yn gyfenw hyd y dydd heddiw yn yr ardal.[27]

Mae'r enwau a gasglwyd uchod yn awgrymu, neu yn budr-awgrymu efallai, fod yna gymuned Gymraeg o ryw fath wedi goroesi'r goncwest Normanaidd tua 1100 ym maenor Pennard a ffi Kittle. Fel arall fe fydd yn rhaid inni dybio bod y Normaniaid wedi cyrraedd, ac wrth ddifa'r Cymry, wedi gofyn iddynt gyntaf beth oedd yr enwau Cymraeg, ac yna yn eu lladd neu eu herlid i'r bryniau. Dyna oedd barn E.A. Freeman ar ddechrau ei ddarlith ar bensaernïaeth y fro, 'exterminated or expelled'. Eithr mae'r enwau fel *Pool Bidder* a'r teulu *Bidder* yn profi nad felly yr oedd, a dyna oedd Freeman ei hun wedi budr-gasglu ac yn budr-awgrymu erbyn diwedd ei ddarlith.[28]

---

[27] D. Elwyn Williams, 'A Short Enquiry into the Surnames in Glamorgan from the Thirteenth to the Eighteenth Centuries', *Trafodion Anrhydeddus Gymdeithas y Cymmrodorion am 1961*, ii, 1962, 45–87, yn arbennig 61–7 ar gyfenwau o enwau lleoedd. Mae awdur hyn o lith yn ddisgynnydd i deulu Lougher, felly nid Saeson oedd biau'r enwau hyn i gyd.

[28] Rwy'n ddyledus i'm cymydog, Mr G.M. Jones sy'n enedigol o'r pentref, am lawer o help.

10

Druidstone and Gwâl y Filiast

RICHARD MORGAN

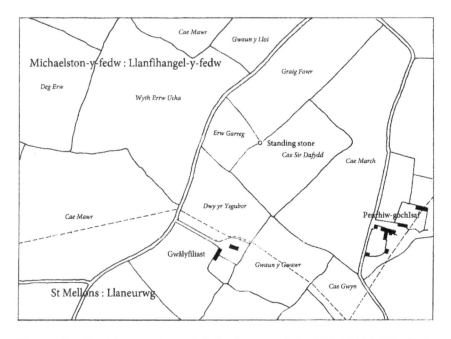

The road to Druidstone House, Michaelston-y-fedw (ST 24110 83359), is now little more than a lane, though it was once one of the main roads running from Cardiff to Newport. The house itself is modern, constructed in 1893–4 by Herbert Beynon Cory of St Mellons, a member of a local industrialist family whose name is recalled in Coryton, a suburb of Cardiff. Cory probably chose the site because it possessed views over the Severn estuary and because there was space for his projected stables and stud farm.[1] He occupied the house however for just ten years or so and it was advertised for sale in 1904,[2] passing to Henry Radcliffe (1857–1921), a co-founder of Evan Thomas, Radcliffe, & Company, shipowners.

---

[1] *The Evening Express*, 20 September 1898, 3; 2 February 1899, 3; 9 September 1899, 9; 30 April 1900, 3; 11 August 1900, 2; Census returns 1901.

[2] *The County Observer and Monmouthshire Merlin*, 16 July 1904, 5.

Druidstone is roughly midway between the Roman fort at Cardiff and the legionary fortress at Caerleon, and it is little surprise that the road connecting them has long been supposed to run near the house.[3] This has been confirmed by aerial photography showing one stretch of the road north-west of the house in fields recorded as *Wyth Errw Ucha* and *Cae Mawr* in the tithe apportionment of Michaelston-y-fedw in 1845. Both Roman and modern roads follow the ridge of a low hill linking Basaleg and St Mellons and are likely to be successors to an even older prehistoric ridgeway. The house, once easily visible from the road, is now half-hidden behind trees, shrubbery, and former ancillary buildings.[4] At the southern gateway to the house, the road turns a little to the west to follow the hill summit. To the right of the road, a little below the highest point of the hill, is a prehistoric upright stone (ST 24206 83428) shown on the OS plan (1:2,500) in 1882/3.

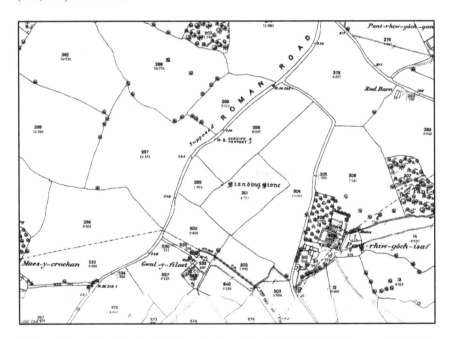

[3] Barry C. Burnham & Jeffrey L. Davies (eds), *Roman Frontiers in Wales and the Marches* (Aberystwyth, 2010), RR60b, 316–17.

[4] For a description see sale advertisements in *The South Wales Daily News*, 1 June 1899, 2, and 26 August 1899, 1.

It is this stone which accounts for the name *Druidstone*, first recorded in 1894, or very soon afterwards.[5] A later source describes it as the *Druidstone* or *Guiding Stone*,[6] possibly based on nothing more than antiquarian supposition. The stone does not belong to any fanciful age of druids but to the Bronze Age (*c*.1300–800 BC) and seems to be first recorded in 1695 among Edward Lhuyd's additions to Camden's *Britannia*, where it is called *Glâl y Vilast* standing for *Gwâl y Fil(i)ast* in modern orthography. Lhuyd states that it was near Llanedern (*Lhan Edern*), in Glamorgan, which lies on the right bank of afon Rhymni immediately to the west of St Mellons and the southerly part of Michaelston-y-fedw. He dismissed the name as affording 'no information to the curious, signifying only the *Bitch-Kennel*, because it might serve for such use'.[7] Quite how a standing stone might serve as a kennel is unclear and it is more likely that it was named from its proximity to a former farm *Gwâl-y-filiast* less than 150m to its south. Lhuyd's supposition that the stone bore the name *Gwâl y Filiast* re-emerges in 1882 when the Reverend Watkin Davies of nearby Coedcernyw refers to it as *Gwael-filiast*.[8] Locally, the stone may have been known as simply *Y Garreg* 'the rock, the stone' because the tithe apportionment of Michaelston-y-fedw names the parcel of land on the north side of it as *Erw Garreg* – probably standing for *Erw'r Garreg* 'acre of the rock' (*erw*, lost definite article *y*, *carreg*).

The stone is certainly a substantial one, variously described as 2.8m high according to the Royal Commission on the Ancient and Historical Monuments and 3m high according to Glamorgan-Gwent Archaeological Trust in its scheduled monuments report.[9] Its survival may be due to use as a boundary marker at the meeting point of three fields (nos. 508, 509 and 510 on the tithe plan). It is unlikely that we will ever fully understand the original function of the stone but the Trust suggests that it was associated with prehistoric ritual and burial practices and may have formed part of a wider ritual complex extending beyond the scheduled area.[10] There have also been claims that the stone stood in a field 'about

---

[5] Glamorgan Archives DAU/318/1/3. The date is a later insertion.

[6] Marjorie Neal *et al.*, *Rumney & St Mellons. A history of two villages* (Rumney and District Local History Society, 2005), 21.

[7] *Camden's Britannia. A facsimile of the 1695 edition published by Edmund Gibson*, introduction by Stuart Piggott with a bibliographical note by Gwyn Walters (Newton Abbot, 1971), column 645.

[8] *Weekly Mail*, 27 May 1882, 6.

[9] Coflein NPRN 300863: <coflein.gov.uk/en/site/300863>.

[10] Historic Environment Record 00002g. Information held by the Glamorgan Charitable Trust. See also Edith Evans & Richard Lewis, 'The prehistoric funerary and ritual

100 yds away' and that this may have been part of a 'Bronze Age circle'[11] and that there was 'an open-air temple in the shape of a cromlech' here. Two of its original stones were apparently broken up for road repairs in the nineteenth century, one allegedly surviving as a mantelpiece in the house.[12] This has not been verified.

So much attention has been paid to the stone and its supposed ritual significance that the meaning of the name *Gwâl-y-filiast* and its location adjacent to the boundary of the parishes of St Mellons and Michaelston-y-fedw have been overlooked. Unfortunately, little is known of the history of the farm and it is impossible to say whether there were prehistoric remains here. According to the historian Bradney the property belonged in the sixteenth century to an Andrew Morgan[13] and a local history states that it was recorded in 1670.[14] Neither give sources and the farm does not otherwise appear in the historic record until 1805 when freehold estates including *Gwael y filiast* in St Mellons, Michaelston-y-fedw and Marsh-field were advertised for sale.[15] It was for sale again in 1828 when it is described as *Gwael y Filast*[16] and is *Gwal y Fillas* in the St Mellons tithe apportionment in 1845.[17] Cory acquired it in 1892 and it was demolished soon afterwards. Only the realigned entrance seems to survive; any other traces must now lie under the gardens of Druidstone.

The name certainly suggests that the gardens may hide more than a farm. *Gwâl-y-filiast* translates as 'lair of the greyhound-bitch' which hints at a lost prehistoric monument. The Welsh map is replete, of course, with the names of animals, both domestic and wild, some associated with natural features such as *Carnedd y Filiast*[18] (*carnedd* nf. 'mound, tumulus'). What is especially interesting about Gwâl-y-filiast is that it belongs to a group of place-names which couple the elements *gwâl* nmf. 'lair, covert, den', *llech*[2] nm. 'hiding-place, covert', *llety* nm. 'lodging(s),

---

monuments survey of Glamorgan and Gwent: overviews, July 2003' (Glamorgan-Gwent Archaeological Trust Historic Environment Record, report no. 2003/068).

[11] John Newman, *The Buildings of Wales: Gwent / Monmouthshire* (Harmondsworth, 2000), 389–90.

[12] Dennis Morgan, *The Illustrated History of Cardiff's Suburbs* (Derby, 2003), 116.

[13] Madeleine Gray (ed.), *A History of Monmouthshire ... by Sir Joseph Alfred Bradney, Volume 5: The Hundred of Newport* (Aberystwyth, 1993), 107.

[14] Neal *et al.*, *Rumney & St Mellons*, 21.

[15] *The Cambrian*, 7 December 1805, 4.

[16] *The Cambrian*, 23 February 1828, 1.

[17] Owned and occupied by John Richards.

[18] J. Lloyd-Jones, *Enwau Lleoedd Sir Gaernarfon* (Caerdydd, 1928), 19.

dwelling', and *twlc*[1] nm. 'pigsty, pen'[19] with the names of animals and apply the name to prehistoric sites. This association was examined by none other than Professor Gwynedd O. Pierce, the subject of this *festschrift*, in his important collection of essays published as *Place-Names in Glamorgan* in 2002. Professor Pierce finds a parallel in the use of English *house* in 'Sweyne's Howes', a name applied to two megalithic burial chambers on Rhosili Down, Glamorgan, and argues convincingly that the first element refers to *swine.*[20]

The antiquarian Thomas Wakeman was probably the first to suspect a direct connection between the farm-name *Gwâl-y-filiast,* in St Mellons and prehistory when he inferred that the farm might once have been the location of a 'cromlech', i.e. a burial chamber.[21] Many observers connected such sites with the druids and supposed druidic rituals – a recurrent antiquarian theme which influenced, for example, the development of Druidston, Pembrokeshire.[22] As for the name, Iolo Morganwg suggested to the antiquarian Malkin – maybe tongue-in-cheek – that the first British Christians had converted 'druidical or heathenish places of worship ... into dog or bitch kennels'.[23] No doubt the physical appearance of burial chambers prompted the use of *gwâl, llech*[2]*, llety,* and *twlc*[1] but it is less easy to explain why they should be associated with female dogs. There is a temptation to look first for an answer in folklore[24] but it may simply be that such dark places were thought to be especially troubling if they were associated with a bitch fiercely protective of her cubs. Any folk tales would flow from there.[25]

The best known example of *Gwâl y Filiast* (SN 1705 2564) otherwise known as *Bwrdd Arthur*, 'Arthur's table' (*bwrdd* nm. 'table, board, slab of stone'), is that at Dolwilym, in Llanboidy, Carmarthenshire, described

[19] For wider definitions, see GPC.

[20] Gwynedd O. Pierce, *Place-Names in Glamorgan* (Cardiff, 2002), 185–6.

[21] Thomas Wakeman, 'Pre-historic remains in Monmouthshire', *Archaeologia Cambrensis*, 1855, 132.

[22] Edward Davies, *The Mythology and Rites of the British Druids* (London, 1809), 397; B.G. Charles, *The Place-Names of Pembrokeshire* (Aberystwyth, 1992), 620.

[23] Benjamin Heath Malkin, *The Scenery, Antiquities, and Biography, of South Wales, from Materials Collected During Two Excursions in the Year 1803* (London, 1804), 109. See also Reverend J.W. Evans, rector of Michaelston-y-fedw, 'Local Gossip' in *The Glamorgan Gazette*, 23 August 1907, 6.

[24] As, for example, T.H. Thomas 'Some folk-lore of south Wales', *Cardiff Naturalists' Society Report and Transactions*, 36 (1903), 54–5.

[25] Folklore relating to dogs, hunting and associated place-name evidence is beyond the scope of this essay but for a guide to sources see Scott Lloyd, *The Arthurian Place-Names of Wales* (Cardiff, 2017), especially 15–16, 69–70, and references.

by Coflein as a chambered tomb.[26] This is first recorded as *Gwâl y Vilast* or *Bwrdh Arthur* by Lhuyd in the Gibson edition of Camden's *Britannia*.[27] *Gwâl y Filiast* passes through a short phase as *Llech y Filiast* on OS maps in 1889 and 1907[28] down to 1909 when it was described as 'A Druidic stone, or altar'.[29] That suggests association with *llech[1]* 'rock, boulder, cliff; slab of stone' rather than *llech[2]* nm. 'hiding-place, covert'.[30] Two Glamorgan examples are relevant: the first is that at Maesyfelin (ST 1009 7230), in St Lythans, and the second at Tinkinswood (ST 0921 7330), St Nicholas. Maesyfelin cairn seems to be first recorded by Brereton in 1772 who refers to it as *Guael-y-Velin ... sometimes Maes-y-Velyn, from the field it stands in*.[31] *Guael-y-Velin* is almost certainly an error for *Gwâl y Filiast*.[32] The form *Gwal y Filiast* appears in 1950,[33] perhaps under the influence of an article by John Ward, and as 'Maesyfelin, also known as Gwal y Filast'[34] in 1976. Similar inconsistency and greater uncertainty afflicts Tinkinswood cairn,[35] 1.3km to the northwest of Maesyfelin cairn. Tinkinswood is described by Malkin but neither he, the excavation report, nor the Inventory make any reference to any name, and it is a surprise to find that Glyn Daniel refers to it as 'Castell Carreg, Llech y Filiast and Gwal y Filiast' in 1950.[36] His source is uncertain but it is possible that he has confused Tinkinswood with Maesyfelin.

Just one other local example of *Gwâl y Filiast* has been noted so far in Glamorgan and it has left as few traces as its namesake in St Mellons. In

---

[26] Coflein NPRN 304270.

[27] See further Glyn Daniel, *The Prehistoric Chamber Tombs of England and Wales* (Cambridge, 1950), 206. An illustration appears in *Archaeologia Cambrensis*, 1872, 133–4.

[28] OS plans 1:2,500.

[29] 'called "Gwal-y-Filiast," also "Llech-y-Filiast," also "Bwrdd-Arthur" ', *The Welshman*, 9 April 1909, 3, with further description.

[30] GPC under *llech[1, 2]*.

[31] 'Observations in a tour through South Wales, Shropshire, &c.', *The Antiquaries Journal*, 3 (1775), 116. *Guael* may be an attempt at representing dialect /gwæ:l/ or may be a learned hypercorrection on the lines of *maes > mas* /ma:s/. Information supplied by Dr Dylan Foster Evans.

[32] John Ward, 'The St. Nicholas chambered tumulus, Glamorgan', *Archaeologia Cambrensis*, 1925, 263. See further Malkin, *Scenery, Antiquities, and Biography*, 108–9, and Henry Butterworth on 'The popular antiquities of Glamorgan', in *The Cardiff Times*, 21 August 1886, 5.

[33] Glyn Daniel, *Prehistoric Chamber Tombs*, 211.

[34] *An Inventory of the Ancient Monuments in Glamorgan: Volume 1, Part i* (Cardiff, 1976), 39.

[35] Coflein NPRN 94510.

[36] Glyn Daniel, *Prehistoric Chamber Tombs*, 211.

1838, a letter in *The Cambrian* states that about two miles south-east of *Kencoed* on the right bank of the Taf is a farm known by the name *Gwal-y-Filast*.[37] *Kencoed* refers to *Cefncoed* (ST 044 886), recorded as *Cyncoed* in 1833.[38] No farm by the name *Gwâl-y-filiast* seems to be otherwise recorded but the location suits *Cryth y Gwass* 1836,[39] *Crych-y-Gwas* 1841,[40] *Tir Cyrch y Gwas* in the tithe schedule of the parish of Llantwit Fardre in 1844, and *Circh-y-was* 1852.[41] Some time before 1875 three terraced houses named as *Ceirchgwas* appear on the site, which still stand, located on the south side of Cyrch-y-gwas Road close to its junction with the road now called Broadway. Intriguingly, a 'Stone' appears on OS maps from 1919 down to 1961 on what is now the forecourt of tool-hire offices. Local knowledge of some sort of prehistoric site may explain the name for a former row of houses known as Druids' Terrace 1875–1960[42] on Fothergill Street (formerly Taff Vale Street) a short distance to the south-east. Without further evidence it is difficult to be certain but *Ceirchgwas*, literally 'oats of the servant' with *ceirch*, variants *cerch* and *cyrch*[2], is plausible with *tir* nm. 'land'.[43] Archaeological proof of prehistoric remains at *Ceirchgwas* is lacking but it is worth noting that a correspondent in a newspaper states that a nearby property known as *Y Machine* was earlier called *Llech y Filast*. This was explained as an old name for a cromlech and supposedly associated with the druids.[44] This confirms *Gwâl y Filiast* and *Llech y Filiast* were in common use as names for prehistoric remains (real or imagined) and that they could be inter-changeable.

Further afield, Carmarthenshire has three examples which support this conclusion, adding *twlc* to the mix. The first, *Llech-yr-ast*, is recorded in a history of Llangeler in 1889 by Daniel E. Jones and as *Llechyr Ast* (SN 408 353) in 1839. Jones was unable to identify any 'cromlech' though he notes that a number of large stones were to be found in the area,[45]

---

[37] *The Cambrian*, 21 April 1838, 2, and 28 April 1838, 2.

[38] OS 1:63,360.

[39] Gwent Archives D/2570/5/9.

[40] Census enumeration district 17.

[41] Glamorgan Archives Q/D/R/11, 29.

[42] OS 1:2,500.

[43] Possibly an unrecorded name for a strain of oats; cf. *ceirch y gog* 'late-sown oats' and *ceirch y cloron* 'potato oats', GPC under *ceirch*.

[44] *Tarian y Gweithiwr*, 18 Medi 1902, 2, 'hen enw ar Gromlech, un o arwyddiadau mwyaf cysegredig yr hen Dderwyddon'.

[45] Daniel E. Jones, *Hanes Plwyf Llangeler a Phenboyr* (Llandysul, 1899), 34; Llangeler tithe apportionment.

presumably with reference to nearby mounds and stones recorded as *Crugiau* in 1889 (SN 410 360) (*crug* nm., pl. *crugiau*, 'hillock; cairn').[46] The second example is recorded in 1876 by Aaron Roberts as 'a curious cromlech' called *Twlc y Filast* (SN 338 161) at Ffynnon Newydd, in Llangynog, with a semicircular rock known as *Bord Arthur* a few yards to the east.[47] Only 'a fine oval stone' known as *Bwrdd Arthur* was noted in 1912.[48] Later OS maps call this *Bwrdd Arthur Burial Chamber* 1953–1974[49] and *Twlc y Filiast Burial Ground* in 2015.[50] The third example, *Twlc y Filast* (SN 486 133), located on Mynydd Llangyndeyrn, is the least recorded. G. Eyre Evans calls this *Bwrdd Arthur* and *Gwal y viliast* in 1913[51] but there seems to be no corroborative evidence on OS maps till 1974 when it is *Bwrdd Arthur Burial Chamber*.[52]

These four elements *gwâl*, *llech²*, *llety* and *twlc¹* clearly warrant investigation when they are coupled with the names of animals and should be checked against any archaeological evidence. *Gwâl-yr-hwch* (SN 499 104), at Llanelli, for example, may not indicate anything more than a pen for a sow[53] and particular caution is required with *llety* since it is such a common element in place-names, most often meaning 'a lodging, a temporary dwelling'. The prehistoric link is strong, however, in the case of *Llety'r Filiast* (SH 7721 8295) located on the south side of the Great Orme, at Llandudno, Caernarfonshire, though the name does not seem to be recorded until 1900 when it is *Cromlech (Lletty'r Filiast)*, later *Llety'r Filiast Burial Chamber* 1960.[54] The area was visited by the antiquarians

---

[46] OS 1:2,500.

[47] *Archaeologia Cambrensis*, 1876, 236. Cledwyn Fychan, 'Y Blaidd yn Sir Gaerfyrddin', *Carmarthenshire Antiquary*, 45 (2009), 29–38, and *Galwad y Blaidd* (Aberystwyth, 2006), suggests that lenited *filiast* is a confused from of *fleiddiast* 'she-wolf', radical form *bleiddiast*. That seems unlikely in view of the frequency of *miliast* in place-names. Any confusion of the two elements may derive from the similarity of lenited forms.

[48] Lloyd, *Arthurian Place-Names*, 179.

[49] OS 1:10,560.

[50] OS Explorer 177.

[51] *An Inventory of the Ancient Monuments in Wales and Monmouthshire: County of Carmarthen* (RCAHM 1917), 165; Lloyd, *Arthurian Place-Names*, 179.

[52] OS 1:10,000, also Explorer 178 in 2005.

[53] Recorded as (house name) *Gwalyrhwch* 1813 OS drawing (Llanon); *Gwal-yr-hwch* 1880, 1906, 1960–1 OS 1:2,500. GPC *hwch* nmf. 'sow; orig. pig, swine, also fig. dirty creature'. Note also *llety'r meirch* 'stabling, billet for horses'.

[54] OS 1:2,500. The 'cromlech' is otherwise recorded in *Tarian y Gweithiwr*, 19 Chwefror 1914, 4, and by Daniel, *Prehistoric Chamber Tombs*, 116; see also *An Inventory of the Ancient Monuments in Caernarvonshire, Volume I: East* (RCAHM, 1956), 116.

Thomas Pennant in 1783[55] and Richard Fenton in 1810[56] but neither mention *Llety'r Filiast*. Pennant does, however, mention 'several rude walls without mortar, called *Llety Vadog*, or the house of *Madoc*' on the north side of the Great Orme. Whether this refers to prehistoric ruins or simply a dwelling associated with a man called *Madog* remains to be determined. Perhaps an archaeologist can provide the answer. It is a useful reminder of the equivocal nature of so much of our place-name evidence and the need to share expertise.

[55] *A Tour in Wales by Thomas Pennant* (London, 1783; reprint Wrexham, 1991), 346.
[56] Richard Fenton, *Tours in Wales (1804–13)*, ed. J. Fisher (*Archaeologia Cambrensis*, supplement, 1917), 196.

11

Irish and English place-names in Ireland
AENGUS Ó FIONNAGÁIN

This chapter is an updated but abbreviated version of a lecture presented to the Annual Conference of the Welsh Place-Name Society at Llysfasi on 16 October 2016. I would like thank the Society for the invitation to speak, and to contribute to this volume.

The current position of the Irish language in Ireland is that of a minoritized language. Although the language enjoys official status at both national and EU level, the number of native or L2 speakers with a high level of competence in the language represents a small fraction of the Irish population. Historically this was not the case – Irish was the language of the majority in Ireland until the early nineteenth century.[1] It has been estimated that over 90% of the administrative place-names of Ireland (that is the names of counties, towns and villages, baronies, parishes and most numerous of all, townlands, of which there are about 61,145) originated in the Irish language.[2]

All of these names have been anglicized at some point, for the most part through transliteration in English-language administrative documents, for example, An Coillín Mór / Killeenmore 'the little wood (big)', a townland in the barony of Kilkenny West, Co. Westmeath. No written record of this name in an Irish-language source survives, as is often the case with townland names, especially in areas where Irish had ceased to be a community language by the twentieth century. A local Irish form of *Coillín Mór* was recorded in 1838 by the great pioneer of Irish toponymy, John O'Donovan (1806–61). O'Donovan sought out Irish speakers, or those who could at least pronounce the names in Irish, as part of his extensive fieldwork with the Irish Ordnance Survey from 1834–41.[3] An example of the approach taken survives in a letter written by one of

---

[1] Brian Ó Cuív, *Irish Dialects and Irish-speaking Districts* (Dublin, 1951).

[2] Dónall Mac Giolla Easpaig, 'Ireland's heritage of geographical names', *Wiener Schriften zur Geographie und Kartographie*, 18 (2009), 82.

[3] Nollaig Ó Muraíle, 'Irish placenames: the current state of research', *Éigse*, 38 (2013), 277.

O'Donovan's assistants in the Topographical Department of the Ordnance Survey, Thomas O'Conor:

> I am after returning from the Parishes of Portneshangan and Tyfarnham, where I found it the greatest possible difficulty to make out any one person to pronounce properly the names of the townlands in the heretofore common Irish way. I at length fell in with one fine old Irishman in the former Parish, who pronounced the names in a distinctly Irish manner, and informed me of everything remarkable in his view, connected with the Parish.[4]

It is most unfortunate that the first Irish Ordnance Survey (1824–42) did not adopt Irish orthography when engraving Irish place-names on its maps. The politics of the time simply did not allow it – the maps were intended for use in an administrative system which had never acknowledged the existence of the Irish language. Literacy in Irish was a rarity at the time, even as the majority, or close to it, of the population spoke Irish natively. Literacy in English was on the rise.

It should also be noted that by the 1830s anglicized forms of many place-names had developed informally in an increasingly bilingual society, and had become established within the postal system and among local landowners. Simplifications, conflation of initial elements, translations and partial translations, among other ahistorical developments, are features of such forms. The Ordnance Survey tended to resist or ignore such innovations, preferring in many cases forms which were closer to the Irish original – however if such forms were well established, they were sometimes accepted. A desire for consistency in the spelling used for recurring elements and in instances where the same place-name occurs in many different locations, was also a factor, as recorded by John O'Donovan, writing about Ballinalack, Co. Westmeath:

> The name is in Irish Béal Átha na Leac, which means *mouth of the ford of the flag-stones*, a name truly descriptive of the locality, for very large lime stone flags are now to be seen in the ford … The true Anglicised orthography (according to our established scale) would be Bellanalack (*Beal*analeck in the Inquisitions) but we cannot in this instance deviate from established usage, as we have not done so in the Ballinás (Béal an

---

[4] Michael Herity (ed.), *Ordnance Survey Letters: Longford and Westmeath* (Dublin, 2011), 95.

Átha), nor in the *Ballinamores* (Béal an Átha Mhóir), all of which should be regulated by similar analogies.[5]

In all the cases above we see the convergence of *béal* 'approach / entrance' with the ubiquitous settlement term *baile*, usually anglicized *bal-* or *bally*. As an aside, the passage above also demonstrates another point made by Ó Mainnín, 'once a name is borrowed, it will tend to follow the phonology of the second (L2) language'.[6] O'Donovan's *'Ballinás'* refer to the many places called Béal an Átha 'the approach to the ford' all over Ireland. In O'Donovan's time, the long back vowel [ɑː] of *áth* 'ford' was retained in anglicized forms of the name, even if *baile* and *béal* had become muddled together. Today, the final *a* in *Ballina* is usually the same as that found in English words like *car* or *cat* in the various varieties of Irish English.

The anglicized forms of Irish townland names, the official spellings of which were fixed permanently by the Ordnance Survey, are not random distortions, as they have often been characterized.[7] They were informed, as we have seen, by the local Irish pronunciation, and occasionally, by written Irish forms extracted for O'Donovan from Irish manuscripts by his colleagues in the Topographical Department. Of perhaps greater significance in the process though, were written anglicized forms, especially those from the seventeenth century. It was, as de hÓir has pithily characterized it, 'a rather limited investigation',[8] but an investigation nonetheless.

Let us return to An Coillín Mór / Killeenmore. This name is recorded as *Killenmor* in a Fiant of 1550.[9] Many anglicizations, such as this, may have, at first, been taken down from dictation.[10] This process certainly produced distortions, though in a more regular and intelligible way than might at first be imagined. Where the sound of a particular mutation in Irish (for example eclipsis following the definite article in the genitive plural)

---

[5] *Ibid.* 232.

[6] Mícheál Ó Mainnín, *Annexing Irish Names to the English Tongue: Language Contact and the Anglicisation of Irish Place-names* (Maynooth, 2017), 20.

[7] See further *ibid.* 2. For a typical comment on social media, see <https://twitter.com/Rubberbandits/status/105472305439 4314755>.

[8] Éamonn de hÓir, 'The Anglicisation of Irish placenames', *Onoma*, 17 (1972–3), 192 <https://www.logainm.ie/Eolas/Data/Brainse/16.09.13-logainm.ie-eamonn-de-hoir-the-anglicisation-of-irish-placenames.pdf>.

[9] *The Irish Fiants of the Tudor Sovereigns (1543–1603)*, calendared in *Reports of the Deputy Keeper of the Public Records of Ireland* (Dublin, 1879–90; reprinted 1994). Edw. VI §461.

[10] Ó Mainnín, *Annexing Irish Names*, 25.

corresponds to a sound commonly found in initial position in English, it often survives in anglicized forms. For example Ard na **g**Clog 'height of the clocks'[11] > *Ardneglogge, c.*1600 (bold by author).[12] In other cases the significant differences between Irish and English phonology can create difficulties of interpretation:

> the common elements *coill* 'wood' and *cill* 'church', which exhibit the phonemic contrast in Irish between the voiceless velar plosive /k/ and its palatal counterpart /c/, are both normally rendered 'kil-/kill-' in English.[13]

There are at least twenty-four townlands called An Choill Mhór 'the big wood' which have been anglicized *Kilmore*. These names (in their English guise) are indistinguishable from the names of a further fourteen townlands where *Kilmore* actually represents An Chill Mhór 'the big church'. There are about 3100 townland names in Ireland beginning with *Kil-* in their anglicized form. In about two-thirds of these cases the initial element is *cill* or *cillín* 'a medieval church site or burial ground' while the other third are names with an initial element *coill, coillidh, coillín,* &c. 'wood, little wood'.[14] This is where the importance of local fieldwork comes in to play. There is no record of a church or burial ground in An Coillín Mór / Killeenmore, but a small district within the townland is known locally as ['kuL' i:n'], clearly a survival of the Irish word *coillín* 'little wood'. Perhaps there were originally two woods, *An Coillín* 'little wood', and *An Coillín Mór.*[15]

A second category of place-names in Ireland comprises apparently English names formed in the aftermath of the Anglo-Norman conquest of the twelfth century. Many land divisions were renamed after their new owners – and names of the type Anglo-Norman personal name + Old English *tūn*, are the most numerous within this category. *Tūn* in its original sense (in place-names) referred to the enclosed land around a farmstead (OED). *Tūn* later developed to *-town*, and townland names with this suffix

---

[11] *Clog* 'clock' probably refers to seed of the dandelion, used in a children's game to tell the time.

[12] See <https://www.logainm.ie/en/42332>.

[13] Ó Mainnín, *Annexing Irish Names*, 22.

[14] Ó Fionnagáin, '*Cill* in the Placenames Database of Ireland', *Scottish Place-Name News*, 41 (2016), 3–5 <http://hdl.handle.net/10344/6184>.

[15] Aengus Ó Fionnagáin, 'Logainmneacha Chill Chainnigh Thiar agus Chluain Lonáin: Ainmneacha na mBailte Fearainn' ['the place-names of Kilkenny West and Clonlonan – the townland names'] (unpublished Ph.D. thesis, NUI Galway, 2012), 40–1 <https://aran.library.nuigalway.ie/handle/10379/3141>.

are predominant in south-east Wexford, Dublin, Meath, Louth, and the eastern parts of Westmeath and Kildare.[16] According to de hÓir, about 10% of place-names mentioned in two calendars of state papers from 1171–1284 are of this type, though he notes such documents would undoubtedly have contained more detail on Normanized parts of the country. Many of the Anglo-Norman families became Gaelicized in the centuries after the conquest,[17] and if these names were first coined in English, many were quickly borrowed into Irish.

Baile Eathain / Ballyanne, 'Hethan's town(land)', Co. Wexford, for example, was recorded as Balliatan as early as 1247. If the name was first coined in English (perhaps as *Hethanstūn), tūn has been equated to the very common Irish settlement term baile.[18] Baile 'townland, town, homestead' has a very similar range of meanings to tūn and Muhr has defined it as 'basically an "occupied space" '.[19]

Another possibility, outlined by de hÓir, is that some names 'containing an English surname, could in the first instance have been coined by neighbouring Irish-speakers, and later translated.'[20] In this way a baile-name might come down to us as a -town-name and vice versa. In many cases, in the absence of evidence, we cannot be certain which form is the original, and which is the translation. Baile Eathain / Ballyanne may be an Irish coinage, though Hethan is an English surname – there is no evidence of a subsequent English translation or an original English form. It seems likely, though, to this author, that many such places had dual names, in English and Irish, for as long as both languages were known to the inhabitants or the occupiers of the lands in question. It is difficult to be precise about the extent of bilingualism among the Old English (the descendants of the Anglo-Norman settlers) in different parts of Ireland in

---

[16] See Thomas Jones Hughes, 'Town and baile in Irish place-names', in N. Stephens & R.E. Glasscock, Irish Geographical Studies in Honour of E. Estyn Evans (Belfast, 1970), 248.

[17] Aidan Doyle, A History of the Irish Language: From the Norman Invasion to Independence (Oxford, 2015), 15–18.

[18] Conchubhar Ó Crualaoich & Aindí Mac Giolla Chomhghaill, Logainmneacha na hÉireann IV: Townland names of Co. Wexford: Ainmneacha na mBailte Fearainn, Co. Loch Garman (Dublin, 2016), 220; Aengus Ó Fionnagáin, 'Logainmneacha na hÉireann IV: Townland Names of Co. Wexford: Ainmneacha na mBailte Fearainn, Co. Loch Garman' [review article], Ainm, 14 (2018), 87–8.

[19] Kay Muhr, 'English place-names in Ireland', in J. Carroll & D.N. Parsons (eds), Perceptions of Place: Twenty-First-Century Interpretations of English Place-Name Studies (Nottingham, 2013), 357.

[20] de hÓir, 'The Anglicisation of Irish placenames', 197.

the period 1200–1600. We know that members of the Nugent family in Co. Westmeath were equally at home in both languages in the sixteenth century. Christopher Nugent (1544–1602), baron of Delvin, wrote an Irish phrasebook for Elizabeth I, and his brother William (1550–1625) wrote poetry in English and Irish.[21] Fynes Moryson, personal secretary to the Lord Deputy in Ireland from 1599–1602, commented as follows:

> yea the English Irish and the very Citizens (excepting those of Dublin where the Lord deputy resides) though they speake English as well as wee, yet Commonly speake Irish among themselves.[22]

The linguistic interchange of *tūn* or *baile* place-names is illustrated by Baile Bhaitéir / Waterstown 'Walter's town' in the barony of Kilkenny West, Co. Westmeath.

1 Caislen Baile Baither	MIA[23] 148 §15	1393
2 Walteriston	Fiants,[24] Hen. VIII §428	1544
3 Watereston	Fiants, Edw. VI §461	1550
4 Waterston al[ias] Ballyvater	Inq.[25] Jac. I 5	1611
5 Waterston otherwise Walterston	CPR[26] Jas. I 272a	1614

The *Walter* commemorated in Waterstown (< 'Walter's town') was almost certainly a member of the Anglo-Norman Dillon family, who established themselves in the territory of *Machaire Chuircne* in the late twelfth or early thirteeth century. *Machaire Chuircne* would subsequently become known as Dillon's Country, and from the sixteenth century, the barony of Kilkenny West, Co. Westmeath. The Dillons had become thoroughly Gaelicized by the fourteenth century[27] – and this name, the name of one of their early castles, was probably soon borrowed into Irish or may have first been coined in Irish. The earliest attestation of the name

---

[21] See Pádraig Ó Fágáin, *Éigse na hIarmhí* (Dublin, 1985), 63–4; Diarmuid Breathnach & Máire Ní Mhurchú, 'Nuinseann, Uilliam (1550–1625)' <https://www.ainm.ie/Bio.aspx ?ID=1376>.

[22] Quoted in Doyle, *History of the Irish Language,* 43.

[23] S. Ó hInnse (ed.), *Miscellaneous Irish Annals (A.D. 1114–1437)* (Dublin, 1947).

[24] *The Irish Fiants of the Tudor Sovereigns.*

[25] J. Hardiman (ed.), *Inquisitionum in Officio Rotulorum Cancellariæ Hiberniæ asservatarum, Repertorium. Vol. I (Lagenia)* (Dublin, 1826).

[26] *Irish Patent Rolls of James I: Facsimile of the Irish Record Commission's Calendar Prepared Prior to 1830* (Dublin, 1966).

[27] Harman Murtagh, *Athlone: History and Settlement to 1800* (Athlone, 2000), 25–6.

I have found to date is in an Irish-language source in 1393 (1 above), *Caislen Baile Baither* 'the castle of Baitéar's town(land)'. *Baitéar* is an Irish-language form of *Walter*, perhaps reflecting contemporary English pronunciation of *Walter* as *wauter* or *water*.[28] The name appears in what is probably its English form in 1544 (form 2 above), though, elsewhere, *Walter* has also been borrowed into Irish as *Ualtar*, among other variations; interestingly, the form *Baldar* occurs in a local Irish-language form (collected by the Ordnance Survey in 1837) of Baile Bhaltair / Walderstown, a townland 4km to the east of Baile Bhaitéir / Waterstown. Form 3 could also be an English form, *Water's town*, or a partial translation of the Irish form *Baile Bhaitéir* > *Watereston*. The first element, *baile*, being translated as 'ton' (> *-town*), while *Baitéar* is spelt in English approximately as it was pronounced in Irish (it is in the genitive case following *baile*, and is thus lenited: *Bhaitéir* > **Watere**-). *Watere*- could of course also represent yet another Irish form of *Walter*, *Uaitéar*.

The convoluted nature of these names is further illustrated by form 4 (above) *Waterston al[ias] Ballyvater*. Both of these forms may be anglicizations of the Irish-language form of what may or may not originally have been an English-language place-name! The first, as we have seen, is perhaps a partial translation. The second is a phonetic approximation in English spelling (or transliteration) of *Baile Bhaitéir* (> *Ballyvater*). Interestingly, lenition of *Baitéar* (*bh*-) is, in this case, represented by the English letter *v*- as opposed to *w*- in form 3 (if we accept form 3 as a partial translation). This variation may be a consequence of scribal transmission; *v*- and *w*- could easily be mistaken for each other in manuscript, though some alternation in these sounds in Irish would not be unexpected. *Bh*- occurs as [w] in some field names in the nearby barony of Garrycastle, Co. Offaly.[29] But, notably, *bh*- occurs as *v*- in the anglicized forms of the names of two townlands in the immediate vicinity of Baile Bhaitéir / Waterstown – Cúil Bhoc / Coolvuck (1.7km to the south-east) and Cloch Bhruíne / Cloghbreen (see the historical form *Cloghvireny*[30]).[31]

Today the initial element of *Waterstown* is pronounced like the English word *water* and the connection with the personal name *Walter* in both its

---

[28] Donnchadh Ó Corráin & Fidelma Maguire, *Irish Names* (Dublin, 1990), 175.

[29] Nicholas Williams, 'The Irish language in County Offaly', in W. Nolan & T.P. O'Neill, *Offaly History and Society: Interdisciplinary Essays on the History of an Irish County* (Dublin, 1998), 543–77.

[30] Hardiman, *Inquisitionum*, Jac. I 5 (1611).

[31] Ó Fionnagáin, 'Logainmneacha Chill Chainnigh Thiar agus Chluain Lonáin', 16.

English and Irish forms has been lost. Mary Anne Dillon was the occupier of a large farm in the neighbouring townland of An tEanach / Annagh in 1854,[32] and, in a striking example of onomastic continuity, the last male representative of the family to hold this farm was one Walter Dillon, who died in the 1980s.

Finally I would like to say something about the small number of place-names in Ireland coined in languages other than Irish and English, the best known being names of Norse origin. Waterford, Wexford, Wicklow and Howth are Norse names which were later adapted into English – each of these places also has an unrelated Irish name which has continued to be used by Irish speakers (Port Láirge, Loch Garman, Cill Mhantáin and Binn Éadair, respectively). As well-known as many of these names are, Mac Giolla Easpaig has identified less than forty Norse names or Irish names with Norse influence in the country as a whole.[33] Place-names from other languages include: Béibeac / Bey Beg, Co. Meath, a transferred French name, originally the name of the abbey of Beaubec in Normandy. It was subsequently borrowed into Irish, with -bec being reinterpreted as Irish beag 'small'. There are also some Latin names, such as Balla, Co. Mayo, a borrowing of Latin balneum 'a bath'.[34]

Ó Maolfabhail has examined a number of elements of possible Brythonic origin in Irish place-names, and suggests Seantrabh / Santry, a village (now a suburb) near Dublin Airport, may be an Irish rendering of Welsh Hendref 'old town / farmstead'.[35] Glas Piostail / Glaspistol, Co. Louth may also be a product of contact between Irish and Welsh, as both elements, Irish glas 'stream, rivulet' and Welsh pistyll 'waterfall, cataract, spring, brook' (GPC) appear to refer to the same feature.

The advent of Logainm.ie (the Placenames Database of Ireland, first launched in 2008),[36] where the work of The Placenames Branch (a small office within the Irish public service which carries out research on Irish place-names and recommends authoritative Irish forms for official use) is published, and Placenamesni.org, the online database of the Northern

---

[32] Griffith Valuation, Westmeath (1854), searchable at <http://www.askaboutireland.ie/griffith-valuation/>.

[33] Mac Giolla Easpaig, 'Ireland's heritage of geographical names', 79–85.

[34] Nollaig Ó Muraíle, *Mayo Places: Their Names and Origins* (Dublin, 1985), 35–6; Fiachra Mac Gabhann, *Logainmneacha Mhaigh Eo* ['the place-names of Mayo'] (Dublin, 2014), vol. 7, 50–4.

[35] Art Ó Maolfabhail, 'Ar lorg na Breatnaise in Éirinn' ['in search of Welsh in Ireland'], *Ainm*, 8 (1998–2000), 76–92.

[36] <https://www.logainm.ie/en/>.

Ireland Place-Names Project (1987–, website launched in 2013),[37] and the Locus Project in University College Cork (*Historical Dictionary of Gaelic Placenames* – eight fascicles, 2003 to date) have given new impetus to research on Irish townland names by the small number of toponymists working in Irish universities and elsewhere.

Authoritative Irish forms, supported by a full catalogue of historical evidence, and, in some cases, short explanatory notes, have now been published for over 80% of Irish townland names on the two websites mentioned above – entries for names stored in both databases were linked in 2014. Further improvements to the structure and search facilities are needed for both websites – Placenamesni.org in particular has limitations in its current format.

Writing in 1970, Thomas Jones Hughes estimated that 14% of Irish townland names were English, but he only looked at the forms of the names which were adopted by the Ordnance Survey, and did not take into account the complex historical development of many townland names under the influence of contact between Irish and English – his estimate must be considered much too high. Not all English townland names originated in the Anglo-Norman period; some, though not many, townlands were renamed with English names after the land confiscations of the seventeenth century, and in subsequent years. English names of all types account for two-thirds of the townlands in Co. Dublin.[38] Recent work on Wexford allows for a more detailed breakdown: English names account for 12% of townlands in north Wexford, 30% in mid Wexford, and 55% in south Wexford, where the Normans first made landfall in 1169.[39] Price estimated the proportion at around 25% for Co. Wicklow, though de hÓir thought this figure rather high.[40] Work by the Placenames Branch is well advanced on Co. Wicklow. It will be interesting to see what emerges from this study – hopefully it will be published in book form, as in the case of Co. Wexford. Completion of the basic research on all 61,145 townland names in the next four or five years, and the availability of the data in electronic format, should open up new and exciting avenues for research on the nature of Irish townland names for the small but committed cohort of researchers active in the field.

---

[37] <http://www.placenamesni.org/>.
[38] de hÓir, 'The Anglicisation of Irish placenames', 192–204.
[39] Ó Crualaoich & Mac Giolla Chomhghaill, *Logainmneacha na hÉireann IV*, also discussed in Ó Fionnagáin, 'Logainmneacha na hÉireann IV'.
[40] Liam Price, *The Place-names of Co. Wicklow: VII – The Baronies of Newcastle and Arklow* (Dublin, 1967), lxxxv.

12

Rhai enwau yng nghyffiniau'r Borth

HYWEL WYN OWEN

Seiliedig ar anerchiad yng Ngŵyl Tysilio a draddodwyd yng ngolau cannwyll yn hen eglwys Tysilio ar Ynys Tysilio, Porthaethwy, ar 17 Gorffennaf 2019.

Carreg fedd, lathen o borth yr eglwys, yw'r man cychwyn. Mae'r garreg yn coffáu Ellen Hughes a fu farw yn 1897. Enw ei chartref oedd *Yr Ysgol Farm Llandegfan*. Erbyn heddiw fel *Rysgol Farm* yr adnabyddir y fferm, gyda'r cofnod cyntaf yn 1719.[1] Sefydlwyd ysgol yma bryd hynny gan ddeon Bangor o Blas Gwyn, Pentraeth, un o chwe ysgol a agorwyd ym Môn o dan nawdd y 'Society for Promoting Christian Knowledge' (SPCK) rhwng 1714 ac 1719. Yn ddiweddarach, sefydlodd Griffith Jones, Llan-ddowror, ysgol yn Llandegfan ar yr un safle.[2] Nid yw dogfennau'r cyfnod yn nodi lleoliad yr ysgol ond, dair canrif yn ddiweddarach, mae'r enw *Rysgol Farm* yn cadarnhau'r lleoliad. Mae enwau lleoedd yn aml yn goleuo hanes lleol.

Ar draws y Fenai o Ynys Tysilio mae *Pwll Ceris*. Mae digon o dyst-iolaeth ohono ar fapiau'r ddeunawfed ganrif ond mae cofnod o'r enw yn dyddio'n ôl i'r *Historia Brittonum*, a gyfansoddwyd yn yr wythfed ganrif neu'r nawfed.[3] Mae *Pwll Ceris* yn gyfarwydd iawn i longwyr, a'r peryglon yn hysbys ers canrifoedd. Mae'r enw *Swillies* yn cael ei ddefnyddio hefyd am yr un nodwedd. Er enghraifft, cyfeiriwyd yn 1784 at 'the *Swelly*, or *Pwll Keris*'.[4] Yn 1801, nodwyd hefyd enw'r graig *Carreg y Pwll* sy'n

---

[1] Dyma rai o'r ffurfiau cynharach (y mwyafrif o ddogfennau Trethiant Tir): *r yscol* 1719, *yr ysgol* 1753, *ysgol* 1761, *Yrysgol* 1795, *Yr ysgol* 1914, *Rysgol Farm* 1924.

[2] Melville Richards, *Atlas Môn* (Llangefni, 1972), 104; W.P. Griffith, 'Addysg a Chymdeithas ym Môn 1540–1640', *Trafodion Cymdeithas Hynafiaethwyr a Naturiaeth-wyr Môn*, 1985, 25–54; Helen Ramage, *Portraits of an Island: Eighteenth Century Anglesey* (Llangefni, 1987), 188; David A. Pretty, *Anglesey: The Concise History* (Cardiff, 2005), 57.

[3] Gweler nodyn manwl Bedwyr Lewis Jones, 'Pwll Ceris or the Swillies: a hydronymic note', *Trafodion Cymdeithas Hynafiaethwyr a Naturiaethwyr Môn*, 1984, 102–4. Rwyf yn ddyledus i'r nodyn hwnnw am nifer o'r cyfeiriadau.

[4] Thomas Pennant, *A Tour in Wales* (London, 1784), ii, 239.

ymddangos ar lanw isel,[5] a chyfeiriodd Lewis Morris yn *Celtic Remains* at *Pwll Ceris* fel 'a spot of foul ground, or whirlpool … very dangerous for shipping'.[6]

Tynnodd ar ei wybodaeth o'r clasuron gan weld tebygrwydd rhwng *Ceris* â'r enw *Charybdis* yng nghulfor Messina, Sisili.[7] Anghenfil y môr oedd *Charybdis*, a drigai mewn trobwll gyferbyn ag anghenfil arall sef *Scylla*. Byddai llongwyr a geisiai osgoi'r naill mewn perygl enfawr o gael eu sugno i grafangau'r llall. Ymhen amser, daeth yr enw *Charybdis* i'w gysylltu nid yn unig â'r anghenfil ond â'r trobwll ei hun. Damcaniaethodd rhai bod *Ceris* yn addasiad Cymraeg o'r enw Groegaidd *Charybdis*,[8] tarddiad sydd mor gamarweiniol a pheryglus â cheisio hwylio heibio *Pwll Ceris* ei hun.

Enw personol yw *Ceris*. Mae'r cofnod cynharaf mewn Lladin yn nhestun hynaf yr *Historia Brittonum* mewn llawysgrif o'r ddeuddegfed ganrif yn disgrifio'r llecyn fel *in voragine Cereuus* 'yn nhrobwll Cereuus'.[9] Fersiwn Ladin o *Ceris* yw *Cereuus*. Pwy oedd y *Ceris* neu'r *Cerist* hwn? Ni wyddom. Ond, heddiw, ddeuddeg canrif yn ddiweddarach, mae *Ceris* yn dal yn fyw yn enw'r trobwll, ac yn enw'r tŷ helaeth ar lan y Fenai yn edrych i lawr ar Bwll Ceris, cartref gofal bellach (Ceris Newydd). Gofalwn na ddisodlir yr enw.

Mae nifer o haneswyr yr Oesoedd Canol yn cyfeirio at y trobwll yng nghulfor y Fenai. Dyma oedd gan un i'w ddweud yn 1387:

> In that arme of the see, that departeth bytwene this ilond Mon and North Wales, is a swelowe that draweth to schippes that seilleth, and sweloweth hem yn, as dooth Scylla and Charybdis … therefore [w]e may nought seill by this swolwe but slily at the ful see.[10]

Mae'r gair *swallow* yn ymddangos mewn sawl ffurf wahanol: *swallow*, *swellow*, *swilly*. '*Swilly*: an eddy or a whirlpool; a *swilly-hole*: pool in the bend of a stream'.[11] Yn 1660, *swallow-hole* oedd y man lle 'the waters … fall into the bowels of the earth and are seen no more.'[12] Ond pam *Swillies*

[5] William Morris, 'Observations', in Lewis Morris, *Plans of the Principal Harbours, Bays and Roads in St George's and the Bristol Channels* (1801), 6.

[6] Lewis Morris, *Celtic Remains*, ed. D. Silvan Evans (London, 1878), 88.

[7] *Ibid.*

[8] Morris, 'Observations', 5.

[9] Theodore Mommsen (ed.), *Monumenta Germaniae Historica: Chronica Minora*, iii (Berlin, 1898), 218.

[10] Churchill Babington (ed.), *Polychronicon Ranulphi Higden* (London,1869), ii, 41.

[11] OED under *swilly*.

[12] OED under *swallow-hole*.

neu'r *Swellies* yn hytrach na'r *Swallows*? Mae'n ymddangos mai termau llongwyr yr Oesoedd Canol am drobwll oedd *swilly* a *swelly*, rhan o eirfa ehangach a oedd yn gyfarwydd i longwyr yr arfordir. Er nad yw tystiolaeth yr OED yn hollol foddhaol, gan mai un dyfyniad hwyr a geir yno (1890), mae digon o dystiolaeth o ffynonellau eraill o fodolaeth y gair a'r ystyr. Ceir *Swilly, Swilley* 1693, *Swilly* 1738, *The Swelly* 1748, *The Swelly, or Pwll Keris* 1784, *The Swelly, The Swellies* 1828, *The Swellies* 1853 (a ddyfynnir gan Bedwyr Lewis Jones, gweler troednodyn 3) a *The Swillies* yn y *North Wales Gazette,* 28 April 1814, *the Swilly Channel* yn y *Wrexham Advertiser,* 13 September 1873. Felly, *swilly* a *swelly*, nid *swallow*, fyddai'r termau naturiol i bob llongwr wrth hwylio heibio i *Bwll Ceris*. Mabwysiadwyd y termau hyn gan longwyr Cymraeg hefyd.

Ond pam dau enw, *Pwll Ceris* a'r *Swillies*, enw Cymraeg ac enw Saesneg? Yn aml mae dau enw yn nodi dau ganfyddiad gwahanol o'r un lle, megis *Yr Wyddfa* 'man amlwg' a *Snowdon* 'mynydd yr eira'; *Porthaethwy* a *Menai Bridge*. Mae'n debyg fod y term Cymraeg *Pwll Ceris* yn enw a olygai rywbeth i'r trigolion a'r llongwyr lleol, tra bo'r gair Saesneg yn derm cyffredin wedi ei dynnu allan o stoc cyfarwydd o enwau morwrol.[13]

Symudwn o'r môr i'r tir, ond parhau gyda'r ffocws dwyieithog. Mae cynghorwyr Cyngor Porthaethwy i'w canmol am bolisi goleuedig wrth enwi strydoedd. Ehangodd y dref yn dilyn codi Pont y Borth yn 1826, ac yn 1896 rhoddwyd enwau swyddogol ar y strydoedd, ac wrth i'r dref ddatblygu ymhellach ychwanegwyd strydoedd ac enwau i'w canlyn. O 1970 ymlaen mabwysiadwyd polisi o arwyddion dwyieithog.[14]

Bu ymdrech i osgoi cyfieithiadau (ac eithrio rhai amlwg fel *Ffordd Telford / Telford Road*), a cheisio diogelu enwau Cymraeg a arferid eisoes yn lleol, a phan oedd angen bathiadau, cymerwyd y cyfle i ddathlu enwogion y Borth. Mae *Ffordd Telford* yn cyfeirio at adeiladwr Pont y Borth yn 1826. Mae'r *Sgwâr / Uxbridge Square* yng nghanol y Borth yn cyfeirio at deulu'r Marcwis o Blas Newydd; yn y ddeunawfed ganrif *Finger Post* oedd yr enw, yna *Sgwâr Bulkeley* cyn newid i *Uxbridge Square* yn 1896. Mae gwesty'r *Anglesey Arms* hefyd yn cyfeirio at yr un teulu, a thafarn y *Buckley Arms* yn cyfeirio at deulu Baron Hill, Biwmares. Adeiladwyd *Rhodfa'r Belgiaid / Belgian Promenade* yn 1916 gan ffoaduriaid o

---

[13] Gwneir yr un pwynt yn Bedwyr Lewis Jones & Tomos Roberts, 'The Coastal Toponyms of Anglesey', *Journal of the English Place-Name Society*, 11 (1978–9), 47–53, papur a gyflwynwyd yn deyrnged i Melville Richards.

[14] Mae llawer o wybodaeth am weithgaredd y Cyngor Tref yn H. Anthony, *Menai Bridge and its Council* (Menai Bridge, ?1975).

Mechelen, Gwlad Belg, a dderbyniodd loches ym Mhorthaethwy ac a fynnai ddangos eu gwerthfawrogiad o'r modd y cawsant eu trin. Mae *St George's Road* yn arwain at *St George's Pier / Pier San Siôr,* ond i goffáu bod Cynan wedi dod i fyw yma ychwanegwyd yr enw *Ffordd Cynan.* At *Fairview Terrace* ychwanegwyd *Bro Helen Rowlands* i nodi mai yma y ganwyd y genhades. Mae *Askew Street* yn coffáu un sy'n anhysbys hyd yma a'r ychwanegiad *Ffordd y Coleg* yn nodi lleoliad Ysgol Gwyddorau Eigion Prifysgol Bangor. Un llithriad annodweddiadol oedd *Dew Street* (dyn busnes a chyfreithiwr) a enwyd yn *Stryd y Gwlith.*

Mae'r enwau yn cyfeirio at nodweddion eraill heblaw at bobl, ond unwaith eto yn osgoi cyfieithiadau slafaidd, yn hytrach yn ffurfioli enwau lleol cyfarwydd. Mae *Lôn Las / Mount Street* yn disgrifio llwybr a oedd ar un tro yn goediog ar rannau uchaf y Borth. Yn yr un ardal ceir *Ffordd Penclip / Druid Road,* allt sy'n arwain at dafarn y Druid (nid yw'n bodoli bellach). Mae *Beach Road* sy'n arwain at lan y Fenai yn cael yr enw *Lôn Cei Bont,* sef y cei a godwyd yn arbennig i lanio offer ar gyfer codi Pont y Borth gerllaw. Mae *Water Street* yn arwain i gyfeiriad tebyg, a'r ychwanegiad *Stryd y Paced* yn cyfeirio at *paced* 'packet-boat', math o long yn cludo teithwyr, nwyddau a'r post ar deithiau byr. At *New Street* ychwanegwyd *Tan y Bonc* sef craig amlwg a adawyd gan chwarel. Aeth *Wood Street* hefyd yn *Ffordd y Ffair,* un o leoliadau stondinau Ffair Borth (y mae cyfeiriadau ati mor gynnar â 1691). *Cilbedlam* oedd enw tyddyn ar y ffordd a oedd yn arwain at fferi'r Borth. Mae'n amlwg fod y lleoliad yn hynod o brysur (dyma oedd y *bedlam*) gyda theithwyr a phorthmyn a'u hanifeiliaid; chwalwyd y tyddyn yn 1825 i hwyluso traffig i gyfeiriad y bont. Ni fu cyfeiriad at y tyddyn ar ôl 1812 yn Rhestri'r Eglwys,[15] ond goroesodd yr enw. Mae *Lôn Pen Nebo / Hill Street* yn allt serth. Mae *Hill Street* yn rhybudd seciwlar o hynny tra bo *Lôn Pen Nebo* yn tynnu ar wybodaeth feiblaidd. O *ben Nebo* yr edrychai Moses allan dros wlad yr addewid yn *Deuteronomium* 32. Enw tyddyn ar ben yr allt oedd *Pen Nebo* yn wreiddiol.

Roedd *Beerseba* yn enw ar un o'r adeiladau mwyaf trawiadol ym Mhorthaethwy ar un cyfnod, ond bellach mae'n enw hollol anhysbys. Codwyd y capel cyntaf yn 1838, a chapel llawer mwy helaeth yn 1856. Hyd at 1911 *Beerseba* oedd ei enw cyn iddo gael ei gydnabod fel capel

---

[15] H. Senogles, 'The parish of Llandysilio in 1815', *Trafodion Cymdeithas Hynafiaethwyr a Naturiaethwyr Môn*, 1946, 60–75.

Porthaethwy, a'r adeilad helaethach a barodd iddo gael ei adnabod fel *Capel Mawr*.[16]

Pam *Beerseba*? Cyfeiriodd y Parch John Llywelyn Hughes at yr hen enw yn Adroddiad 1933, gan ddyfynnu adnod o Genesis 21 fel testun ei anerchiad: 'Ac yntau [Abraham] a blannodd goed yn Beer-seba'.[17] Mae sawl cyfeiriad arall at *Beerseba* yn yr Hen Destament, ond pa un oedd y mwyaf cyfarwydd i aelodau'r capel? Ceir disgrifiad digon cyffredin o 'holl Israel o Dan hyd Beer-seba' (sawl tro yn 2 *Samuel*) ac felly roedd *Beerseba* yn enw addas i gapel mwyaf deheuol Môn. O edrych ar fap fe welir nad yw hynny'n ddaearyddol gywir. Mae pob man yng nghornel dde-orllewinol Môn (megis Dwyran a Niwbwrch) i'r de o Borthaethwy. Ond pe byddech yn teithio o Gaergybi i'r tir mawr yna fe fyddech yn ymwybodol iawn mai Porthaethwy fyddai'r pwynt olaf ar eich taith cyn gadael Môn, pwynt mwyaf deheuol ffordd Telford. Os teithio o Gaergybi i Borthaethwy, yna 'o Dan hyd Beer-seba'. Ac felly *Beerseba* amdani fel enw'r capel. Ond ymhen amser, diflannodd *Beerseba*, a *Chapel Mawr* a oroesodd.

Dafliad carreg o'r Capel Mawr mae *Porth y Wrach*. Gwrach anhysbys a drigai ger y bae, tybed? Na wir. Enw yw *gwrach* yma ar bysgodyn a elwir yn Saesneg 'sea-wrasse, sea-bream, tench',[18] ac y mae 'old wife' yn enw cyffredin yn Saesneg ar y pysgodyn barfog hwn. Hawdd gweld pam yr enw *gwrach*.

Enw wedi'i drosglwyddo yw *Bulkeley*, wrth gwrs. Yn dilyn codi'r castell coloneiddiwyd Biwmares drwy wahodd teuluoedd o sir Gaerhir-fryn, sir Gaer, swydd Efrog a swydd Derby i ddal eiddo yn y fwrdeistref. Daeth un teulu a adeiladodd Baron Hill yn ddiweddarach yn wreiddiol o *Bulkeley* ger Cheadle yn sir Gaer. Fe'i disgrifiwyd ym mhapurau Baron Hill yn y bedwaredd ganrif ar ddeg fel *de Bulkelegh*.

Fe all beri syndod i rai mai enw wedi'i drosglwyddo yw *Cichle* hefyd, enw ar allt i fyny i Landegfan, ac ar fferm ar gyrion Biwmares. Yr eglurhad am yr enw *Cichle* yw hyn. Daeth un o'r teuluoedd o'r dref a adnabyddir heddiw fel *Keighley* Swydd Efrog. Mae'r -*gh*- yn sillafiad

[16] Alwyn I. Williams, *Yn y Blychau Hyn. Hanes yr Achos yn y Capel Mawr Porthaethwy 1838–1988* (Porthaethwy, 1988), 19. Cofrestrwyd y capel gyntaf fel *Menai Bridge Chapel*, ond daeth *Beerseba* i'r amlwg rywdro wedyn ac yna fel Capel Porthaethwy. Yn *Testunau Cyfarfod Llenyddol a gynhelir yng Nghapel y Methodistiaid, Porthaethwy, Nadolig 1895* (Porthaethwy, 1895), ceir hyn: 'Am y cofnodion goreu o'r Pregethau adroddir yng Nghapel Beerseba yn ystod mis Tachwedd'. Yn ôl Alwyn Williams roedd *Beerseba* i'w weld ar Adroddiadau Blynyddol 1910 ac 1911, 'ac yna diflannodd'.

[17] Williams, *Yn y Blychau Hyn*, 19.

[18] GPC dan *gwrach*.

modern *Keighley* yn cynrychioli yr hyn oedd yn Saesneg yr Oesoedd Canol fwy neu lai yr un sŵn â'r -*ch*- Gymraeg. Roedd ynganiad *Keighley* yn yr Oesoedd Canol felly yn debyg iawn i *Cichle,* a dyna oedd ynganiad Cymry Biwmares ar enw'r teulu *Keighley*. Ymgaregodd ynganiad Saesneg yr Oesoedd Canol yn yr ynganiad Cymraeg, tra newidiodd ynganiad Saesneg *Keighley* dros y canrifoedd i fod yn *Keithley*. Digwyddodd rhywbeth tebyg pan benderfynodd Edward I adleoli Cymry Biwmares, a rhoi iddynt *New Borough*. Ynganiad Saesneg Canol *borough* oedd *bwrch*, a dyna egluro *Niwbwrch / Newborough*.

Allforiwyd ambell enw o'r ardal hon. Mae *Craig y Don* yn enw ar blasty hardd yn Glyn Garth rhwng Porthaethwy a Biwmares. Fe'i hadeiladwyd gan Thomas Peers Williams, a fu farw yn 1875. Rhoddwyd 58 erw o dir yn Llanrhos a Llandudno iddo yn 1848 ac fe gododd *Craig y Don*, ardal o dai nodedig, bellach yn un o faestrefi helaethaf Llandudno. Uchelwr cyfoethog arall oedd Syr John Hay Williams, Bodelwyddan. Fe gododd yntau blasty arall yn Glyn Garth yn 1849 ar gyfer ei wraig a'i ferched. O'r herwydd, fe alwodd y plasty hwn yn *Rhianfa* 'lady's abode'. Bu'n *Rhianfa* ac yn *Plas Rhianfa* am flynyddoedd. Roedd Syr John wedi gofyn i'r pensaer geisio efelychu rhai o blastai Ffrainc, ac ers ugain mlynedd, mae perchnogion diweddaraf y plas wedi mynnu ei farchnata fel *Château Rhianfa*.

Gyda llif cryf y Fenai nid oes syndod bod yma sawl melin heli a chored ('trap pysgod'). Mae'r ynys a elwid yn wreiddiol yn *Ynys Madog Goch* (y cyfeirir ati gyntaf yn 1590) yn ynys amlwg yng nghanol y Fenai, yng nghysgod Pont Britannia, ac roedd yn perthyn i Esgobaeth Bangor. Daeth yn enwog am yr helfeydd pysgod a ddelid yn y ddwy gored ar yr ynys, ac erbyn 1821 cyfeirir at *Ynys Madog Goch Fishery,* ond yn gyffredinol wedyn fel *Ynys Gorad Goch*.[19] O fewn canllath i Ynys Tysilio mae *Melyne Hely* (1589) a'r trigolion diweddarach yn ei adnabod fel *Llyn Melin Tysilio*.[20] Mae'r llyn bellach tu cefn i'r sarn sy'n arwain at Ynys Tysilio. Roedd *Llyn Gàs* neu *Giàs* hefyd yn enw ar y llyn, cyfeiriad at danc nwy oedd wrth ochr y llyn ar un tro, *Gasworks Field* wedyn[21] ac erbyn heddiw mae'n gae rygbi. Mae'r mwd a'r llaid diweddarach o amgylch Ynys Tysilio wedi creu ambell ynys fechan, yn rhannol o dan y don, ond yn

---

[19] Gweler D. Senogles, *The Story of Ynys Gorad Goch on the Menai Straits* (Menai Bridge, 1969).

[20] L. Williams, 'Anglesey Tide Mills', *Trafodion Cymdeithas Hynafaethwyr a Naturiaethwyr Môn*, 1945, 61–3.

[21] Anthony, *Menai Bridge and its Council*, 38.

ddigon i'w copaon ddangos tyfiant. Un yw *Ynys Benlas* a'r llall *Ynys Welltog*.

Heb fod ymhell o *Rysgol Farm* y cyfeiriwyd ato ar ddechrau'r erthygl mae *Tŷ Slaters*. Mae'n demtasiwn i'w weld fel tŷ lle trigai teulu a oedd yn gosod llechi ar do fel bywoliaeth. Dyna ffurf yr enw ar gilbost y tŷ presennol. Ond roedd ffurfiau cynharach yn dangos *Ty Slates* 1778, *Ty Sclatter or Tyddyn Sclatas* 1792. Ar ben hynny, *Tŷ Slatas* yw ynganiad yr enw hyd heddiw gan drigolion lleol. Roedd *slatas* yn gyffredin mewn enwau eraill ar dai a thyddynnod: *Ty Sclatas* 1756 yn Llan-faes, *Sclaters* ger Pont-rug (yn gynharach *ty ysglates* 1818, *Ty Slattes* 1819, *tyslatars* 1821)[22] a *Ty Slattas* 1848 yn Henryd. Mae *Moel Slatus* i'r dwyrain o Gwm Prysor a *Bwlch Slatas* yn ardal Manod. Dyma dai ac iddynt do neu dalcen o lechi. Ond pam nad *Tŷ Llechi*? Mae'n debygol nad yw'r enwau yn cyfeirio at y llechi a gynhyrchwyd yn Nyffryn Nantlle, Bethesda a Ffestiniog ond llechi trymach, mwy cyntefig. Mae *Geiriadur Prifysgol Cymru* yn nodi amrywiaeth o ffurfiau a fabwysiadwyd i'r Gymraeg o'r Saesneg *slates*: sglats, sglatsh, ysglatas, (y)sglatys.[23] Mae Edward Lhuyd (*c.*1700) wrth restru rhai o nodweddion Dyffryn Ogwen a Nant Ffrancon yn cyfeirio at 'davarn ... oedd i gîd o gerrig Slattas, a rhai o'r heini oedd dhwy lath, ag erailh dhwylath a chwarter ne ragor o hŷd ... O Glod[h]vŷdh Tomaen yn Nantffrankthon y kawd y kerrig ymma'.[24] Un o ystyron *llech* yn Gymraeg oedd 'maen, carreg', 'slab'. Dyma'r *llech* a welir yn *penllech* a *cromlech*. Yn ddiweddarach, cafodd y ffurf luosog *llechi* a'r ffurf fachigol *llechen* eu hymestyn yn benodol at lechi wedi'u trin ar gyfer toi, 'roofing slate', ac at *lechen* y byddai plant yn ysgrifennu arni.

Yn wreiddiol roedd y gair lluosog *slates* mewn Saesneg Canol yn ddwy sill, sef *sclattes* neu *sclattis*. Yn aml wrth fabwysiadu gair Saesneg byddai'r Gymraeg yn cadw'r sill lluosog *-es* fel sill gyflawn *-as* ac *-ys* (tra roedd yn diflannu yn Saesneg) megis *botes* 'boots' yn cael ei fabwysiadu fel *botas* yn Gymraeg; gallwn gymharu â *clotas* am *clods* a *crabas* am *crabs* ('crab apples').[25] (Mae'r broses i'w gweld hefyd mewn enwau lleoedd, megis *Boreshan* ger Wrecsam yn mynd yn *Borras*.[26]) Aeth *sclattes* Saesneg yn *sglatas* a *slatas* Cymraeg. Ymhen amser aeth *slatas*

---

[22] Glenda Carr, *Hen Enwau o Arfon, Llŷn ac Eifionydd* (Caernarfon, 2011), 253–5.

[23] GPC dan *slâts*.

[24] Edward Lhuyd, *Parochialia* (London, 1909–11), i, 31.

[25] Gweler T.H. Parry-Williams, *The English Element in Welsh* (London, 1923), 100.

[26] Hywel Wyn Owen, 'English place-names and Welsh stress-patterns', *Nomina*, 11 (1987), 99–114. Y ffurf enidol Saesneg *-es* sydd yma, ar ddiwedd yr enw personol *Bār*.

yn angof fel gair am lechi to, a pherchnogion tai *slatas* yn cymryd yn ganiataol mai 'slaters' oedd wedi byw yno, teulu a osodai lechi ar do fel bywoliaeth. Hynny sy'n egluro arwydd ein *Tŷ Slaters* ni. Ond mae'r ynganiad lleol yn dal i ddiogelu tarddiad *Tŷ Slatas*.

Diogelu tarddiad, cofnodi cyfnod, dyna gyfraniad enwau lleoedd. Mewn byd cyfnewidiol, mae cadwraeth mewn enwau lleoedd. Mae *Ceris* a *Tysilio* wedi goroesi, mae'r *Swillies* yn dal i lyncu *ships that saileth*, parhau mae'r côf am Griffith Jones yn fferm *Rysgol*. Hyn oll yn goleuo gorffennol y fro, ei thirwedd a'i hetifeddiaeth, etifeddiaeth y mae Gŵyl Tysilio yn gymorth i'w dathlu.

13

The relations of Penarth (Glamorgan), especially in Cornwall

OLIVER PADEL

A can of worms may seem an ungracious choice of centenary gift. However, the Glamorgan place-name Penarth, usefully discussed by Gwynedd Pierce in 1968 in his book which did so much for Welsh place-name studies, has such problematical ramifications that it is difficult to describe them in any other way; so a discussion of them arises appropriately from Gwynedd's own work, although I cannot here resolve the problems or do justice to all the uncertainties.

First, a summary of Gwynedd's account of the Glamorgan name, published in 1968 and still valid today:

> The medieval spellings include *Penarth* 1254, *Penharth* 1266, *Pennarth* 13th cent., *Pennart* 13th cent. From *pen* 'head, top' plus a second element which could formally be (i) *garth* 'hill, promontory, ridge, height' (rather than *ardd* 'hill, height', in this name), (ii) *garth* 'enclosure', or (iii) *arth* 'bear'. The topography makes (i) the likeliest. By contrast, Pennard on the Gower peninsula, also in Glamorgan but not treated in the book because not in Dinas Powys hundred, is probably from *pen + ardd*, with the same meaning. The early spellings of Penarth and Pennard are effectively indistinguishable, so individual forms may be difficult to allocate with assurance to one place or the other, but the spellings *Pennard* 1272, *c.*1291 probably belong to Penarth and should be added to those cited above.[1]

One point which can be added here is that since we do not know how a *garth* 'hill, height' may have differed from an *ardd* 'hill, height' it is probably not possible to use the configuration of the land itself to try to distinguish between those two elements. And as Gwynedd recognised in 1968, in medieval documentary records the spellings of the voiced and voiceless dental spirants [ð] and [θ] are so overlapping that no confidence

---

[1] Gwynedd O. Pierce, *The Place-Names of Dinas Powys Hundred* (Cardiff, 1968; henceforth PNDP), 158–60; see now also Richard Morgan, *Place-Names of Glamorgan* (Cardiff, 2018), 162–3 (Penarth) and 167 (Pennard).

can be placed in the use of one spelling rather than another. In Cornwall it is even harder to distinguish between the reflexes of Welsh *ardd* and *garth*, because under most circumstances voiced final consonants became unvoiced in Cornish, so we are effectively trying to distinguish between Cornish **arth* and **garth*, both meaning 'a height', even leaving aside further possible uncertainties introduced by bears or enclosures.

In Wales I have noted, from Archif Melville Richards (henceforth AMR), *Rhestr Enwau Lleoedd* (1967; RhELl), and Melville Richards's *Welsh Administrative and Territorial Units* (1969; WATU) the following 21 instances of places called Pen(n)ardd, Pen(n)arth or Peniarth, which for the moment I do not wish to try to separate from one another.

Caernarfonshire: **(W1)** Penarth-fawr and -bach in Llanystumdwy parish (SH 42 37–8), attested in 1352 (AMR); located inland, but note the promontory of Penychain two miles to the south (SH 43 35), itself with a farm called Penrhyn on it, suggesting that if the name Penarth referred originally to this promontory (as seems very possible), it has historically borne three successive names in *Pen-*: Penarth, Penrhyn and Penychain. An additional farm, Penarth-uchaf, also in Llanystumdwy parish (SH 40 39), 1½ miles north-west of Penarth-fawr, seems likely to be named from that place, rather than an independent instance of the name. **(W2)** Penardd township, in Clynnog Fawr parish (SH 42 50); *Pennard yn Aruon, Maynawr Bennard* 12th cent. (14th cent.),[2] *Pennar in Aruon* 1269;[3] it sits at the foot of high ground where that meets the narrow coastal plain. In 1928–30 it was called Pennarth according to J. Lloyd-Jones and Ifor Williams,[4] though appearing as Pennardd on OS 1" 1830. **(W3)** Benarth (Hall), in Henryd parish (SH 78 76), on land jutting into the Conwy estuary; attested in 1536 (AMR). **(W4)** Penarth in Llanbedrycennin parish, attested in 1542, and in 1838 OS 1" 'sheet 75' (AMR), but Llanbedrycennin is actually on sheet 78 and I have been unable to find a Penarth hereabouts on either sheet. The name may be represented by two farms called Pen-y-garth isaf and uchaf at about SH 767 694, shown on the early OS 6" map, but that name seems more likely to contain *garth* 'enclosure, farmyard'; and the name cited in AMR from OS 1" does not appear there.

---

[2] Ifor Williams (ed.), *Pedeir Keinc y Mabinogi* (Caerdydd, 1930), 71, 72 and 260–1.

[3] J. Goronwy Edwards (ed.), *Littere Wallie Preserved in Liber A in the Public Record Office* (Cardiff, 1940), no. 85.

[4] J. Lloyd-Jones, *Enwau Lleoedd Sir Gaernarfon* (Caerdydd, 1928), 112; Williams, *Pedeir Keinc*, 260.

Cardiganshire: **(W5)** Pennardd commote; seemingly not named from any place now called Pennardd but centred on Tregaron (SN 67 59) and Ystrad-fflur (SN 74 65) according to Owen, *Description of Penbrokshire*, iv, 435 and 484; WATU 175 and 252; *Pennart* (metrically = *-ardd*) 1160×1170 (13th cent.) Cynddelw, *Pennarch*, *Penarch* (both for *-th*) late 13th cent., *Peniarth* 1292.[5] **(W6)** Pennardd-isa, -newydd, -ucha, in Aber-porth parish (SN 24 51); *Pennard* 1250.[6] **(W7)** Penarth, in Llanbadarn Trefeglwys parish (SN 49 62); *Penarth* 1817.[7] **(W8)** Pennardd-fach and -fawr, in Llandysiliogogo parish (SN 37 53); *Pennarth* 1302–3.[8]

Denbighshire: **(W9)** Peniarth Fawr, in Betws-yn-Rhos parish (SH 91 74); a township, WATU 173; *Pennarth* 1334;[9] it lies in not particularly hilly country and the map shows no clear hill-feature nearby.

Glamorgan: **(W10)** Pennard (Penardd), parish (SS 56 88); on the Gower peninsula, its land including Penhard Castle (SS 54 88) and the headland now called Pwlldu Head (SS 57 86); *Pennard c.*1187, *Pennard c.*1291, *Pennarth* 1316.[10] **(W11)** Penarth, parish, &c. (ST 18 71); *Penarth* 1254, *Penharth* 1266 (PNDP 158); the lands of the parish include the coastal Penarth Head (ST 19 71) on the estuary of rivers Ely (Elái) and Taf, and also (if the name originally denoted the whole headland) Lavernock Point further south (ST 18 66), formerly in this parish (PNDP 40). The occasional presence of *-h-* in forms of these two names seems to be unique within Wales, though it appears in many of the corresponding Cornish and Breton names (below); its use in Penhard Castle could be an archaic spelling perpetuated from older records, but Richard Morgan has found no such spellings for Pennard itself.[11]

Merionethshire: **(W12)** Penarth, in Corwen parish (SJ 10 42); *Penierth* 1838 OS 1". **(W13)** Peniarth in Llanegryn parish (SH 61 05), the

---

[5] Nerys Ann Jones & Ann Parry Owen (eds), *Gwaith Cynddelw Brydydd Mawr, ii* (Caerdydd, 1995), poem 1, line 60 and note; Iwan Wmffre, *The Place-Names of Cardiganshire* (Oxford, 2004), 1338.

[6] *Ibid.* 95.

[7] *Ibid.* 716.

[8] *Ibid.* 321.

[9] Paul Vinogradoff & Frank Morgan (eds), *Survey of the Honour of Denbigh 1334* (London, 1914), 242 and 244–5.

[10] Morgan, *Place-Names of Glamorgan*, 167.

[11] *Ibid.* 167 (though not mentioning the OS spelling, Penhard Castle).

well-known *plas* with its rich collection of manuscripts; *Pennyarth*
1326 (AMR);[12] it sits below the south-western foot of a spur running
north-eastwards up to Cader Idris.

Monmouthshire: **(W14)** Penarth (House), in Llangybi Fawr parish
(ST 37 96); attested in 1608–9 (AMR). **(W15)** Penarth, in Tryleg
parish; compare *Penarth Mill* 1830 OS 1" (SO 47 04; AMR); not to
be confused with an area of land called the Narth, three miles away
(SO 52 06).[13]

Montgomeryshire: **(W16)** Penarth township, in Llanfair Caereinion
parish (farm at SO 09 03); *Pennart* 1278;[14] WATU 171; on (top of) a
ridge. **(W17)** Penarth, in Newtown parish (SJ 13 92); attested in
1277×1326 (AMR); *Pennarth* 1578; a roughly-shaped promontory
forming the east part of the parish and bounded by a small stream.[15]
(W18) Peniarth township, and three farms called Peniarth, Lower
Peniarth (both SJ 16 16) and Peniarth (SJ 14 15), all in Meifod parish;
attested in 1543 (AMR); *Peniarth* 1577;[16] WATU 173; at the east and
west ends of a narrow ridge 1½ miles long. **(W19)** Peniarth Uchaf and
Isaf, in Pennant Melangell parish (SJ 07 24), *Penyarth* 1600;[17] at the
lower end of Cwm Hirnant where it emerges into the Tanat valley,
and at the east end of a pronounced ridge.

Radnorshire: **(W20)** Penarth, in Cregrina parish (SO 12 52); 1833 OS
1"; unclear topography. **(W21)** Penarth, in Llanbadarn Fawr parish;
attested in 1695/6 (AMR); not on OS? But note Cefn Penarth, farm
(SO 09 66).

In this material it is worth noting, first, the variation between final [θ] and
[ð] (where they are distinguishable), even among the modern forms of a
single name in the case of **W2**; it is generally considered that more than
one second element is presumably involved, but the medieval forms
cannot usually provide guidance on this point, except for forms found in
poetry where the metre shows the phonology (compare **W5**, above).
Second is the appearance (and disappearance) of both *-i-* and occasionally

---

[12] Glenda Carr, *Hen Enwau o Feirionnydd* (Caernarfon, 2020), 199–201.
[13] Richard Morgan, *Place-names of Gwent* (Llanrwst, 2005), 159; if the Narth does in fact
perpetuate an older *Penarth*, one could compare the development of two Cornish instances
of Penare to Nare (nos **1** and **3**, below).
[14] Richard Morgan, *A Study of Montgomeryshire Place-Names* (Llanrwst, 2001), 143.
[15] *Ibid.*
[16] *Ibid.* 145.
[17] *Ibid.*

-*h*- in the forms. The variable presence of -*i*- is of course known in other contexts, such as between a stem and a plural or an adjectival ending; but in these names it is assumed to be due to a lenited -*g*-, the history of which is very complex within the Brittonic languages;[18] on this point see further below.

In Brittany I have found surprisingly few examples, though I may have missed some: only **(B1)** Penhars (Finistère), on the south-western outskirts of Quimper, attested as *Pennhart* 1160 and located on top of a hill (so Bernard Tanguy);[19] and, in eastern Brittany, **(B2)** Old Breton *aula Penard* 857 (11th cent.), *aula Penharth* 862 (11th cent.), 'the court of *Penard* (or *Penharth*)', in the Cartulary of Redon; this name either is lost or may survive as Pinard in Montoir parish (Loire-Atlantique), where there is a slight bend of land (not a promontory) extending into the tidal estuary of the river Loire.[20] Fleuriot considered the Old Breton name **B2** to contain *arð* not *garth*, because of the absence of -*g*- in the spellings;[21] but the -*h*- in one of the two forms, as in the name at Quimper, is interesting.

In England outside Cornwall there are two examples, first Penyard (Castle) in Ross-on-Wye parish (Herefordshire, SO 61 22), *Penyerd* 1227.[22] The name of the nearby village, Weston under Penyard (SO 63 23), implies that the name can also denote the hill surrounding the castle, now called Penyard Park, an area of high ground above the Wye valley and the town of Ross. Second is the pair of villages called East and West Pennard in Somerset (ST 59 37 and ST 55 38), at the foot of each end of a two-mile ridge, Pennard Hill. The situation of either one could well serve as the type-example of a *pen yr ardd* 'end of the height'. Their name is found as *Pengerd* '681' (10th cent.) Sawyer no. 236, *Pennard* '705' (14th cent.) Sawyer no. 247, and *Pengeard mynster* 955 Sawyer

---

[18] Kenneth Jackson, *Language and History in Early Britain* (Edinburgh, 1953), 433–70; Kenneth Hurlstone Jackson, *A Historical Phonology of Breton* (Dublin, 1967), 710–54 (also 534–57).

[19] Bernard Tanguy, *Dictionnaire des noms de communes, trèves et paroisses du Finistère* (Douarnenez, 1990), 141–2.

[20] Hubert Guillotel *et al.* (eds), *Cartulaire de l'abbaye Saint-Sauveur de Redon* (Rennes, 1998–2004), ii, 105b.

[21] Léon Fleuriot, 'Quelques noms de lieux ou de personnes en vieux-breton', *Annales de Bretagne*, 64 (1957), 529–36 (530–1).

[22] A.T. Bannister, *The Place-Names of Herefordshire* ([Cambridge], 1916), 150; B. Coplestone-Crow, *Herefordshire Place-Names* (Oxford, 1989), 174.

no. 563, thus showing forms both with and without medial [j].[23] In the Somerset name its presence is explained as due to association with English *geard* 'enclosure, yard',[24] which may well be right; but it is suggestive that this is the same variation as also appears in some of the Welsh names.

In Cornwall there are eleven certain or possible examples of the name. The first seven all refer to headlands on the south coast of the county, two of the headlands being located inland but between tidal creeks; no. **8** is the only certain example that is located fully inland, a farm on a promontory between the river Tiddy and a small tributary, and on top of one end of a mile-long ridge. The last three, all uncertain for different reasons, are all inland. The map shows the locations; several of those referring to coastal

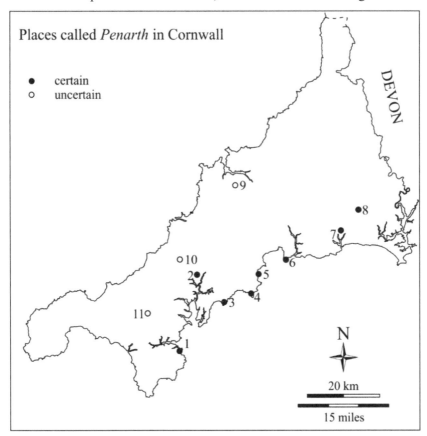

Places called *Penarth* in Cornwall

[23] P.H. Sawyer, *Anglo-Saxon Charters: an Annotated List and Bibliography* (London, 1968), now updated as <esawyer.lib.cam.ac.uk>; in Walter de G. Birch (ed.), *Cartularium Saxonicum* (London, 1885–99), charters 61, 112 and 903.
[24] Eilert Ekwall, *The Concise Oxford Dictionary of English Place-Names* (Oxford, 1960), 362.

headlands are historically the names of medieval settlements sitting on the headlands, the name being attested in the medieval period for the settlement, not the headland itself.

(1) Penare, farm, St Keverne parish (SW 795 245), plus Nare Point, coastal promontory, and its (higher) side-projection, Nare Head (SW 800 251; SW 800 247). *Pennarð* 967 (11th cent.) Sawyer no. 755, Henry de *Penarth* 1298 Ass, Henry de *Penharth* 1313 Ass.[25] The loss of the initial syllable in Nare Head and Nare Point shows the position of the stress, on the second syllable of the farm-name.

(2) Higher and Lower Penair, farms, St Clement parish (SW 846 455, SW 841 457). William *Pengard* 1297 Min, *Pengarth* 1313 Ass, Geoffrey *Pengard* 1327 SR, *Pennarth* 1546 Rental, *Pengarth* 1556 Rental; the farms lie on a promontory between two tidal creeks, eight miles inland from the open sea. There were also lost tenements close by called *Garth* 1309–1440 (presumably in the sense 'promontory') and *Cosarth* 1650 ParlSurvey 'the wood of *Garth*'; so *Pen-(g)arth* here is presumably 'the top (or end) of *Garth*', even though the situation on a promontory is similar to those of other instances. The loss of -*g*- could be ascribed to an unattested definite article, though note *Coysingarth* 1337 Caption (− *Cosarth* 1650), showing a definite article but still with -*g*-.

(3) Pennare Wartha and Wallas ('upper' and 'lower' Pennare), farms, Veryan parish (SW 922 384 and SW 920 382), plus Nare Head, coastal headland (SW 916 370). *Pennarde c.*1100 (14th cent.) Montacute, *Penhart* 1238 FF, *Pennarth* 1429 Ass. The major coastal headland of Nare Head is found as *Penare Point, Penare c.*1540 Leland. As in no. **1**, the loss of the first syllable in the coastal name shows the position of the stress in the full name.

(4) Penare, farm, Goran parish (SW 999 403). Henry de *Penhard c.*1250 Deed, *Penhard* 1293 Fees, *Penarth* 1310 Close, *Pengard* 1345 (16th cent.) ExtAcr; the name refers to the major coastal headland called Dodman Point.

(5) Penare Point, minor coastal headland, Mevagissey parish (SX 021 458). *Pen nare c.*1870 OS 1".

(6) The Penarth 1839, field, Tywardreath parish (SX 098 497). (Pasture called) *the Pennarthe* 1525 Survey, *Penarth-Point* (coast) *c.*1540

---

[25] For the abbreviated sources of early forms, see the list at the end of the chapter.

Leland; the name refers to the major coastal headland called Gribbin Head.

(7) Penarthtown, farm, Morval parish (SX 254 564). Baldwin de *Pennart* 1166 RBE 249, *Pennarth* 1748 Martyn; two miles inland, but on a promontory between two (formerly) tidal creeks.

(8) Penearth, farm, Menheniot parish (SX 313 626). Giffard de *Penhardh c.*1220 Deed, 'Milsand' (= Millicent) *Penhart* 1327 SR; inland, on the top (not at the foot) of a mile-long ridge rising to the north-west.

(9) (?) Pennards, farm, St Breock parish (SW 966 706). *Pennards* 1748 Martyn; inland, at the foot of higher ground but hardly a ridge or promontory; no early evidence, so possibly a transferred name. The -*s* could be genitival, but I have not found *Pennard* as a surname in the area.

(10) (?) Pennare, farm, St Allen parish (SW 811 493). Laurence de *Ponnard* (for *Penn-*) 1327 SR, *Pennare* 1748 Martyn, *Pennear*, *Penhare* 1840 TA; inland, below the eastern end of a ridge; name possibly transferred (perhaps by Laurence in about 1327?) from Penair (St Clement), 3 miles away.

(11) (?) Penmarth, hamlet, Wendron parish (SW 704 354). (?) Laurence de *Pengarth* 1337 Caption, *Penmarth* 1872 Lake; inland; it is unclear whether the single medieval form refers to this place, but if so then the change to the modern form with -*m*- may have arisen under the influence of the nearby hamlet of Polmarth (*Polmargh* 1337 Caption), a quarter-mile to the north.

The minimal documentation so far found for the last three names makes them uncertain, in different ways. Of the eight certain names, three refer to major headlands on the south coast (nos **3**, **4** and **6**), and four more to other headlands or promontories, all also on the south coast (nos **1**, **2**, **5** and **7**), with only one definite example (no. **8**) located inland: see the map. These places are therefore more consistently coastal than in Wales, where there are more inland examples and fewer coastal ones, although Penarth and Pennard in Glamorgan remain prime coastal examples. As for the spellings, apart from the appearance of -*g*- in the spellings of nos **2** and **11**, notable is the occasional appearance of -*h*- in nos **1**, **3**, **4** and **8**, and even in the poorly-documented no. **10**, as in **W10** and **W11** and in both the Breton names.

The obvious question concerning these names, as with the Welsh ones, is whether they contain *arð 'height' or *garth 'height', or whether some contain one and some the other – and, if so, whether there was any difference in meaning between the two. In Cornwall even more than in Wales, these two elements cannot be distinguished phonologically, and it seems doubtful whether it could be done topographically, through trying to distinguish different types of site. The one factor that may help is the appearance in some of the names of a sound, either [h] or in Wales [j], after the -n of Pen-. Under certain circumstances both of these sounds can be derived from a former -g-, suggesting that in these names, at least, the second element was *garth not *arð. However, since a lenited -g- can also disappear altogether, we cannot say firmly that those names showing neither sound must have contained *arð rather than *garth. Moreover, the reason for the lenition would anyway be unclear: there is never any sign of a definite article in the names.

The reflexes of -g- in the Brittonic languages were complex and various, but for present purposes two contexts are important. As described by Jackson in 1953 they are as follows. (a) Within single words -g- after -l- and -r- became [j] in Welsh (spelt -i-) but [χ] in Cornish and Breton, this [χ] sometimes becoming further softened to [h]. A good example is arganto- 'silver' which became Welsh arian but Breton arc'hant, arhand, Middle Cornish arghans, arhans.[26] (b) Within compound words, when -g- was the initial sound of the second part of the compound, the same development occurred, giving [j] in Welsh 'at least in some cases' (!) and 'to some extent' in Cornish and Breton too, not only after -l- and -r- (e.g. *Ōrbogenos > Welsh Urien, Old Breton Urðien, Urien) but also after -n.[27] Thus in such compounds -g- did not become [χ] in Cornish and Breton as it did in (a), when it was in absolute internal position.

The distribution of sounds across the languages appearing under (a) is similar to the spellings seen in some of the Penarth names, with -i- in some Welsh ones (nos W9, W13, W18 and W19), and -h- in both the Breton names and some of the Cornish ones (nos 1, 3, 4, 8 and 10, alongside -g- in nos 2 and 11), but never -i-. However, it does not correspond exactly. First, one and perhaps both of the two Glamorgan names are exceptional within Wales, with occasional -h-; is it significant that these two names are the instances furthest south in Wales, and thus closest to the south-western peninsula? And second, in our names the context of the

[26] Jackson, Language and History, 466–9; Jackson, Historical Phonology of Breton, 716–18.
[27] Jackson, Language and History, 439; Jackson, Historical Phonology of Breton, 720.

sound is after -*n*-, which is not one in which Cornish and Breton [χ] or [h] is given as an outcome of -*g*-, either within single words (*a*) or in compounds (*b*).

Even more problematically, these names are not actually compounds anyway, although Jackson considered Peniarth so, specifically the famous one, **W11**, reconstructing it as *Pennogarto- in his discussion of type (*b*) above.[28] That reconstruction would explain the lenition, and hence the -*i*- in some of the Welsh names, but it still would not explain the -*h*- appearing in the names in Cornwall and Brittany (and Glamorgan!). However, I cannot accept Jackson's reconstruction for Peniarth, in view of the second-syllable stress in the Cornish names (not only, but most notably, in nos **1** and **3**, giving Nare Head) and in some of the Welsh ones. This stress makes them phrasal names instead: 'end of the height', not 'chief height'. This nature is less obvious in some of the Welsh names, where the tendency to stress phrasal names as if they were single words (as in 'Pencoed' or 'Aberffro') can sometimes hide their phrasal nature. Gwynedd has pointed out that disyllabic names in *Pen*- tend to be stressed on the second syllable in South Wales (in keeping with the etymology and the meaning) but on the first syllable in North Wales (PNDP 346). That development is not found in Cornwall, where the etymological stress has been more consistently stable than in Welsh names.

The development of lenited -*g*- in Breton (for which the evidence is much fuller than Cornish) is particularly varied and complex, with inconsistencies and exceptions. Initial *g*- is often lenited to *c'h*- or *h*-, but the Penarth names do not provide a context in which lenition would be expected. Correspondingly Jackson says that the Old Breton spelling *Penharth* is 'quite isolated', though he does cite (and reject) several other place-names that appear to offer temptingly similar spellings in similar contexts.[29] This matter is too complex to consider in further detail here (and I have necessarily skimmed over some of the difficulties), but I hope some of the possibilities, as well as the problems, have been sufficiently described. Concerning some of the complexities in the developments of lenited -*g*- Jackson himself presciently said in 1953 (or was it despair?), 'The whole question needs further investigation'; and again in 1967, 'The subject is obscure and needs further investigation.'[30] What is clear is that the evidence of the Cornish and Breton names is essential for fully understanding the Welsh examples of Peniarth, &c.

---

[28] Jackson, *Language and History*, 439.

[29] Jackson, *Historical Phonology of Breton*, 719 note 4; and, more generally, 710–54.

[30] Jackson, *Language and History*, 439; *Historical Phonology of Breton*, 724.

However, our understanding of these names would also be incomplete without additionally considering what they do *not* describe, so a further complication must here be added, the complementary distribution within Cornwall of a different word for 'headland'. As mentioned earlier, to our eyes at least there is no lack of headlands on the north coast of the county serving as possible candidates for further *Penarth* names, but there are no examples there. On that coast (and to a limited extent elsewhere) such features have a different name, equivalent to Welsh Pentir 'headland'. There are six definite examples in Cornwall, all coastal, plus two inland ones which are less certain; the map shows the locations.

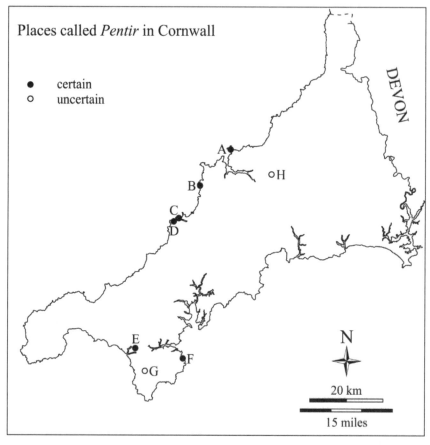

Places called *Pentir* in Cornwall

●   certain
○   uncertain

(A) Pentire, farm, St Minver parish (SW 935 802). William de *Pentir* c.1230 Deed, *Pentyr* 1284 Ass; also Pentire Point, coastal headland (SW 923 804), found as ...*tyre* c.1540 Leland, *Pentire Point* 1576 Saxton.

(B) Pentire, farm, St Eval parish (SW 851 708). Remfrey de *Pentir* 1208–12 Fees, *Pentyrmorgan* 1291 Ass; the farm-name refers to the coastal headland now called Park Head (SW 840 708), so named *c.*1870 OS 1", but earlier found as *Pencarne Point* 1659 AcctR, 1699 Gascoyne; so this headland, like Penychain in Caernarfonshire seemingly (**W1**, above), has borne three successive names.

(C) East Pentire, farm, Crantock parish (SW 795 612), plus Pentire Point East, coastal headland (SW 780 615). *Pentirbighan* 1239 FineRl, *East Pentire* 1748 Martyn (a 'farm'), *Pentirevean* 1813 OS 1".

(D) West Pentire, farm, Crantock parish (SW 776 606), plus Pentire Point West, coastal headland (SW 773 612). *Pentir c.*1270 Deed, *Pentyr* 1374 FF, *Pentire* 1748 Martyn (a 'village'). The two headlands, Pentire Point East and West (respectively *Pentire vean* and *Pentirepoint* 1699 Gascoyne), are half a mile apart, framing the tidal estuary called the Gannel.

(E) Pentire, two farms, Wendron parish (SW 654 249), *Pentir* 1337 Caption; the farms sit on a promontory between the two arms of Loe Pool, formerly a tidal inlet, but cut off from the sea since about 1300.

(F) Pedn Tiere, coastal promontory, St Keverne parish (SW 805 231); *Pedntire Rock c.*1870 OS 1"; the small north-facing promontory forms one corner of a larger headland called Porthkerris Point, and lies just over a mile to the south of Nare Point (no. **1** above); it was perhaps named as a headland or corner from the perspective of fishermen sailing out of Porthallow Cove, half a mile to the west.

(G) Pentire, farm, Cury parish (SW 685 208); William *Pentir* 1327 SR, *Pentir* 1375 CtR-Hd; inland, on a tongue of land lying between two streams but not sharply defined; this name may perhaps have been transferred (around or before 1327?) from Pentire in Wendron parish, three miles to the north-west.

(H) Pentire, farm, St Tudy parish (SX 064 747); (close called) *Pentyrep'ke* 1544 CtR, (close called) *Pentire Parke* 1650 ParlSurvey, *Pentire* 1813 OS 1"; inland, not at an identifiable land feature, and probably a transferred name, especially since the earlier references to the name show it combined with English *park* 'field'; the transfer could have taken place by means of a surname such as (for example) that of John *Pentyre* 1545 SR (in Launcells parish and Launceston town).

All the six clear examples in Cornwall therefore refer to coastal promontories, four of them on the north coast and two on the south, although **F** actually faces north; the two inland examples are poorly-attested and one very probably, the other possibly, are due to transfer through a surname.

In Wales the name seems to be less common than Pen(i)arth, with only four examples in AMR:

> Anglesey: Pentir, in Llangoed parish (SH 62 80), a hamlet on the promontory forming the north-eastern tip of the island; *Pentyr* 1307 Min.[31]

> Caernarfonshire: Pentir, village, in Llangedol parish (SH 57 67); *Pentyr* 1306–7; inland, at the furthest southerly extent of the bishop of Bangor's lands.[32]

> Monmouthshire: Penterry, farm (ST 52 99); found as *Pentir* 1154×1189 and 1153×1176 (both 1307) ChR III, 88 and 96–7 (and so AMR).

> Montgomeryshire: *Pentir* (lost?), Llangurig parish; 1795 John Evans, *Map of North Wales* (AMR); shown at about ST 91 75, inland, towards the end of a projecting tip of the county where it meets both Radnorshire and Cardiganshire; but not on OS 1" 1833.

In Brittany I have found only a single example, cited by Joseph Loth as Pentir, a coastal name in Plouhinec parish, west of Quimper on the Pointe du Raz peninsula; but it is not named on the 1:100,000 map. Loth implied that other examples also exist, but he gave no details.[33]

In Cornwall the notable feature of these names is the four prominent headlands on the north coast, where there are no *Penarth* names; but they are not restricted to the north coast, since **E** and **F** are on the south coast; **E**, in particular, is similar in its location to *Penarth* nos **2** and **7**, as a headland lying inland between tidal creeks. I have failed to detect any reason in the shapes of these headlands why they should merit a different name from the *Penarth* headlands. Is it perhaps just coincidence that in Wales the single coastal example, Pentir on Anglesey, is on the north coast, while the prime coastal example of Penarth is in Glamorgan, on the south coast, echoing the locations of the corresponding names in

---

[31] T. Jones-Pierce, 'Two early Caernarvonshire accounts', *Bulletin of the Board of Celtic Studies*, 5 (1929–31), 142–55 (especially at 154); identification in AMR.

[32] Hywel Wyn Owen & Richard Morgan, *Dictionary of the Place-Names of Wales* (Llandysul, 2007), 374–5.

[33] J. Loth, 'Contribution à la lexicographie et l'étymologie celtiques', in Paul Collinet *et al.* (eds), *Mélanges H. d'Arbois de Jubainville* (Paris, 1905), 195–227 (especially at 227).

Cornwall? For the time being I must leave the curious distribution of Pentire and *Penarth* in Cornwall unexplained, like the uncertainty about the second element(s) in the *Penarth* names, in Wales as well as Cornwall and Brittany. The potential antiquity of the Pentire names is emphasised by their having a counterpart in the Gaelic languages, with Kintyre in Scotland the best-known example.

And, finally, it would be wrong not to mention two other Cornish place-names of similar meaning, which serve to confuse the matter even further. The first is Penrose, from *pen* + **ros* 'moorland, promontory', equivalent to Welsh Penrhos. There are 11 farms so called in Cornwall, plus one more in west Devon, and two more Cornish places called Perrose (formerly *Penros*).[34] These names tend to be situated below one end of a ridge or nose of land, though **ros* in some of these names may have referred to the type of land-use rather than the shape itself. In Wales there are numerous examples of Penrhos, Pen-y-rhos and the like, and likewise in Brittany, where Perros (Finistère) is a hamlet on a promontory forming the southern side of the estuary called Aber-Ildut.[35] Brittonic **ros*, Welsh *rhos*, is a difficult word, since it seems originally to have denoted a promontory but then to have changed its sense, at least in Welsh, and quite possibly in Cornish too, so as to mean 'moorland, upland meadow, rough grazing', so I am again unable to say what the difference may have been in Cornwall between a *Pen-ros* and a *Pen-arth* or a *Pen-tir*.

The second name is Penryn, from *pen* + **rynn* 'point of land'. Its Welsh equivalent, Penrhyn, is again frequent (compare under **W1**, above), but Cornwall with its much smaller land-area has only two examples: first the town of Penryn (SW 78 34), found as *Penrin* 1259 ChR, *Perin* c.1540 Leland; and, second, the farm of Pridden, in St Buryan parish (SW 415 266), found as *Penren* 1323 Ass, *Peryn* 1461 TitheAcct, *Pridden* 1699 Gascoyne. The later development of both names well demonstrates the second-syllable stress in them both. The main street of Penryn well exemplifies the meaning of this name, running down a sloping ridge which is a shoulder of higher ground; Pridden is not on a hilly site but occupies a point of land between two streams. Neither Penrose nor Penryn seems to have been used for coastal headlands, though the ridge of Penryn lies

---

[34] O.J. Padel, *Cornish Place-Name Elements* (Nottingham, 1985), 183.

[35] Further examples are cited by Georges Dottin, 'Mots bretons dans les chartes de l'abbaye de Beauport', *Revue celtique*, 3 (1876–8), 395–418, and 7 (1896), 52–65 and 200–9 (especially at 203), and by Bernard Tanguy, *Les Noms de lieux bretons*, 1, *Toponymie descriptive* (Rennes, 1975), 78.

between an inland tidal creek and a valley-bottom whose tidal stretch may formerly have been longer.

So there are four Brittonic names of roughly similar meaning; it would be rewarding if closer investigation of their sites could show clear distinctions of topography between them. But despite all the uncertainties which remain, these names and their associated problems are worth offering, both for their intrinsic interest, and in the hope that Gwynedd, or some other reader, may be able to cast further light on the problems that they present.

Abbreviations of sources

AcctR	Manorial Account Roll (Cornwall Record Office, Redruth)
Ass	Assize Roll (National Archives, London)
Caption	P.L. Hull (ed.), *The Caption of Seisin of the Duchy of Cornwall*, Devon & Cornwall Record Society, n.s., 17 (1971)
ChR	*Calendar of Charter Rolls* (London, 1903–27)
Close	*Calendar of Close Rolls* (London, 1892–1963)
CtR	Manorial Court Roll (National Archives, London)
CtR-Hd	Hundred Court Roll (National Archives, London)
Deed	Deed (Cornwall County Record Office, Redruth)
ExtAcr	'Extenta Acrarum' (1284 and 1345), both in P.A.S. Pool, 'The tithings of Cornwall', *Journal of the Royal Institution of Cornwall*, n.s. 8 (1978–81), 275–337
Fees	*Liber feodorum: The Book of Fees* (London, 1921–31)
FF	Joseph Hambley Rowe (ed.), *Cornwall Feet of Fines* (Exeter, 1914–50)
FineRl	*Calendar of Fine Rolls* (London, 1911–63)
Gascoyne	Joel Gascoyne, *A Map of the County of Cornwall* [1699], ed. W.L.D. Ravenhill & O.J. Padel, Devon & Cornwall Record Society, n.s., 34 (1991)
Lake	[Joseph Polsue], *A Complete Parochial History of the County of Cornwall*, 4 vols (Truro, 1867–72)
Leland	Lucy Toulmin Smith (ed.), *The Itinerary of John Leland in or about the Years 1535–1543* (London, 1906–10)
Martyn	Thomas Martyn, *A New and Accurate Map of the County of Cornwall* (London, 1748)

Min	Ministers' Accounts (National Archives, London); including L. Margaret Midgley (ed.), *Ministers' Accounts of the Earldom of Cornwall 1296–1297*, Camden Society, 3rd Series, 66 and 68 (1942–5)
Montacute	*Two Cartularies of the Augustinian Priory of Bruton and the Cluniac Priory of Montacute in the County of Somerset*, Somerset Record Society, 8 (1894)
ParlSurvey	Norman J.G. Pounds (ed.), *The Parliamentary Survey of the Duchy of Cornwall*, 2 vols, Devon & Cornwall Record Society, n.s. 25 and 27 (1982–4)
RBE	Hubert Hall (ed.), *Red Book of the Exchequer* (London, 1897)
Rental	Manorial Rental or Survey (National Archives, London); see also ParlSurvey and Survey
Saxton	Christopher Saxton, Atlas of the Counties of England and Wales (Proof Copies, British Library, London)
SR	Lay Subsidy Roll (National Archives, London)
Survey	T.L. Stoate (ed.), *Cornwall Manorial Rentals and Surveys* (Bristol, 1988)
TA	Tithe Apportionment (Cornwall County Record Office, Redruth)
TitheAcct	Tithe Account (St Michael's Mount; King's College, Cambridge)

14

Llwybrau

RHIAN PARRY

Mae'r erthygl hon yn seiliedig ar sgyrsiau a gweithgareddau a drefnwyd gan Gymdeithas Enwau Lleoedd Cymru ar draws y wlad.

Mae'n hawdd iawn cychwyn cymdeithas; ei chadw'n fywiog yw'r gamp. Yn fuan ar ôl sefydlu Cymdeithas Enwau Lleoedd Cymru yn swyddogol yn Hydref 2011 yn y Llyfrgell Genedlaethol, llwyddwyd i ennill grant gan Gronfa Dreftadaeth y Loteri. Dewiswyd *Gwarchod* yn enw ar y cynllun, gan mai dyma un o dri phrif amcan y Gymdeithas yn ôl ei chyfansoddiad. Yn hytrach na chreu cynllun ar wahân i waith arferol y Gymdeithas, cynlluniwyd pob elfen fel ei bod yn rhan o'r un gwead ac fe reolwyd y cyfan gan ein pwyllgor gweithgar. Bwriwyd ati i godi ymwybyddiaeth o bwysigrwydd enwau lleoedd a'r brys i gofnodi mân enwau yn y dirwedd, llawer am y tro cyntaf erioed. Roedd cynllun manwl o weithgareddau wedi ei greu fel rhan o'r cais am arian, yn cynnwys sgyrsiau, gweithdai, teithiau cerdded, erthyglau, cynnal stondin flynyddol yn yr Eisteddfod Genedlaethol, a chasglu a chofnodi mân enwau lleoedd. Cydiodd y gweithgareddau'n fuan gan ennyn cefnogaeth y cyhoedd a diddordeb y cyfryngau.

Yn bendant, nid siop siarad oedd y cynllun hwn i fod. Roedd angen strwythurau clir, yn enwedig wrth lunio cronfa ddata genedlaethol. Dyfeisiwyd dull o gofnodi enwau a sicrhâi gysondeb ac ansawdd y data. Ychwanegodd dull o'r fath werth i holl gyfraniadau aelodau'r cyhoedd, unigolion a chymdeithasau o'r cychwyn cyntaf. Cymaint o gymorth a fyddai map digidol i arddangos pob enw yn ei union leoliad a datgelu'r wybodaeth am yr enw! Wrth agor ein cynhadledd flynyddol ym Mangor yn 2013 estynnodd Emyr Roberts, prif weithredwr Cyfoeth Naturiol Cymru bryd hynny, wahoddiad i'r Gymdeithas i gyfrannu mân enwau at eu mapiau *Rhwydwaith Fanwl Afonol Cymru* ar y cyd â'r Arolwg Ordnans. Dyma'r gronfa ddata fwyaf manwl sy'n ymwneud ag afonydd Cymru.

Daeth y datblygiad hwn yn greiddiol i waith casglu a chofnodi'r Gymdeithas ac ehangwyd ein diddordeb i'r arfordir, y mynyddoedd a'r caeau. Mae'n adnodd gwirioneddol arbennig ac mae'n dal yn un o gongl-feini gwaith casglu a chofnodi'r Gymdeithas.

Dysgwyd llawer am sut i fachu cyfle ac ymrwymo mewn gweithgareddau lleol yn hytrach na chydweithio o bell. Yn ardaloedd chwareli Ogwen a Llanberis mae 'taro bargen' yn ddisgrifiad da o'r hyn a wnaed. Erbyn 2018, cyflawnwyd y cynllun a'r amcanion gyda chydweithrediad a chefnogaeth ardderchog staff swyddfa Cronfa Dreftadaeth y Loteri yng Nghaerdydd a'n swyddog maes.

Amcan ein hail gynllun loteri, *Llwybrau,* yw adeiladu ar waith *Gwarchod* ac ymestyn ein gweithgareddau i ardaloedd eraill, a cheisio cyrraedd grwpiau ar ymylon ein gwaith blaenorol. Daeth yn amlwg o'n profiadau drwy *Gwarchod* fod rhai nad oeddem yn eu cyrraedd ddigon aml. Felly, datblygwyd ein cysylltiad â Menter Fach-wen, Llanberis, cwmni sy'n cynnal gweithdai, siop a chaffi, a'r gweithwyr yn bobl sydd ag angen eu cynnal yn fwy na'r arfer. Hwyluswyd ein hamcanion yn sylweddol iawn gan fewnbwn Gareth Roberts, un sydd ar dân dros wella ansawdd bywydau pobl ifainc ac oedolion dan ei ofal. Mae ei egni yn ddiarhebol ac mae'n creu ynni rhyfeddol yn ei gymdogaeth. Gareth sy'n rheoli'r gwaith ar ein rhan a ninnau'n ei gefnogi yn ariannol ac yn weithredol drwy aelodau gweithgar lleol fel Ifor Williams a Dafydd Whiteside Thomas. Ychwanegwyd plwyf Llanddeiniolen at y cynllun gwreiddiol a bu'r ymateb ar y cyfryngau cymdeithasol yn lleol yn wych. Ein bwriad yw creu gwaith mewn pedair ysgol leol.

Ynghlwm â'r datblygiad hwn yn Llanberis mae Amgueddfa Lechi Cymru. Cawsom wahoddiad i gyfrannu at eu gweithgareddau 'Cofio'r Cau' a chynlluniwyd gweithdy cyhoeddus yno a ddenodd dros 90 o ymwelwyr lleol. Cawsom dystiolaethau ac atgofion lawer ac enwau ponciau'r chwarel yn ogystal. Mae Dafydd Roberts, Cadi Iolen a'r staff yn bleser i gydweithio â nhw gan ein hysbrydoli gyda'u brwdfrydedd. Edrychwn ymlaen at gydweithio eto os llwyddir i sicrhau statws Safle Treftadaeth Byd i'r ardaloedd llechi. Mae Gareth, sy'n ffotograffydd proffesiynol, wrthi'n creu darluniau digidol a mapiau i ddangos datblygiad y chwarel, y sinciau a'r ponciau a'u henwau. Bydd y gwaith hwn a'r ymchwil cysylltiol yn datblygu.

I raddau, mae *Llwybrau* yn dilyn ôl traed *Gwarchod* heb fethu cam, fel y gwelwyd yn ein gweithdy yn Neuadd Ogwen, Bethesda, yn 2018 a diwrnod dathlu'r casglu yn 2019. A dyna wers arall. Ceir llwyddiant ysgubol pan fo nifer o garedigion lleol yn rhoi eu hysgwydd dan y baich. Cafwyd paratoi, hysbysebu yn y papur bro, *Llais Ogwan,* a pherswâd diwyd am wythnosau cyn y gweithdy, ac ar y diwrnod daeth dros 70 i rannu gwybodaeth ac i gofnodi enwau. Casglwyd a chofnodwyd enwau o Nant y Benglog yn y de i Aber Ogwen yn y gogledd, gan gynnwys bron i gant o enwau pyllau'r afon gan aelodau'r gymdeithas bysgota leol. Ond, ni all neb gasglu a chofnodi holl enwau cwm mor sylweddol mewn diwrnod! Heb gymryd ei wynt, aeth John Llywelyn Williams ati i gysylltu â llond dwrn o wirfoddolwyr i gasglu o fferm i fferm a dosbarthodd fapiau bras i gofnodi'r enwau. Diolch i Cynrig Hughes a Gwynfor Ellis yn arbennig am eu dygnwch, i John am drefnu, ac i Irene am drosglwyddo dros fil o fân enwau i'r map digidol. Dim ar chwarae bach mae pethau fel hyn yn digwydd. Ond pan mae'n digwydd, mae'n rhyfeddol.

Ychydig ddyddiau cyn dechrau'r clo mawr cyntaf (oherwydd Cofid-19) penderfynwyd trefnu diwrnod i ddathlu a diolch i bawb a gyfrannodd mor hael i'r casglu. Cawsom groeso ardderchog gan Dilwyn a Manon yn Neuadd Ogwen, paned a chacennau arbennig a phob cymorth technegol. Daeth nifer fawr iawn i fwynhau paned a chyflwyniad byr am waith y Gymdeithas yn casglu enwau ar draws Cymru. Dan law Hywel Wyn Owen, cafwyd cyflwyniadau byrion gan rai o'r casglwyr, pob un wedi dewis un enw i'w drafod.

Dewisodd Ieuan Wyn yr enw *Waun Fflogyn.* Meddai:

Un o weunydd fferm Gwern-gof Isaf heb fod nepell o odre Tryfan yn Nant y Benglog yw *Waun Fflogyn.* Mae'r enw'n cyfeirio at y *cyffylog,* aderyn yr oedd cryn hela arno slawer dydd am ei gig a'i blu. Mae Llyn Ogwen gerllaw, ac ymhlith y plu pysgota a fyddai'n cael eu cawio gan bysgotwyr yr ardal er mwyn dal brithyll y llyn yr oedd *aden cyffylog ar gorff llwyd felyn a thraed llwydion,* ac *aden cyffylog ar gorff lliw rhwd haearn a thraed cochion.* Ceir cofnod ohonynt yn *Llawlyfr y Pysgotwr* gan William Roberts, Ty'n-y-maes, Nant Ffrancon a gyhoeddwyd yn 1899.[1]

Clywodd Ieuan yr eglurhad pan oedd yn llanc yn ymweld â'r fferm. Mor bwysig yw'r dystiolaeth lafar i drosglwyddo enwau, ac eto mor brin. Soniodd Thelma Morris am yr enw *Cae Deintur* yn ei chartref, fferm Pandy, Tre-garth. Eglurodd ystyr a swyddogaeth *deintur* a chafwyd llun ohono a'r bachau ar ei hyd a ddaliai'r brethyn yn dynn wrth iddo sychu yn yr awyr agored – ar *Gae Deintur.* Cyfeiriodd at y dywediad *on tenterhooks* a'r arferiad Cymreig o ddweud rhywbeth yn debyg, *ar bigau'r drain,* dywediad a ddeilliodd o'r arferiad gwledig hwn.

Heb fod ymhell o Dre-garth ym Mhentir mae *Cae Masant Llwyd,* y dewisodd Cynrig Hughes ei drafod. Llygriad o *Pasant* yw *Masant,* sef enw un o'r hen feistri ar y crwth. Efallai mai enw personol oedd yr elfen *Llwyd.*

---

[1] William Roberts, *Llawlyfr y Pysgotwr* (Bethesda, 1899).

Ger Aber Ogwen mae *Cae'r Ffens Lechi*, man lle bu maes awyr adeg y Rhyfel Mawr, yn ogystal â brwydr y Dalar Hir yn 1648 rhwng y Brenhinwyr a'r Seneddwyr. Cawsom yr hanes gan Gwynfor Ellis. Gwelir yr enw *Dalar Hir* ar fapiau'r Arolwg Ordnans. Yn ôl traddodiad, claddwyd nifer o filwyr yno, ac ychwanegodd Wyn Roberts, Tre-garth, fel y caent, yn blant lleol, fynd drwy'r caeau i lan y môr ond eu rhybuddio rhag mynd yn agos at y gladdfa. A dyna draddodiad o bron dri chan mlynedd yn cael ei drosglwyddo o genhedlaeth i genhedlaeth.

Yn yr un ardal mae *Cae Gwilym Ddu* ac adroddodd John Llywelyn Williams hanes o adeg llys Llywelyn Fawr yng Ngarth Celyn, Abergwyngregyn, gerllaw. Enw'r Cymry ar Gwilym Brewys oedd Gwilym Ddu a thybed, gofynnodd John, ai yma y crogwyd ef am ei frad, yn arwydd o gryfder Llywelyn ac yn rhybudd i eraill?

Cafodd rhai o'r sgyrsiau eu recordio gan Dei Tomos, Is-Gadeirydd y Gymdeithas, ar gyfer ei raglen ar Radio Cymru ar nos Sul a chlywir rhai ohonynt ar ein gwefan. Gwelsom adroddiad llawn iawn yn y wasg gan Angharad Tomos, un a ddaeth i gefnogi, ac rydym yn gobeithio cydweithio ar waith o'r fath gyda hi yn Nyffryn Nantlle.

Ar ddechrau 2019, gofynnwyd i'r Gymdeithas roi cyngor ar fân enwau ar hyd Llwybr Arfordir Môn. Defnyddiwyd ein map digidol i ddangos lleoliad y mynegbyst sydd ar hyd y llwybr. Rhennir y cyfrifoldeb am gyflwr a diogelwch y llwybr ym Môn gan Gyngor Sir Ynys Môn a Chyfoeth Naturiol Cymru. Sefydlwyd cymdeithas wirfoddol i gefnogi'r gwaith o ddydd i ddydd, sef Cyfeillion y Llwybr. Yn dilyn ymweliad ganddynt i ganolfan y gwasanaethau brys yng Nghaergybi, cawsant wybod bod llawer o ymwelwyr yn methu nodi eu lleoliad ar y llwybr wrth alw am gymorth mewn argyfwng. Aethant ati i greu cadwyn o blaciau gyda chyfeiriadau grid cenedlaethol, rhif a lliw i'w gosod ar fynegbyst derw'r Cyngor ar hyd y llwybr.

Cyn gosod y 269 plac, cawsant y weledigaeth bellach o ychwanegu enw'r lle er mwyn codi ymwybyddiaeth cerddwyr o enwau lleoedd. Gan fod y mwyafrif o aelodau Cyfeillion y Llwybr yn newydd-ddyfodiad i'r ardal, roedd angen cryn gymorth i ddewis a dethol enwau Cymraeg lleol. Gwahoddwyd ein Cymdeithas ni i'w cynorthwyo. O ganlyniad, ychwanegwyd at bob plac enw lleoliad agos i'r mynegbost, yn enw ogof, bwthyn, afon, craig, rhyd hynafol, neu rywbeth tebyg. Drwy hyn, adferwyd nifer o enwau hen rydau ar draws y Lasinwen, sy'n gwahanu Ynys Cybi a thir mawr Môn. Cafwyd *Rhyd y Gari*, *Rhyd y Wig*, *Rhyd Syr Wiliam*, *Lleurad y Felin*, *Rhyd Pen-Ro* a *Rhyd Lasinwen*. Tynnwyd ein sylw at yr elfen *Lleurad* gan Ann Parry Owen:

Mae *Lleurad-y-felin* a *Lleurad Uchaf* yn enwau ar ddwy ryd hynafol rhwng Ynys Leurad ar y tir mawr ac Ynys Cybi ar draws y Lasinwen. Ystyr yr elfen *llaer* yn ôl *Geiriadur Prifysgol Cymru* yw '?distyll, terfyn eithaf y trai', a *llaered* yw 'darn o dir rhwng pen llanw a distyll y gellir ei groesi pan fo'n drai'. Ceir awdl farwnad gan y bardd Gruffudd ap Maredudd o ail hanner y bedwaredd ganrif ar ddeg i Wenhwyfar o Bentraeth lle mae'n disgrifio sut y cludwyd corff Gwenhwyfar yr holl ffordd o'i chartref ym Mhentraeth i Gaergybi i'w gladdu. Mae'n bosibl y cyfeiria'r llinell *Llawer llef a gawr uwch llawr lleyryd* at y galaru ger y Lasinwen wrth weld corff Gwenhwyfar yn cael ei gludo heibio.

Mae adfer rhai o'r hen enwau hyn ar hyd Llwybr Arfordir Môn yn fodd i godi ymwybyddiaeth y cyhoedd o'r cyfoeth hanesyddol, llenyddol a diwylliannol sydd mewn enwau lleoedd. O ganlyniad i osod y placiau, gall aelodau'r cyhoedd roi eu lleoliad manwl wrth gysylltu gyda'r gwasan-aethau brys. Gall y drefn hon arbed bywydau. Mae hefyd yn arbed enwau. Mae'n weithred greadigol a blaengar. Dyma osod patrwm o gydweithio penodol ym Môn, un y gellir ei ailadrodd ar ddarnau eraill o lwybr arfordir Cymru.

Cyn y Nadolig yn 2019, cynhaliwyd diwrnod agored yn Swtan, bwthyn to gwellt ar arfordir gogleddol Môn, ac unwaith eto, cawsom wahoddiad gan Gyfeillion Swtan i gyfrannu. Roedd tanllwyth o dân yn Swtan a phawb yn blasu hen awyrgylch yr oes a fu. Dangoswyd ffilm fer a wnaed gan Teifi Jones, Llandegfan, o'r holl gilfachau ar hyd milltir o fae i'r de o Borth Swtan. Gobeithiwn ychwanegu rhan ogleddol yr arfordir ar gais y ffermwyr lleol a fynychodd ein gweithdai drwy'r gaeaf. Enwir pob cilfach ar y ffilm ac mae'n fodd i ymwelwyr ddysgu am yr hanes sydd ynghlwm wrth yr enwau: *Porth y Cychod*, *Porth y Santes*, *Porth y Pren*, *Porth Grugmor* ac eraill. Bathwyd yr enw *Church Bay* gan forwyr yn fuan wedi codi tŵr i eglwys Llanrhuddlad yn 1858. Defnyddiwyd y tŵr amlwg yn dirnod hwylus a daeth dwsin neu fwy o gilfachau a thraethau, gan gynnwys *Porth Swtan* ei hun, i'w hadnabod fel *Church Bay*. Nid oes rhaid dweud bod y mân enwau wedi eu disodli a mynd yn angof bron. Bydd y ffilm yn fodd i'w hadfer.

Cafwyd ail weithdy yn Archifdy Morgannwg, yn Rhagfyr 2019, profiad braf a chroesawus bob amser. Cofnodwyd rhai cannoedd o enwau sydd wedi eu cofnodi yn siroedd y De-ddwyrain a chafwyd mapiau ar fenthyg. Mae enwau gwastadeddau Gwent yn ddiddorol ac yn wahanol. Aethom hefyd i Drefdraeth, sir Benfro, i gynnal sgyrsiau un min nos Wener gan ddilyn ar y dydd Sadwrn gyda gweithdy casglu enwau lleol. Cawsom gefnogaeth dda diolch i ymdrechion a threfniadaeth wych Sophie Jenkins, ein partner o fudiad PLANED (*Pembrokeshire Local Action Network for Enterprise and Development*), a braf iawn oedd boddi yn nhafodiaith hyfryd yr ardal. Daeth Siân Lewis i'n cefnogi ac i rannu atgofion o'i phlentyndod yn torri slipiau papur i'w thad, yr Athro Melville Richards, ar gyfer cofnodi enwau. Adroddir yr hanes am y tân mawr yn yr eithin a'r grug sych tu cefn i'w chartref yn Llangrannog yn 1959 yn y *Bwletin*.[2] Achubwyd y bocsys a'r slipiau papur ynddynt ac mae'r enwau bellach ar gael i bawb ar lein ar wefan Archif Melville Richards Prifysgol Bangor.[3]

Aethom hefyd i Geri ym Mhowys ar wahoddiad Carrie White a'r gymdeithas hanes lleol. Cafwyd diwrnod i'w gofio ochr yn ochr ag arddangosfa o hen luniau o dai lleol, llawer wedi hen adfeilio, eraill wedi diflannu. Ond ychwanegwyd eu henwau at y lluniau ac mae'r casgliad bellach wedi ei archifo'n ddiogel a'r enwau hefyd wedi eu harbed. Casglwyd llawer o enwau'r cylch a diddorol oedd gweld gwerthfawrogiad trigolion di-Gymraeg o'u henwau lleol. Mae llawer wedi glynu atynt oherwydd parhad eu teuluoedd yn yr ardal am ganrifoedd.

Cafwyd gweithdy casglu enwau ym Mhorth yr Aur, Caernarfon ar y cyd â'r Gymdeithas Ddinesig. Cawsom fwynhau cwmni aelodau lleol a chryf-hau cysylltiadau. Cofnodwyd enwau o fewn y dref, yn yr ardal ehangach, a hefyd enwau pysgotwyr lleol ar byllau'r Fenai.

Gobeithiwn roi cyflwyniad o'n gwaith ni yma yng Nghymru i'r Society for Name Studies in Britain and Ireland (SNSBI), pan fydd yn cynnal ei chynhadledd nesaf. Mae ein cysylltiad gyda'r gymdeithas hon yn un agos a buddiol ac yn mynd yn ôl flynyddoedd.

A'r dyfodol? Eleni, yn 2020, rydym ar fin cychwyn ar gyfnod o baratoi ar gyfer ein gwaith fel rhan o gynllun sylweddol y Parc Cenedlaethol, sef *Tirwedd y Carneddau*. Fel rhan o gynllun *Llwybrau*, rydym wedi cytuno i gynnal chwe gweithdy tebyg i'r un ym Methesda, mewn pentrefi ar ymylon y Carneddau. Ni fydd digwyddiadau wyneb yn wyneb yn cael eu cynnal ar hyn o bryd oherwydd sefyllfa Cofid-19. Yn dilyn trafodaethau diweddar, rydym yn ystyried dulliau amgen o gydweithio gyda'r cyhoedd, gan ddefnyddio'r we, e-bost a galwadau ffôn i gefnogi unigolion.

Yn ogystal â hyn, gobeithiwn fedru cyfrannu at waith y partneriaid eraill gan eu hannog i ystyried enwau lleoedd yn eu hymchwil ym meysydd amgylchedd ac archaeoleg. Mae'r enghraifft a gafwyd gan Ieuan Wyn ym Methesda o *Waun Fflogyn* yn dangos mor ddadlennol y gall enw fod. Os gallwn argyhoeddi'r gwyddonwyr fod mân enwau lleoedd yn gallu cyf-rannu at eu gwaith ymchwil ar y Carneddau, bydd yn gam sylweddol ymlaen.

---

[2] *Enwau Cymru*, 18 (2020), 29–30.
[3] AMR.

15

Enwau lleoedd a Beirdd y Tywysogion

ANN PARRY OWEN

''Fydd 'na neb ond ffyliaid yn treio esbonio enwau lleoedd!' oedd ateb John Morris-Jones i'r ysgolhaig ifanc Ifor Williams pan geisiodd hwnnw ei holi am darddiad rhyw enw lle.[1] Rwy'n weddol siŵr fod y rhan fwyaf ohonom wedi bod yn un o'r ffyliaid hynny ar ryw bwynt, wrth i ystyr rhyw enw lle ymddangos yn *gwbl* amlwg i ni. Y gwir amdani, wrth gwrs, yw mai tuedd naturiol siaradwyr ar hyd y canrifoedd fu ceisio deall ystyr yr enwau lleoedd hynny sy'n diffinio eu milltir sgwâr. Ac fel y mae iaith yn datblygu, ac ystyron geiriau'n mynd yn angof wrth i eiriau newydd eu disodli, mae tuedd naturiol i resymoli ac addasu enwau lleoedd, fel bod enw sydd bellach yn annealladwy yn ystyrlon eto i do newydd o siarad-wyr. Mae olrhain y newidiadau hyn dros y canrifoedd yn astudiaeth ddiddorol ynddi ei hun, wrth i genhedlaeth ar ôl cenhedlaeth ddehongli ac ailddehongli eu henwau lleol; ond i'r ysgolhaig sydd am geisio olrhain hanes enw ac esbonio'i darddiad, mae astudiaeth o'r fath yn gwbl han-fodol. A gorau po fwyaf o dystiolaeth y gall ei chasglu cyn mentro i'r gors ddehongli. Fel yr esboniodd Ifor Williams, 'Ni thâl dim ond hen gof-nodion, a gorau po hynaf. Medrir dangos yn eithaf rhwydd a sicr sut y newidiodd yr enw cynnar i'w ffurf heddiw. Anturus iawn yw gweithio'n ôl o ffurf heddiw i'r hen un, ar hyd sarnau o petai a phetasai, hwyrach ac efallai.'[2]

Ffynhonnell bwysig o dystiolaeth hanesyddol i'r ysgolhaig enwau lleoedd, ond un a esgeulusir yn rhy aml am nifer o resymau digon deall-adwy, yw'r corff enfawr o destunau a ddisgrifir yn gyffredinol fel barddoniaeth Gymraeg yr Oesoedd Canol. Yn yr erthygl hon rwyf yn mynd i edrych yn benodol ar farddoniaeth Oes y Tywysogion, gan mai dyma oedd fy nghyswllt cyntaf gyda'r Athro Gwynedd O. Pierce, yn ôl yng nghanol y 1980au. Ar y pryd, roeddwn i'n gweithio ar awdl farwnad fawreddog Cynddelw Brydydd Mawr i'r Tywysog Owain Gwynedd (a fu farw yn 1170) ar gyfer prosiect Beirdd y Tywysogion. Roeddwn i'n cael trafferth i leoli'r enw lle *Ystreingl* yn y toddaid canlynol sy'n cyfleu

---

[1] Ifor Williams, *Enwau Lleoedd* (Lerpwl, 1945), 9.
[2] *Ibid*. 11.

ehangder awdurdod Owain: *Hyd Ystreingl, hyd Eingl, hyd Aeron – ydd aeth / Ei bennaeth o Benmon.*[3] Cyngor y diweddar Athro R. Geraint Gruffydd, arweinydd y prosiect, oedd ysgrifennu at Gwynedd. Felly dyna a wneuthum ac rwy'n trysori'r ateb a dderbyniais hyd heddiw – llythyr pum tudalen, ar bapur o safon ac mewn llawysgrifen inc hyfryd, yn fy nhywys yn ofalus drwy'r holl dystiolaeth a'r deongliadau posibl. Roedd y ffaith iddo roi cymaint o feddwl ac amser nid yn unig i'm helpu gyda'r ymholiad, ond hefyd i'm haddysgu yn hanfodion y grefft, yn dweud llawer iawn amdano. A phan ddangosais yr ateb i'r Athro Gruffydd, roedd yntau wrth ei fodd, ond yn synnu dim! Roedd yn ei nabod yn dda, mae'n amlwg.

*   *   *   *   *

Canu mawl fu asgwrn cefn y traddodiad barddol yng Nghymru o flynyddoedd cynnar yr iaith Gymraeg yn y chweched ganrif hyd yr ail ganrif ar bymtheg. Hanfod y berthynas rhwng y beirdd a'u noddwyr ar hyd y canrifoedd fu'r syniad o 'rodd am rodd': y bardd yn cyflwyno'i gerdd foliant yn rhodd i'r tywysog neu'r uchelwr, ac yntau'n cyflwyno rhodd yn dâl i'w fardd, ar ffurf lletygarwch, nwyddau materol, gwartheg, tir ac ati. Perthynas gilyddol oedd rhyngddynt – yn ôl y beirdd, beth bynnag – a'r naill mor bwysig i'r llall â'i gilydd. Yn wir, teimlai Cynddelw Brydydd Mawr, er enghraifft, yn ddigon hyderus yn ei bwysigrwydd ef ei hun i allu dweud wrth yr Arglwydd Rhys ap Gruffudd, un o dywysogion mwyaf pwerus y ddeuddegfed ganrif, nad oedd hwnnw'n neb heb ei fardd. *Ti hebof, nid hebu oedd tau, / Mi hebod, ni hebaf innau,*[4] meddai wrtho, hynny ydi yn fras, 'Ni fyddai llais gennyt ti hebof i, ac ni fyddai llais gennyf innau hebot tithau'.

Gallwn fod yn gwbl sicr fod rôl bwysig gan y beirdd yn hyrwyddo statws a grym eu noddwyr yn y gymdeithas, ac mai pwysigrwydd y rôl honno a sicrhaodd ffyniant y traddodiad mawl dros gynifer o ganrifoedd. Mae'n dilyn, wrth gwrs, mai prif achos dirywiad y traddodiad yn yr ail ganrif ar bymtheg oedd y ffaith nad oedd y beirdd a'u cerddi mawl bellach yn bwysig a pherthnasol ym mywydau'r noddwyr. Erbyn hynny roedd ffurfiau newydd a chyffrous ar gael iddynt i hyrwyddo eu pŵer a'u hawdurdod, fel comisiynu portreadau neu fapiau stad i'w harddangos ar waliau eu cartrefi. Yr un yn aml fyddai'r neges, ond roedd y cyfrwng bellach yn wahanol.

---

[3] Nerys Ann Jones & Ann Parry Owen (goln), *Gwaith Cynddelw Brydydd Mawr, ii* (Caerdydd, 1995), cerdd 4, llinellau 256–7, 'Hyd at Ystreingl, hyd at Loegr, hyd at Aeron yr ymestynnodd / Ei arglwyddiaeth o Benmon'; a gweler y nodyn, tt. 83–4.

[4] Jones & Parry Owen, *Gwaith Cynddelw Brydydd Mawr, ii*, cerdd 9, llinellau 173–4.

Thema hollol sylfaenol yn y cerddi i'r tywysogion yw'r syniad fod Duw wedi dewis tywysog arbennig i ofalu dros ei diriogaeth, a bod ffyniant y diriogaeth honno'n dibynnu ar ei iechyd. Disgrifir y tywysog yn aml fel *priodawr* 'iawn berchennog' rhyw ardal neu'i gilydd, a sonnir amdano'n *priodi* ei dir, a'r berthynas rhyngddynt fel *priodas*. Er enghraifft, honna Prydydd y Moch fod Llywelyn ab Iorwerth, yn sgil ei rinweddau, mewn *priodas* faith ag Ynys Prydain;[5] ac yn yr un modd, fod Rhodri, mab Owain Gwynedd, yntau wedi *priodi* ei diriogaeth.[6] Ac, wrth gwrs, os yw'r briodas yn chwalu, er enghraifft drwy farwolaeth neu garchariad y tywysog, yna mae'r tir yn weddw ac yn mynd yn ddiffrwyth: *Diffrwythws daear o'i fod yng ngharchar* meddai Hywel Foel am fro Owain ap Gruffudd, pan garcharwyd ef gan ei frawd Llywelyn ap Gruffudd, y Llyw Olaf.[7]

Atgyfnerthir y berthynas greiddiol hon rhwng y tywysogion a'u tiriog-aeth gan ddull y beirdd o gyfeirio atynt drwy ddefnyddio cyfuniadau fel *brenin Gwynedd, llyw Powys, draig Deheubarth* ac ati. Cyfeirir yn yr un modd at awdurdod dros gantrefi, cymydau a llysoedd, a'r llysoedd pwysig, Aberffraw, Dinefwr a Mathrafal, yn cael eu henwi'n gyffredin hefyd mewn ffynonellau eraill fel prif lysoedd Gwynedd, Deheubarth a Phowys. Weithiau mae'r farddoniaeth yn cynnig gwybodaeth wahanol i'r hyn a geir yng nghofnodion y Brutiau neu yn y Cyfreithiau, gan ein gorfodi i gwestiynu rhai 'ffeithiau' am y tywysogion a chylch eu hawdurdod. Er enghraifft, nid â llys Mathrafal y mae'r beirdd yn cysylltu Madog ap Maredudd, tywysog pwerus Powys a fu farw yn 1160, ond yn hytrach â llys llawer llai hysbys o'r enw *Llech Ysgar*, sef y Graig Lwyd (Crickheath Hill) ym mhlwyf Llanymynech;[8] ac er bod y beirdd yn enwi Aberffraw yng nghyswllt Owain Gwynedd, nid oes dim yn y farddoniaeth i beri i ni gredu bod y llys hwnnw'n bwysicach na'r llysoedd eraill a enwir: *Penmon, Porthwygyr* (sef Cemaes yng ngogledd eithaf Môn), *aelwyd Beblig*

---

[5] Elin M. Jones (gol.), *Gwaith Llywarch ap Llywelyn 'Prydydd y Moch'* (Caerdydd, 1991), cerdd 18, llinellau 23–5, *Dyorfydd dy orfawr addas / Dyweddi teithi teÿrnas / Ac Ynys Brydain briodas – yn hir* 'Enilla dy haeddiant dirfawr / Ddyweddïad [â] phriodol-eddau teyrnas / A phriodas [ag] Ynys Prydain am amser hir'.

[6] *Ibid.* cerdd 5, llinell 59, *Mab Owain Prydain, priodes gwendud* 'Mab Owain [brenin] Prydain, priododd y wlad fendigaid'. Ymhellach ar y thema hon, a welir hefyd mewn barddoniaeth Wyddeleg, gweler Rhian M. Andrews, 'Rhai agweddau ar sofraniaeth yng ngherddi'r Gogynfeirdd', *Bwletin y Bwrdd Gwybodau Celtaidd*, 27 (1976–8), 23–30.

[7] Rhian M. Andrews *et al.*, *Gwaith Bleddyn Fardd a Beirdd Eraill Ail Hanner y Drydedd Ganrif ar Ddeg* (Caerdydd, 1996), cerdd 22, llinell 7, 'Aeth y ddaear yn ddiffrwyth o'i fod yng ngharchar'.

[8] Jones & Parry Owen, *Gwaith Cynddelw Brydydd Mawr, i*, cerdd 2, llinell 4, *Lle trydar, Llech Ysgar llys* 'Lle sŵn prysurdeb, llys Llech Ysgar'.

(Llanbeblig ger Caernarfon) ac o bosibl *Caer Ddygant* (Deganwy).[9]
Mae'n drueni nad oes yr un cyfeiriad yng nghorff y canu hwn at lys
Rhosyr, sef llys y tywysogion ger Niwbwrch a ailgrëwyd yn ddiweddar ar
safle Amgueddfa Werin Cymru yn Sain Ffagan.

Agwedd y mae'r beirdd yn rhoi cryn sylw iddi, a hynny mewn modd
graffig iawn yn aml, yw buddugoliaethau'r tywysogion ar faes y gad, a
hynny gan fod y buddugoliaethau hynny'n cyfiawnhau eu hawl i fod yn
arweinwyr. Roedd hawl etifeddol, wrth gwrs, yn allweddol, ond i ddal
gafael mewn tiriogaeth ar ôl ei hetifeddu ac ychwanegu ati, roedd angen
bod yn arweinydd milwrol a allai amddiffyn ac ymosod yn effeithiol.
Mae'n amlwg fod gwybodaeth am frwydrau llwyddiannus yn rhan o'r
ddysg y tynnai'r beirdd arni wrth gyfansoddi eu cerddi, a chyfeiriadau'r
beirdd yw'r unig dystiolaeth sydd gennym am sawl brwydr o'r fath. Er
enghraifft, wrth ddisgrifio effeithiolrwydd Owain Gwynedd yn amddiffyn
cadarnle Gwynedd, disgrifia Cynddelw sut y bu iddo rwystro ymosodiad
o'r môr yn *Aber Saint* ac ardal *Caer Dathal*:

> Nid aeth trais tros Emais amrant
> O'i amrawdd, gwarthflawdd gorthoriant;
> Aber Saint seithmil dybuant …
> Am dwll farchogion marchogasant – wŷr
> Am du llŷr a lliant:
> Am ardal Caer Dathal doethant.
> Glyw amdrai, amdrwch ydd aethant.[10]

Yn anffodus ni ddysgwn pwy yn union oedd y gelynion, ond cyflëir
atgasedd pur atynt wrth eu disgrifio fel *Amdrychion berïon*, sef bwyd i
adar ysglyfaethus, ar ôl i Owain eu bwrw i lawr yn ddidrugaredd.[11]

Mae'n amlwg fod rhai brwydrau fel petaent yn magu rhyw fath o
arwyddocâd symbolaidd yng ngyrfâu'r tywysogion. Er enghraifft, wrth
foli Owain Gwynedd crybwylla sawl bardd ei fuddugoliaeth yng *ngwaith
Aberteifi* 'brwydr Aberteifi' ar ddechrau ei yrfa yn 1136 ar y Crug Mawr,
tua dwy filltir o dref Aberteifi.[12] Nid oes tystiolaeth fod Cynddelw wedi

---

[9] Gweler Jones & Parry Owen, *Gwaith Cynddelw Brydydd Mawr, ii*, 447–8.

[10] *Ibid.* cerdd 4, llinellau 23–5, 29–32, 'Nid aeth trais dros amrant Emrais [= Gwynedd] /
Yn ôl ei fwriad, [yr] un chwyrn [mewn] dinistr; / I Aber Saint daeth saith mil / … /
Marchogodd milwyr o amgylch marchogion clwyfedig / O du'r weilgi a'r môr: / Daethant
o gwmpas ardal Caer Dathyl, / Yn rhyfelwyr drylliedig [a] briwedig yr aethant ymaith'.

[11] *Ibid.* llinell 35. Mae'n bosibl y cyfeirir at ymosodiad gan luoedd brenin Lloegr ar
ddiwedd y 1150au, gweler Thomas Jones (ed.), *Brenhinedd y Saesson* (Cardiff, 1971), 317.

[12] *Ibid.* cerdd 1, llinellau 39–40, *Gwaith Aberteifi torrynt grain – waywawr, / Fal Gwaith
Faddon fawr wriawr oriain* 'Ym Mrwydr Aberteifi drylliai gwaywffyn cwympedig / Fel

canu i Owain cyn canol y 1160au, ond eto mae'n cyfeirio'n helaeth at y
frwydr hon ddeng mlynedd ar hugain ar ôl yr ymladd, a hyd yn oed yn
1179 wrth ganu marwnad i nai Owain, Cadwallon ap Madog, ym Mael-
ienydd.[13] Mae fel petai crybwyll y frwydr hon yn atgoffa'r gynulleidfa, a'r
gymdeithas yn ehangach, bod y cymwysterau priodol gan Owain i
amddiffyn ei bobl yn effeithiol. Fel y dywedodd yr Athro J. Beverley
Smith am Owain: 'Owain Gwynedd proved himself, before all else, a
warrior. In this capability for war lay the ultimate sanction for his
kingship'.[14]

Man pwysig arall yn y farddoniaeth sy'n cynnig amrywiaeth cyfoethog
o enwau lleoedd yw'r tair awdl gwbl orchestol a ganwyd i seintiau
brodorol yn nhrydydd chwarter y ddeuddegfed ganrif. Cynhwysa'r tair,
rhyngddynt, 716 llinell: awdl Cynddelw Brydydd Mawr i Dysilio ym
Meifod; awdl Gwynfardd Brycheiniog i Ddewi yn Llanddewi Brefi; ac
awdl Llywelyn Fardd i Gadfan yn Nhywyn.[15] Cerddi yn hyrwyddo grym
ac awdurdod eglwysi'r seintiau a'u tiriogaeth yn y ddeuddegfed ganrif
yw'r rhain, wedi eu comisiynu gan arweinwyr cyfoes er mwyn denu perer-
inion i'r eglwysi yn ogystal â chymynroddion gan dywysogion ac uchel-
wyr cyfoethog, drwy bwysleisio pŵer creiriau'r sant i iacháu a gallu'r sant
i eiriol ar ran eneidiau'r rhai sy'n ffyddlon iddo ar Ddydd y Farn.

Gan hynny mae tiriogaeth yr eglwysi'n cael cryn sylw yn y tair awdl:
fe'i diffinnir yn ofalus, gan gyfeirio at *nawdd* y sant i'w bobl a *braint* y
rhai a drigai yn y diriogaeth honno, dau derm ac iddynt gynodiadau
cyfreithiol ac sy'n awgrymu amddiffyniad eithaf ac imiwnedd o'r gyfraith
seciwlar.[16]

Mae'r thema hon yn arbennig o amlwg yn awdl Gwynfardd Brycheiniog
i Ddewi. Yn ôl buchedd ryddiaith Dewi, ymestynnai *nawdd* y sant yn

---

ym Mrwydr Baddon [a'i] mawr floeddio [mewn] ymgyrch', a gweler y nodyn am gyfeir-
iadau pellach at y frwydr yn y canu.

[13] 'Marwnad Cadwallon ap Madog ab Idnerth' yn Jones & Parry Owen, *Gwaith Cynddelw
Brydydd Mawr, i*, cerdd 21, llinell 78 (a'r nodyn).

[14] J. Beverley Smith, 'Owain Gwynedd', *Trafodion Cymdeithas Hanes Sir Gaernarfon*,
32 (1971), 9.

[15] Ann Parry Owen, 'Canu i Gadfan', 'Canu i Ddewi' a 'Canu Tysilio' ar wefan 'Cwlt
y Seintiau yng Nghymru' <https://www. seintiaucymru.ac.uk/ygolygiad/>.

[16] Am *braint* a *nawdd*, gweler Nerys Ann Jones & Morfydd E. Owen, 'Twelfth-century
Welsh hagiography: the Gogynfeirdd poems to saints', yn J. Cartwright (ed.), *Celtic
Hagiography and Saints' Cults* (Cardiff, 2003), 55, '*braint* and *nawdd* are native legal
concepts developed in a church context from the field of secular law where *braint* means
the right of enjoying full legal status or privilege. In the case of a church, it is a privilege
generally associated with royal grant or protection.'

Llanddewi Brefi rhwng afonydd Tywi a Theifi,[17] ond ceir disgrifiad llawer manylach gan Wynfardd Brycheiniog o'i hyd a'i led:

> O Garawn gan iawn, gan ehöeg,
> Hyd ar Dywi, afon firain a theg;
> O'r Llyndu, lle 'd fu llid gyhydreg,
> Hyd ar Dwrch, terfyn tir â charreg.[18]

Yn Llyn Teifi, yn ardal *Caron*, mae afon Teifi yn tarddu, a hi sy'n llunio ffin orllewinol y nawdd. Diddorol yw'r manylyn yma am liw porffor (*ehöeg*) y tir, sy'n awgrymu ei fod wedi ei orchuddio â grug. Yn y *Llyn Du*, neu'r *Llyndu*, yn Fforest Tywi, y mae afon *Tywi*, ffin ddwyreiniol y nawdd, yn tarddu.[19] Os dyma'r llyn a enwir yma, gall yntau fod yn cynrychioli pegwn gogleddol hefyd, o bosibl ar y ffin rhwng tiroedd Dewi yn ne Ceredigion a thiroedd Padarn i'r gogledd. Fodd bynnag, gan fod pridd mawn yn nodwedd ar sawl ardal yng Ngheredigion nid yw'n syndod fod o leiaf dau 'lyn du' arall yn y sir. Lleolir yr enwocaf ohonynt i'r gogledd o Lynnoedd Teifi; dyma'r llyn y cyfeiriodd John Leland ato yn yr unfed ganrif ar bymtheg fel '*Linduy*, i.e. *lacus niger*'.[20] Mae hwn, efallai, braidd yn rhy ogleddol. Lleolid *Llyndu* arall rhwng Llanddewi Brefi a Llangeitho, ac roedd hwn hefyd yn gwagio i afon Teifi. Mae'r llyn hwn bellach wedi sychu, ond mae enwau lleoedd cyfagos fel *Celli Llyndu* a *Phontllyndu* yn tystio i'w fodolaeth ar un adeg.[21] Cynrychiolir pedwerydd pegwn y cwmpawd gan afon *Twrch*, sy'n codi yn y mynydd-dir i'r de-ddwyrain o Landdewi Brefi ac yn llifo i'r de trwy Lan-y-crwys cyn ymuno ag afon Cothi ychydig i'r de o Bumsaint. Casglwn mai ar bwys afon Twrch y mae *carreg* benodol sydd, meddai'r bardd, yn dynodi *terfyn tir* ac mae'n debygol iawn fod Heather James yn gywir mai Carreg Hirfaen Gwyddog yw hon, sy'n sefyll rhyw filltir i'r gorllewin o afon Twrch ac a ddisgrifir fel 'An erect monolith, 4.8m high by 1.1m by 0.8m, carrying a

---

[17] D. Simon Evans (gol.), *Buched Dewi* (Caerdydd, 1965), 18, llinellau 21–2. *o Dyui* [= *Dywi*] *hyt ar Deivi*.

[18] Parry Owen, 'Canu i Ddewi', llinellau 144–7, 'o Garon trwy iawnder, a'i lliw porffor, / hyd afon wych a hardd; / o'r Llyn Du, lle bu gwrthdaro llidiog, / hyd afon Twrch, terfyn tir â charreg'.

[19] Geraint Jenkins, *Ar Lan Hen Afon* (Llandysul, 2005), 62, 'Mae'r afon Tywi yn tarddu yn Llyn Du ger Tregaron, gan lifo trwy ddyffryn toreithiog i Fae Caerfyrddin'.

[20] Lucy Toulmin Smith (ed.), *The Itinerary in Wales of John Leland in or about the years 1536–1539* (London, 1906), 121; hefyd Iwan Wmffre, *The Place-Names of Cardiganshire* (Oxford, 2004), 882.

[21] Cymharer hefyd y cyfeiriad canlynol mewn siediwl o'r 17g. at *Y Ddôl Wen ar Lan y Llyndu*: gweler Wmffre, *Place-Names of Cardiganshire*, 538, 595, 1258.

modern in[s]cription: serves as a boundary marker between Ceredigion and Carmarthenshire'.[22] Roedd hon yn garreg enwog yn ei dydd, ac fe'i henwir yn Efengylau Caerlwytgoed, yn dynodi ffin orllewinol Tref-wyddog, sef ardal a gyfatebai'n ddiweddarach i diriogaeth Caeo.[23]

Elfen drawiadol arall yn y gerdd hon yw'r rhestr drefnus a chynhwys-fawr a geir ynddi o eglwysi Dewi ar draws y de, nifer yn cynrychioli'r cyfeiriadau cynharaf at gysegriadau i Ddewi, yn enwedig yn achos eglwysi a ailgysegrwyd iddo yn y ddeuddegfed ganrif. Dechreuir gan enwi'r ddwy eglwys bwysicaf, *Mynyw* a *Brefi*, sef Tyddewi a Llanddewi Brefi: *Dewi mawr Mynyw, syw sywedydd, / A Dewi Brefi ger ei broydd.*[24] Nesaf yn y rhestr mae eglwys Llangyfelach, prif eglwys arglwyddiaeth Gŵyr, ac eglwys bwysig iawn yn hanes Dewi, gan mai yno, yn ôl y fuchedd, y cyrchodd angel yr allor a dderbyniodd Dewi yn rhodd yn Jerwsalem. Eir ymlaen wedyn i enwi rhagor o eglwysi mewn trefn ddaear-yddol fras: ceir clwstwr ar lan afon Teifi ac yn sir Gaerfyrddin – *Meiddrym* (Meidrum), wedyn *Bangor Teifi*, *Henllan* a *Maenordeifi*, yna *Abergwyli* cyn symud i'r gogledd at eglwysi i'r de o afon Aeron yng Ngheredigion, sef *Henfynyw* a *Llannarth*. Mae lleoliad y nesaf, *Llanadnau*, yn ansicr, ond o bosibl Llanarthne. Wedyn enwir *Llangadog* yn Ystrad Tywi, eglwys bwysig ar y Sarn Hir a gysylltai orllewin Cymru a Brycheiniog; pedair eglwys yn ardal Aberhonddu (*Llan-faes*, *Llywel*, *Garthbryngi* (bellach *Garthbrengi*) a *Thrallwng Cynfyn*), pedair arall ym Maesyfed (*Llanddewi*, *Glasgwm*, *Craig Fruna* (bellach *Cregrina*) ac *Ystrad Nynnid* (bellach *Ystradenni*)), cyn dychwelyd i Landdewi Brefi i gwblhau'r cylch. Mae'r wybodaeth fanwl sydd gan y bardd am y lleoliadau hyn, a'r modd y cyfeiria'n aml at ryw nodwedd ddaearyddol sy'n perthyn iddynt – fel y meysydd llawn meillion a'r coedydd llawn mes yn Henfynyw, neu leoliad *Glasgwm* ar bwys *glas fynydd* – yn awgrymu'n gryf fod Gwynfardd Brycheiniog yn bersonol gyfarwydd â'r lleoliadau hyn.

*   *   *   *   *

Efallai mai un o'r prif anawsterau sy'n wynebu'r sawl sydd am fanteisio ar y corff cyfoethog hwn o farddoniaeth a gysylltir â'r tywysogion

---

[22] Gweler Coflein <https://www.coflein.gov.uk/> dan *Carreg Hirfaen*; *hirvaen Gwyddog*; Heather James, 'The Geography of the Cult of St David: A Study of Dedication Patterns in the Medieval Diocese', in J. Wyn Evans & Jonathan M. Wooding (eds), *St David of Wales: Cult, Church and Nation* (Woodbridge, 2007), 67.

[23] *Ibid.*

[24] Parry Owen, 'Canu i Ddewi', llinellau 85–6, 'Dewi mawr Mynyw [= Tyddewi], athro doeth, / a Dewi [Llanddewi] Brefi ger ei gwastadeddau'. Daw'r cyfeiriadau a drafodir yma yn llinellau 85–107.

Cymraeg yw problem orgraff (h.y. sut mae gair yn cael ei sillafu). Wrth gwrs mae hon yn broblem gyffredinol i'r hanesydd enwau lleoedd wrth ddyfynnu ffurfiau hanesyddol. Ei brif ffynhonnell yn aml yw dogfennau swyddogol (yn ymwneud â chyfraith tir, &c.), lle mae'r orgraff yn aml dan ddylanwad ynganiad Saesneg, gan mai clerc o Sais oedd yn cofnodi fel arfer. Pan geisiai hwnnw gofnodi seiniau Cymraeg a oedd yn ddieithr iddo (fel y sain 'll', neu 'rdd' ar ddiwedd gair[25]), câi drafferthion. Ond gan mai Cymry Cymraeg, i bob golwg, oedd yr ysgrifwyr a gofnodai farddoniaeth Beirdd y Tywysogion yn yr Oesoedd Canol, nid yr anallu i gofnodi seiniau Cymraeg yw'r broblem, ond yn hytrach y ffaith fod gwahanol ganolfannau dysg yn defnyddio gwahanol systemau orgraff.

Mae mwyafrif cerddi Beirdd y Tywysogion wedi eu cofnodi mewn dwy brif lawysgrif ganoloesol: Llawysgrif Hendregadredd (LlGC 6680B; galwaf hon yn H) a Llyfr Coch Hergest (Rhydychen, Coleg yr Iesu 111; galwaf hon yn R). H yw'r bwysicaf o'r ddwy o safbwynt y farddoniaeth, oherwydd y nifer uchel o destunau unigryw sydd ynddi. Fe'i hysgrifennwyd yn abaty Sistersaidd Ystrad-fflur tua'r flwyddyn 1300, gan ysgrifydd galluog a oedd yn safoni'r orgraff wrth weithio. Defnyddiai *t* ar ganol ac ar ddiwedd gair am 'dd', a *d* yn yr un safleoedd am 'd' (er enghraifft *cotyant* 'coddiant', *Pennart* 'Pennardd', *Prydein* 'Prydain', *gwlad* 'gwlad'). Dyma, i bob pwrpas, yw system orgraff Llyfr Du Caerfyrddin hefyd (LlGC, Peniarth 1; galwaf hon yn C), a ysgrifennwyd yng Nghaerfyrddin tua 1250, llawysgrif sydd hefyd yn cynnwys cerddi gan Feirdd y Tywysogion, dwy ohonynt yn unigryw. Mae R yn cynnwys ail gopi o nifer o'r cerddi a geir yn H, ond mae hefyd yn cynnwys yr unig gopi o sawl un arall. Mae'r ysgrifwyr yn y llawysgrif hon eto'n safoni orgraff, ond y tro hwn defnyddiant *d* ar ganol ac ar ddiwedd gair am 'dd', *d* ar ganol gair am 'd' a *t* ar ddiwedd gair am 'd' (er enghraifft *codyant* 'coddiant', *Pennard* 'Pennardd', *Prydein* 'Prydain', *gwlat* 'gwlad'). Pan sonnir am 'orgraff Cymraeg Canol', orgraff R sydd gan bobl fel arfer mewn golwg, nid orgraff H ac C. Felly pan ddyfynnir ffurf fel *diffrin cluit* o gerdd a gyfansoddwyd yn y ddeuddegfed ganrif, cymerir yn ganiataol mai 'dyffryn Clwyd' yw'r ynganiad a fwriedid, heb gofio mai 'dd' a gyflëir gan y *-t* ar ddiwedd y gair yn Llyfr Du Caerfyrddin, lle cadwyd y

---

[25] Gweler crynodeb Oliver Padel o sylwadau blaenorol Gwynedd O. Pierce, tt. 116–17, 'in medieval documentary records the spellings of the voiced and voiceless dental spirants [ð] and [θ] are so overlapping that no confidence can be placed in the use of one spelling rather than another'.

gerdd.[26] Mae'n annhebygol mai gwall sydd yma, gan fod y gair yn odli ag *ebrwydd*; felly, mae'n rhaid sicrhau bod yr wybodaeth hon am yr ynganiad yn cael ei chyfleu i'r darllenydd wrth gyflwyno ffurfiau hanesyddol yr enw *Clwyd*, a bod ymgais i esbonio'r ffurf.[27]

Mae'r farddoniaeth gynnar hon yn ffynhonnell amhrisiadwy ar gyfer tystiolaeth i ffurfiau enwau lleoedd a'u defnydd yn y ddeuddegfed ganrif a'r drydedd ganrif ar ddeg, ac mae'r un peth yn wir, wrth gwrs, am gynnyrch Beirdd yr Uchelwyr yn y cyfnod dilynol. Os yw bardd yn crybwyll enw lle mewn cerdd, gallwn fod yn sicr fod rheswm da ganddo dros wneud hynny, er nad yw'r rheswm bob amser yn amlwg i ni heddiw. Fel y gwelwyd, roedd y beirdd yn gwbl ymwybodol o'r berthynas greiddiol rhwng eu noddwyr â'u tiriogaeth, ffynhonnell eu grym a'u hawdurdod. At hynny mae patrymau cynganeddol, yn odlau a chytseinedd, yn aml yn gymorth i gadarnhau ffurfiau llawysgrifol ac ynganiad tebygol yr enwau ar y pryd. Ond fel pob un ffynhonnell arall sydd ar gael i'r hanesydd enwau lleoedd, mae angen treulio tipyn o amser yn dod i'w hadnabod a'i deall, yn ogystal â gofal wrth ei defnyddio.

[26] Gweler A.O.H. Jarman (gol.), *Llyfr Du Caerfyrddin* (Caerdydd, 1982), cerdd 22, llinell 16; J.E. Caerwyn Williams, *Gwaith Meilyr Brydydd a'i Ddisgynyddion* (Caerdydd, 1994), cerdd 1, llinell 16 (llinell o rupunt) *Ryuel ebruit, a Diffrin Cluit a Nant Convy,* yn orgraff heddiw 'Rhyfel ebrwydd, a Dyffryn Clwydd a Nant Conwy', gydag 'ebrwydd' a 'Clwydd' yn odli yn ôl patrwm arferol llinell o rupunt.

[27] Fel y gwneir, er enghraifft, gan Guto Rhys yn 'Afon Clwyd: cynnig geirdarddiad newydd', *Studia Celtica*, 52 (2018), 179–82.

16

The Irlond roll from Oswestry
and its medieval Welsh minor names

DAVID N. PARSONS

In an O'Donnell lecture delivered during the session 1953–4, B.G. Charles drew attention to the Welsh toponymy of two areas on the English side of the modern Anglo-Welsh border, in Herefordshire and around Oswestry in north-western Shropshire.[1] Nearly 70 years later the first English Place-Name Society volume covering one of these areas, Oswestry, is soon to appear. It will in the main confirm Charles's impression of the 'widespread and profound' Welsh character of the region in the medieval and early modern periods, and it will add many names from sources that Charles did not use for his lecture. Some of these sources are early and particularly valuable, not just to illustrate Welsh usage in this offshoot of medieval Powys, but as records of Welsh nomenclature in general: a number of elements and combinations found here appear to be unique or are recorded earlier here than have been noted elsewhere, at least in the major collections published to date.

One notable addition to the material examined by Charles is the group of over 200 charters relating to holdings in and around Oswestry by the Augustinian abbey of Haughmond, near Shrewsbury. The monks established a grange at Aston, two miles east of Oswestry, and records relating to the acquisition of small plots of land around this grange are particularly numerous and detailed, giving many local Welsh names for the meadows, moors and arable strips concerned. Although it had previously been extensively used by local historians, the Haughmond cartulary was not fully published until 1985,[2] and its nomenclature – Welsh and English – has never before been examined in print.

The particular subject of this article is a second, smaller but equally precious collection of some 60 deeds preserving names from the town of Oswestry and several neighbouring townships, especially Sweeney, two

---

[1] Published as 'The Welsh, their language and place-names in Archenfield and Oswestry', in Henry Lewis (ed.), *Angles and Britons: O'Donnell Lectures* (Cardiff, 1963), 85–110.

[2] Una Rees (ed.), *The Cartulary of Haughmond Abbey* (Cardiff, 1985).

miles south of the town. The deeds nearly all bear dates and belong to the century between 1330 and 1430; they were copied during the fifteenth century onto a long parchment roll which survives – like the Haughmond cartulary – in Shropshire Archives, Shrewsbury. From their content it is clear that the documents represent the personal archive of one Richard Irlond of Oswestry, who acquired the lands from the 1380s onwards.[3]

The texts on the roll are not wholly unknown, and indeed would have been available to Charles, since the details, and most of the names, were published by the Reverend R.C. Purton in the *Transactions of the Shropshire Archaeological Society* for 1949.[4] If Charles saw this contribution, however, he could be forgiven for having overlooked it, because many of the names as printed are off-puttingly corrupt. At first sight it is hard to know what to do with forms like *Crow Pudp'nedek* or *verlam hen*. Re-examination of the manuscript, however, reveals that much of the corruption was introduced by Purton, and that most of the medieval forms are fairly readily intelligible. *Crow Pudp'nedek* proves to read *Erow pulltp'uedok* (no. 9066), where the suspension is that used for *r* + vowel, and the whole resolves as *Erow pulltp(re)uedok*, or *Erw pwll pryfedog* 'acre by the insect-infested pool'. *Verlam* in fact reads *berlan* (no. 9020) – the collocation *hen berllan* 'old (?long-established) orchard' is a common one, particularly in neighbouring Denbighshire.

All the place-names in this material will be set out in full in the forthcoming work,[5] and my aim in this article is simply to draw attention to it and to give a taste; I shall also take the opportunity to examine a pair of examples at rather greater length than will be possible elsewhere. Although one, at least, of these extended instances is difficult and uncertain, it is important to stress that this is not the case for the bulk of the collection. Many of the names are straightforward enough and rendered very adequately by the scribes – it is unknown what was the extent of their knowledge of Welsh, but if, as is likely, they were local and professional, they will probably have been practised in recording Welsh names, and may well have spoken the language.

---

[3] The documents are catalogued in the Archives as SA 6000/9010–9070; in referring to them in the forthcoming survey I have adopted the abbreviation *Irlond* followed by the last identifying number. Here, where all the names cited come from this collection unless otherwise stated, I have simply noted the number.

[4] 'Deeds relating to *Oswestry*', *Transactions of the Shropshire Archaeological and Natural History Society,* 53 (1949), 94–111.

[5] David N. Parsons, *The Place-Names of Shropshire, part 10, Oswestry Hundred* (forthcoming). The medieval material is also the subject of a separate study, provisionally entitled *Medieval Welsh and English in Oswestry*.

Some representative examples include:

Keynand 1339 (no. 9029); *ceunant* 'ravine' with reference, almost certainly, to the deep narrow valley forming the boundary between the townships of Sweeney and Treflach; a later record from Treflach is *y Keynant* 1571.

Drylthee Wylmot 1338 (no. 9030); *dryllau Wilmot* 'Wilmot's pieces'. For the plural cf. *yr Drylley birion* 1597 Denbighshire.[6] The Middle English personal name *Wilmot*, a diminutive of *William / Gwilym*, is noted elsewhere in Welsh usage; see, e.g., a thirteenth-century *Eynon ab Wilmot*.[7]

Erow ledeat 1339 (no. 9021), *erou y ledeyat* 1339 (no. 9029); *erw'r llidia(r)t* 'the swing-gate acre'. The qualifier is a loanword from Old English *hlidgeat*;[8] the second instance indicates the loan particularly clearly with the spelling *-yat*.

Erow yr feyriat 1339 (no. 9021), *erou er feirriad* 1339 (no. 9029); *erw'r ffeiriad* 'the priest's acre', with an acephalous form of *offeiriad*.

Wern yr heer deer 1417 (no. 9060); *(g)wern yr hirdir* 'the long-land marsh' or 'the marsh / moor by the long land'. In names from medieval Oswestry the terms *gwern* 'alder-trees, alder-marsh, bog' and *gwaun* 'marsh, moor' sometimes interchange and seem to be used very similarly, and the document describes this feature as a moor (*mora vocatur*). *Hirdir* 'long land' is one of several compounds in *tir*, like *surdir* 'sour, acidic land' and *llindir* 'flax land', which are recurrent in Oswestry and common also in neighbouring parts of north-eastern Wales.

enhereg pengam 1337 (no. 9070); *hanereg pengam* 'crooked half-acre'. Early instances of this generic, which again appears especially characteristic of north-east Wales, frequently show metathesis as here (so also the earliest, thirteenth-century, form *enherec* cited by GPC under *hanereg*). The qualifier, 'with its head on one side', is probably

---

[6] Cited alongside numerous similar forms by Melville Richards, 'Welsh *dryll* as a place-name element', in Herbert Pilch & Joachim Thurow (eds), *Indo-Celtica: Gedächtnisschrift für Alf Sommerfelt* (München, 1972), 191.

[7] T.J. Morgan & Prys Morgan, *Welsh Surnames* (Cardiff, 1985), 113.

[8] T.H. Parry-Williams, *The English Element in Welsh* (London, 1923), 41–2; GPC under *llidiart, llidiat*.

adjectival here and in a number of comparable names, though it should be noted that it is also attested as a byname.[9]

The value of such documentation to an appreciation of medieval Welsh usage in this corner of England will be clear. Indeed, as noted above, the material is so rich and relatively early that it makes a contribution to the records of the Welsh language more generally, and a number of the terms that have come up so far – including *llidia(r)t*, *pengam* and *pryfedog* – are recorded earlier here than in GPC.

Grugevryn

The first of the two extended examples, both of which come from the township of Sweeney, is a name recorded in four of the Irlond roll deeds, as follows:

> *Grugevryn* 1337 (no. 9070), *egrugeuryn*, *grugevryn* 1339 (no. 9029), *le Grugevryn* 1339 (no. 9032), *le Crugevryn* 1344 (no. 9019); also *egrugevryn pand* 1337 (no. 9070), *e gruguryn pand* 1339 (no. 9032).

In no. 9032 the feature is described as a hill (*a monte vocato le Grugevryn*), confirming that this is a compound name with *bryn*, lenited *fryn*, 'hill', as second element.

Purton printed forms from two of these four charters (the others are subsumed under the dismissive summary of further holdings 'with Welsh names'). He rendered the names from no. 9032, his no. 10, as *Grugedryn* and *O'grugu'ryn pand*, and from no. 9019, his no. 19, as *le Crugovryn*. The digitized Archif Melville Richards (AMR) includes the latter, though not the others, from Purton's publication and gives it a standardized headform *Crugfryn*.

Richards' implication that this can be identified with GPC *crugfryn* 'hill; hillock; cairn; embankment' is at first sight attractive. Although that dictionary has it only from the late eighteenth-century dictionary of William Owen-Pughe, other place-name evidence suggests that the compound, with first element *crug* 'hillock, tumulus', is older and appropriately regional. AMR has five instances in addition to this one: the earliest record (*Tythyn y Krigfryn*) is from 1630 and the examples come from the neighbouring counties of Merioneth, Montgomeryshire (×2) and Denbighshire (×2).

Yet this interpretation only convinces if the single form beginning with *C-* is selected. The six other spellings, all marginally earlier, indicate an initial *G-*, which some of them precede with a definite article, frequently

---

[9] Morgan & Morgan, *Welsh Surnames*, 175.

written *e* in this material. This should not represent *crugfryn*, both elements of which are consistently masculine. Lenition in these documents is generally indicated (e.g. *yr Ter y vron* [no. 9028; *tir y fron*], *Erow geuford* [no. 9069; *erw geuffordd*, with *ceuffordd* 'hollow-way'], &c.), and there are no obvious cases of lenition being marked where it should not occur. Moreover, inspection of the manuscript suggests that in no. 9019 the *C* of *le Crugevryn*, although clear, is written over a *g*, the looped descender of which remains quite evident. It is uncertain quite what this means – a fifteenth-century scribe preceding us and 'correcting' the form to *crugfryn*, perhaps – but the combined evidence strongly suggests that the name we are trying to explain originally began with *G-*.

Happily a compound *grugfryn* 'heather hill', though not noted by GPC, is once more supported by the place-name record. AMR has *Gruc vryn bychan* 1484 from Mathafarn Eithaf, Anglesey, and *Fryth y Grugvryn* 1554, *y grugfryn* 1600, from Tre-bwll in Llansanffraid Glan Conwy, Denbighshire – where *Grugfryn* remains as the name of a farm at SH 821 732. Two further apparent instances, currently without the support of earlier forms, also come from Denbighshire: at Llanelidan, where a wooded hillside is *Grugfryn* on the modern map (SJ 098 487), and from Glyntraean, where a hill now topped by Plas Crogen Wood (SJ 248 356) was *Grug fryn* on the OS 1" map of 1837. This last instance is practically on the boundary with Oswestry hundred, and just six miles north of Sweeney – the Denbighshire group gives strong regional support to this reading of the medieval forms.

Two points remain for brief comment. First, in six of the seven spellings a medial -*e*- appears between *g* and *v*/*u*. If this were the definite article, as formally it might be, it would suggest reading the combination as a name-phrase '*grug* of the *bryn*' or the like, thereby negating the suggested interpretation and all the parallels that have been adduced, and creating a problem in the lenition of masculine *bryn*. It is hardly likely to be a remnant of the Brittonic composition vowel, since that should have disappeared around the sixth century AD. Perhaps it should be regarded as evidence of an epenthetic [ə] heard between [g] and [v];[10] perhaps it is simply 'scribal', though that is always uncomfortable as an explanation. Second, the strange syntax of *egrugevryn pand*, *e gruguryn pand* should be mentioned. The final element here is evidently *pant* 'hollow, dip, valley', and it is clearly the generic here, 'the hollow by the heather hill', since the documents concern an acre there that is bounded by the hill called

---

[10] Parallel to the epenthesis between [r] and [v], [l] and [v] and [ð] and [v] noted by D. Simon Evans, *A Grammar of Middle Welsh* (Dublin, 1964), §16.

Grugfryn. Such casual compounding, rather than regular *Pant y Grugfryn*, is unusual and just possibly influenced by English (though there is little else, beyond occasional loanwords, to suggest English influence on the Welsh of these documents). However it is explained, there is an extraordinary local parallel – also involving *pant* – amongst the Haughmond Abbey charters, where the oddly spelled *erou erhorcet goh' epanhit* can be shown, partly on the strength of later more conventional forms like *Panteyrorset goughe*, to represent *erw'r orsedd goch y pant*, though whether that should be taken as 'acre of the hollow of the red mound' or 'acre of the red mound in the hollow' is not clear.[11]

Coidno

As the previous section suggests, and despite the disservice done to the Welsh material by Purton's publication, it seems appropriate to take the Welsh of the Irlond roll charters seriously in its details. The second extended example was one which, at first sight, looked likely to be simply corrupt. Purton printed the form *le Coidno* (his no. 24), which Richards apparently chose not to take into his Archif. Even when it proved to be an accurate representation of the manuscript spelling – *le Coidno* 1348 (no. 9035) – my initial inclination was to suspect it of being a poor spelling for the nearby hamlet of Coed-y-go, well recorded from the fourteenth century to the present. However, examination of one of those documents which Purton did not print in full produced a clearly comparable *Coydeno llowarch* 1339 (no. 9029), apparently (though not certainly) denoting a different holding. The first word is faint towards the end, and the *e* could conceivably be *o*, but otherwise the reading is secure. The qualifier in this second name is evidently the personal name Llywarch. The generic, however, is unfamiliar and more of a challenge.

Presumably in a toponymic context *coid-* / *coyd-* points to *coed* 'wood', but the suffix or second element is not straightforward. One might think of GPC *gno* 'evident, well-known, famous', attested in early poetry and particularly familiar as an element in personal names like Beuno, Gwyddno and Tudno. The noun *cadno* 'fox' has been thought to be, in origin, a personal name of this kind, later transferred as a nickname to the animal. If so the proto-theme of the personal name was *cad* 'battle'; and if *cad-gno gave Middle Welsh *cadno*, then *coed-gno could give *coedno*. Semantically perhaps 'evident' or 'conspicuous' would be possible – the element *amlwg*, particularly common in collocation with *bryn*, would offer one parallel. Another might be *golau*, which is also frequently

[11] Rees, *Cartulary of Haughmond*, no. 75.

combined with *bryn* but in addition, and notably, sometimes with *coed*. Potentially *golau* in such names could mean 'clear, apparent', though 'bright, light coloured' or 'cleared (of trees)' tend to be preferred suggestions.[12]

There are, however, reasons to be wary of accepting *gno* in **coedno*. For one thing, the word does not appear to have been noted – outside the kind of personal names discussed above – anywhere else in toponymy. For another, it would be a name-phrase 'conspicuous wood', and its possible recurrence in Sweeney, its qualification by a personal name in *Coydeno llowarch*, and its apparent application to arable farmland would be awkward. None of these objections need be fatal to the suggestion, but an alternative solution that could overcome them might be preferred.

A term which might fit the bill is Welsh *tyno*, which seems to have had the primary sense 'valley'. This was widespread in Brittonic toponymy: the cognates are well documented in Cornwall and Brittany, and although surviving instances in Wales are mostly restricted to the northern counties, it was formerly productive in the south as well, as the evidence of the twelfth-century Book of Llandaf shows.[13] The Old Welsh evidence of the latter, together with the cognates, shows that the early form was *tnou*; the *y* in *tyno* is a later epenthetic vowel. As a place-name element, it is found as generic and qualifier in a fairly large range of collocations, e.g., from AMR, *y tyno* 1649 Denbighshire, *Tynoheer* 1671 Montgomeryshire, *Bwlch y Tyno c.*1700 Merioneth. Notably it is sometimes combined with *coed* and other woodland terms: at Tywyn in Merioneth, *Coed y Tyno* is marked on the modern map at SH 638 060, beside a settlement called *Tyno*; more interesting, perhaps, are AMR's early forms from the same parish, *Tyno'r Gwiail* 1592, with *gwiail*, perhaps 'rods' or 'saplings', and *Tynno y Ron* 1592, for *yr onn* 'the ash-trees'. At Clynnog in Caernarfonshire is another surviving example, *Coed Tyno* (SH 433 500); early forms of this in AMR are *coed y tynoe* 1685, *Coed Tyno* 1770, *Coetyno* 1795.

Ifor Williams knew the last form, *Coetyno*, from some source, and he suggested that it could represent a compound name **coed-dyno*, with

[12] So, for example, Hywel Wyn Owen & Ken Lloyd Gruffydd, *Place-Names of Flintshire* (Cardiff, 2017), 30 on *Bryn Golau* and 196 on *Waen Goleugoed*.

[13] For Brittonic usage, see O.J. Padel, *Cornish Place-Name Elements* (Nottingham, 1985), 218 and references; for the Book of Llandaf instances, see Jon Coe, 'River and valley terms in the Book of Llandaf', *Nomina*, 23 (2000), 18; a selection of later examples from Wales appears in M. Richards, 'Tonfannau', *Cylchgrawn Cymdeithas Hanes a Chofnodion Sir Feirionnydd*, 4 (1961–4), 274–6.

provection of *d-d* producing *-t-*.[14] In fact, to judge by the available spellings, his alternative suggestion that this is a phrasal *coed y tyno* 'wood of the valley' appears preferable in this case. Yet the idea of a compound involving *coed* and *tyno* is an appealing one. Might medieval *coedno* perhaps represent such a formation, a 'wooded valley', to set alongside attested compounds such as *coedfryn* 'wooded hill' and *coetir* 'wood-land'? *Tyno* has all the place-name credentials that *gno* seems to lack, and if the formation were a compound, rather than a one-off name-phrase, then 'Llywarch's wooded valley', and the apparent double-occurrence of the term in the single township, would be less awkward. Moreover, if 'valley' were the generic, then the survival of the term for farmland no longer wooded would perhaps be easier to accept.

Nonetheless, although to my mind attractive, this remains a tentative proposal, with room for doubt. First, as Williams suggested, in a compound of *coed* and *tyno* (or earlier *tno*) one might expect lenition in the initial consonant of the second element, and the resulting *d-d* is likely to unvoice to *-t-*, leading to *coetyno* or *coetno*. Possibly *-d-* was simply restored through continuing association with the common *coed*; or possibly *dn* here should be compared with *nd* for expected *nt* in *egrugevryn pand* and *Keynand* above. Second, clear instances of *tyno* as the generic in a 'proper compound' of this kind are rare. The best possibility to be found in AMR is *Gwern Dyno*, perhaps 'marsh(y) valley', in Llandrillo-yn-Rhos, Denbighshire, but that is not noted before 1734.

[14] Ifor Williams, *Enwau Lleoedd* (Lerpwl, 1962), 41–2.

17

A tour of the North in seven languages

SIMON TAYLOR

I am honoured to have been invited to be a northern voice at this celebration of 100 years of Gwynedd O. Pierce and of the many decades of his scholarship. In this offering I intend to take the honorand on a journey through the complex and often bewildering namescape of Scotland. It testifies to seven languages having been spoken here: Northern Brittonic (NBr), Pictish, Gaelic, Norse, Old English, Scots and Scottish Standard English. These languages can be grouped in different ways. The most obvious grouping is Celtic versus Germanic. However, as soon as we go below that level the groupings become more complex.

Old English, Scots and Scottish Standard English are really different manifestations through time of what is fundamentally the same West Germanic language. These can be defined roughly as follows:

1 Old English is the name given to the language before *c*.1100, spoken almost exclusively in areas which formed the northern part of the kingdom of Northumbria (Bernicia), stretching as far north as the Firth of Forth in the east and including much of Galloway in the west.

2 Scots is the name of a later form of this language from *c*.1100, after the southward expansion of the kingdom of Scotland following the demise of that of Northumbria. More specifically referred to as Older Scots until *c*.1700, Scots in its various dialects continues to be spoken to this day in all parts of the Scottish Lowlands, but in the 400 years since the Union of the Crowns in 1603, it has been ousted as the language of power and intellectual discourse by Scottish Standard English.

3 Scottish Standard English is standard English (i.e. the standard language of England), which retains only a few Scots features such as accent and a limited vocabulary.

In the analysis of place-names this three-fold division poses problems of labelling, since Scots and Scottish Standard English share much of the same toponymic vocabulary. For example *hill* is a productive place-name element in both languages. Furthermore, elements which are seen as typically Scots, such as *burn* 'a stream' or *glen* 'a relatively steep and narrow valley', belong also to Scottish Standard English. In an analysis of place-names containing such elements, it is now convention to distinguish between a name coined before and after 1700, with the former labelled Scots, the latter labelled Scottish Standard English, unless a post-1700 name contains an element which is unequivocally Scots, such as *teuchat* 'a lapwing'. This is clearly problematic, since a place-name almost always pre-dates its appearance in the record by an unknown length of time. It is thus highly likely that a name first recorded in 1750 was coined before 1700. It is a good example of how inadequate linguistic labels can be.[1]

Within the Celtic group of languages, in contrast, the relationship between Northern Brittonic and Pictish (both belonging to Brittonic Celtic) is more one of space than time, since they are best seen as constituting a geographical continuum within an overarching Brittonic language group. The difference in definition is as much political as linguistic. For example, an element such as **aber* 'river mouth, confluence' is found both in former Pictland and in Northern-Brittonic-speaking areas to the south: in Pictish territory we find names such as Aberdeen 'the mouth of the River Don' and, less obviously, Arbroath, formerly *Aberbrothoc* 'the mouth of the Brothock Burn'. While along the southern shore of the Forth, in territory never part of Pictland, are Aberlady and Abercorn, the latter first mentioned in Bede as *Aebercurnig*.[2]

There are, however, certain phonological features which do distinguish Pictish from Northern Brittonic. One of the most obvious is the development of early Brittonic *w-*, which became in Old Welsh *gw-*. In Pictish, by contrast, *w-* remained, usually written *u-*;[3] while in Goidelic

---

[1] The best exploration of the complex relationship between Scots and Scottish Standard English from a toponymic perspective is by Thomas Owen Clancy, 'Many strata: English and Scots place-names in Scotland', in Jayne Carroll & David N. Parsons (eds), *Perceptions of Place: Twenty-First-Century Interpretations of English Place-Name Studies* (Nottingham, 2013), 283–319.

[2] The second element of Abercorn, West Lothian, is related to Welsh *corn(i)og* 'horned', and probably refers to the unusual topography at the confluence of the Cornie and Midhope Burns. Here the Cornie Burn runs through a small, deep valley which separates two promontories, one crowned with the ancient church site, the other with the medieval secular stronghold (later Abercorn Castle). I would argue that these two promontories were perceived as two horns.

[3] The characteristics of Pictish were first systematically described by Kenneth Jackson in his chapter 'The Pictish Language', in F.T. Wainwright (ed.), *The Problem of the Picts* (Edinburgh, 1955), 129–66 [reprinted Perth, 1980, with Addenda and Corrigenda, 173–6]. These characteristics were then tested, refined and, in some cases, modified by Guto Rhys in 'Approaching the Pictish Language: Historiography, Early Evidence and the Question of Pritenic' (unpublished Ph.D., University of Glasgow, 2015) <http://theses.gla.ac.uk/6285/>.

this early *w-* became *f-*. The Pictish conservatism in its treatment of this semi-vowel can be seen in names in the Pictish king-list such as *Uurguist*, Welsh **Gworwst*, later *Gorwst*, Old Gaelic *Forgus*. That the change *w-* to *gw-* happened in Northern Brittonic can be seen in place-names such as *Gogar*, a short distance west of Edinburgh, the first element of which is Northern Brittonic **guo-* (Welsh *gwo-*, *go-*) 'under', appearing in place-names often as a prefix with diminutive force. The second element is problematic, but may be related to Welsh *côr* 'binding, boundary, limit' (GPC).[4] While there seem to be no place-names in Pictland with *w-/u-* for this semi-vowel, the several important place-names which begin with *f-*, such as Forfar in Angus and Forres in Moray, may well have been originally Pictish coinings with initial *w-/u-* adopted by Gaelic-speakers and adapted by them to *f-*, their phonologically closer equivalent.

Pictish's relationship with Scottish Gaelic, a Goidelic Celtic language, is of a different type from that of Northern Brittonic with Pictish. It is not a case of the geographical proximity of two very similar languages, but a case of one language (Gaelic) superimposing itself on another language (Pictish), with the former eventually completely superseding the latter.

However, despite the fact that these two languages were mutually unintelligible,[5] they were both Celtic languages and so contained several words which were practically indistinguishable from each other. An important example of this in a place-name context is Old Gaelic *dún* 'a (fortified) hill, a hill with a fortification' and Pictish **dun*. This means that names of central places such as Dundee and Dunfermline may well be Pictish names with light Gaelic adaptation.

Furthermore, several important names were adopted by Gaelic-speakers practically unchanged or with straightforward phonological

---

[4] For discussion, see William J. Watson, *The History of the Celtic Place-Names of Scotland* (Edinburgh and London, 1926; reprinted with an Introduction by Simon Taylor, Edinburgh, 2011), 210; and Alan James, *The Brittonic Language in the Old North: a Guide to the Place-Name Evidence* [BLITON] (2020), i, 11. BLITON is a superb resource for the language and place-names of the Old North. It is an e-book available at <https://spns.org.uk/resources/bliton>. Note that James's spelling of the words is generally used in this chapter.

[5] At least they were in the later sixth century. Adomnán's *Vita Columbae* twice mentions the Gaelic-speaking saint needing the services of an interpreter (*interpres*; *interpretator*) to communicate with Picts. See Alan Orr Anderson & Marjorie Ogilvie Anderson (eds and trans.), *Adomnán's Life of Columba* (London, 1961; revised edition, Oxford, 1991), I 33 and II 32.

substitution.[6] Examples of the former are those names containing the Pictish element *aber; also Meigle, an early royal centre in south-eastern Perthshire, which contains Pictish *mig, closely related to Welsh mign 'a bog'; and Perth, which represents Pictish *pert 'a wood, grove', a close cognate of Welsh perth 'hedge, thicket, coppice, etc.' but with an older meaning of 'forest, extensive wooded area'.[7] It is remarkable how many important places in former Pictland have retained their names, even if some have been lightly adapted, indicating that the transformation from a Pictish-speaking polity to a Gaelic-speaking one was at least gradual if not relatively peaceful. This is corroborated in the lexical sphere also, with several words borrowed from Pictish into Gaelic, such as preas 'a bush', bad 'a spot, cluster; tuft' and dail 'a water-meadow', all found in the modern Scottish Gaelic lexicon. We do not know when the Pictish language became extinct, but it would have been no earlier than the tenth century.

The first Germanic language to have a major impact on both Scottish Gaelic and Pictish was Norse. By the later ninth century it would seem that the Norse had occupied the Hebrides, as well as part of the facing mainland, to such an extent that relatively few traces of the pre-Norse toponymy survived. In the Northern Isles (Orkney and Shetland) the replacement of a Pictish toponymy by a Norse one was practically total, and the inference from this is that it was neither gradual nor peaceful. Both of the Northern Isles archipelagos remained Norse-speaking till as late as the eighteenth century, the language by then being called Norn, although Scots had started to be introduced already in the later Middle Ages, especially after Orkney and Shetland had become part of the Scottish kingdom in 1472. The settled population of the Northern Isles, therefore, has not spoken a Celtic language for over a thousand years.

Norse settlement, with consequent renaming, in the west of Scotland may in many places have been as thoroughgoing as in the north, but this has been partly obscured by the Gaelicization of the whole zone around the time of the transfer of the western islands from the kingdom of Norway to that of Scotland in 1266. However, many of the most important islands, settlements, administrative territories and relief features retain their Norse names, albeit often in Gaelic disguise. For example the Norse element fjall 'mountain, fell' frequently appears in second position as -bhal or -ual,

---

[6] As seen, for example, in the above-mentioned place-name Forres, possibly *Uorres or the like.

[7] Hywel Wyn Owen & Richard Morgan, Dictionary of the Place-Names of Wales (Llandysul, 2007), 342 under Narberth.

while territorial names such as Moidart and Knoydart on the mainland south and north of Mallaig respectively have as their second element Norse *fjörð(r)* 'sea-loch, fjord', Knoydart being 'Knut's fjord' (*Cnudeforde c*.1355).

*   *   *   *   *

We now head southwards to the 'Old North'. I define this as those parts of southern Scotland and Northern England which we know were occupied for many centuries by Brittonic-speaking peoples. Within these approximate boundaries virtually the only legacy of their language are its place-names.

My focus will be on that part of the 'Old North' within the boundaries of modern Scotland. While its southern limit is defined anachronistically by the border with England, which was finally fixed in the thirteenth century, its northern limit is less clear. I will here roughly define it as being south of the Antonine Wall, constructed by the Romans in the second century AD, which runs across the narrow waist of Scotland from the southern shore of the Forth west of Edinburgh to the northern shore of the Clyde west of Glasgow. It is in this zone that the bulk of Northern Brittonic names are to be found. Before going any further, it is necessary to say a little about the term 'Northern Brittonic'. In *Language and History in Early Britain* (1953), Kenneth Jackson coined the term 'Cumbric' for the Brittonic Celtic language of the 'Old North', and he was followed in this by W.F.H. Nicolaisen in his influential book *Scottish Place-Names: their Study and Significance*, first published in 1975. In the early 2000s there was a shift to the term 'Brittonic', and more recently 'Northern Brittonic', to distinguish it from the other Brittonic language of the north, Pictish (or Pictish Brittonic). Alan James would reserve 'Brittonic' for the earlier language in existence at the time of the Northumbrian expansion in the seventh and eighth centuries, while 'Cumbric' he would apply to the later language spoken during the time of the expansion of the Brittonic kingdom of Strathclyde from the late ninth century until its demise in the mid-eleventh century.[8] While there are good linguistic and historical reasons for making this distinction, it is often difficult to know to which of the two phases a particular place-name may be assigned. Therefore, in any analysis of a place-name coined in the language of the 'Old North', I will attach to it the label 'Northern Brittonic', with the awareness that such a

---

[8] BLITON i, 11.

place-name could have been coined at any time between the post-Roman era and the eleventh century or perhaps even a little later.

The kingdom of Strathclyde has already been mentioned, and there is no doubt that, were it not for this polity, the history of Northern Brittonic would be much more threadbare. The kingdom out of which it grew was centred further north than Strathclyde itself, its chief place being Al Clud 'the rock of Clyde', which also gave its name to the kingdom. This is now called Dumbarton Rock, on which sits the later medieval Dumbarton Castle; Dumbarton (Gaelic *Dun Breatann* 'the hill-fort of the Britons') is the Gaelic name, memorializing the former inhabitants. This kingdom of Al Clud stretched south-eastwards down the Clyde as well as northwards to include Loch Lomond, the largest of the Scottish lochs. The kingdom's northern extremity was probably marked by a great stone some 4 miles north of Loch Lomond still known in Gaelic as *Clach nam Breatann* 'the stone of the Britains' (Clach na Briton on OS maps; NN 337 216). In the winter of 870 the Norse kings Ólafr and Ívarr besieged the fortress of Al Clud for four months, then captured and destroyed it. This was the end of the British kingdom north of the Clyde, but it was not the end of the kingdom. Its centre of power shifted to the south-east into the valley of the Clyde, to become the kingdom of Strathclyde. In 872, the year after the fall of Al Clud, the British king Arthgal is described in the Annals of Ulster as 'the king of the Britons of Strathclyde' (*rex Brittanorum Sratha Cluade*), the earliest indication of the change of name. Three years later the Anglo-Saxon Chronicle refers to the people of this kingdom as Strathclyde Welsh (*stræcled walas*). It is not known exactly where the chief place of this kingdom was, but it may well have been Cadzow (*Cadihou c.*1140), a fortified site on a steep bluff on the river Avon overlooking the broad strath of the Clyde.[9] It was also the name of the parish later known as Hamilton.

It is in the kingdom of Strathclyde that Northern Brittonic names are densest, to the extent that several of the places which later developed as major centres of ecclesiastical and secular power bear names from that language, Glasgow, Govan and Lanark being the best known. All along the Clyde and its tributaries from Glasgow and Govan in the north-west as far as Wandel and Abercarf *c.*60 miles to the south-east there are scores of names of Northern Brittonic origin, names of parishes and settlements as well as of topographical features. A few examples amongst many are

[9] This is probably a Northern Brittonic name but its elements are obscure. See BLITON ii, 48–9.

Cadzow, already mentioned; Blantyre (*Blantyre* 1275);[10] and Carmichael (*Planmichel c.*1120; ecclesiam de *Kermichel c.*1180).[11]

Abercarf lies on the upper reaches of the Clyde in the region later known as Upper Clydesdale. Abercarf appears in the record only once, in a list of lands belonging to the church of Glasgow *c.*1120. The eponymous *aber* or river mouth refers to that of the Garf Water where it falls into the Clyde (NS 979 323). It is likely that this name had come to be applied to a large territory near the head-waters of the Clyde, with the central place of that territory at Abercarf itself. Within 40 years Abercarf had disappeared, to be replaced by a group of parishes and proto-parishes whose names all contained a personal name qualifying Scots *toun* 'farm, settlement': Wiston (Wizo), Lamington (Lambin), Roberton (Robert), Thankerton (Tancred) and Symington (Simon Loccard).[12] A sixth was Crawfordjohn, the existing name Crawford (either Scots or Old English) with an affixed personal name, John. What is remarkable about these men is that they are all known to be Flemings, some of whom were related to each other. In the reign of King Mael Coluim (Malcolm) IV (1153–65) Flemish knights and their followers were settled in Upper Clydesdale in an attempt to strengthen the border with Galloway, which lay to the south-west, and which was becoming increasingly hostile to Mael Coluim IV's realm.

The names of some of these men are also found amongst the Flemish settlers of Pembrokeshire, where they, too, have given rise to place-names. Wizo the Fleming (*flandrensis*) is described as the leader or *princeps* of the Flemings of Dungleddy in the first decades of the 1100s and is the eponym of Wiston, a parish there. Despite internet claims, this Pembrokeshire Wizo cannot also be the eponym of Wiston in Lanarkshire, given that Wizo *flandrensis* was dead by about 1130, and the northern Wizo was alive in the 1150s. Lambin, the eponym of Lamington, is a hypocorism of Lambert, a name found in two Pembrokeshire place-names, namely Lambston (*villa Lamberti*); and Lammaston (Castlemartin) (*Lamberston* 1526).[13]

---

[10] NBr *blajn* + NBr *tīr* 'upland ground'.

[11] The earliest form contains NBr *blajn* + *Michael* 'upland of Michael'; this probably refers to the saint, with the name indicating upland (grazing) supporting his church in some way. This form appears only once, all the other forms containing as their first element *cajr* 'fort, fortified settlement'.

[12] The same family name found in Lockerbie.

[13] For a discussion of all these Pembrokeshire names, see B.G. Charles, *The Place-Names of Pembrokeshire* (Aberystwyth, 1992).

   So my survey of Scottish place-names ends with a scenario remarkably similar to that encountered in south-west Wales: with Flemings being settled with royal support amongst a Brittonic-speaking population and to a large extent overwriting its earlier toponymy with a Middle English / Older Scots one.

*   *   *   *   *

I hope the honorand has survived this rough and bumpy journey along the winding roads of Scottish toponymy. I have spared him the journey through Galloway, literally '(the land of) the Gall-Gàidheil or foreign- (i.e. Norse) Gael'. This is the most treacherous of the roads in Scotland, passing as it does through a toponymy coined in one or other of all the languages which we have encountered so far, with the exception of Pictish. In finishing our journey in Flemish-settled Upper Clydesdale with its close parallels with Pembrokeshire, I have tried to bring him back to more familiar territory.

O Bont Rug i Aber Saint: dilyn afon

DAFYDD WHITESIDE THOMAS

'Hon ydyw'r afon ond nid hwn yw'r dŵr', meddai R. Williams Parry yn ei soned 'Ymson ynghylch amser'. Afon Cegin oedd yr afon dan sylw ganddo, ond pa afon bynnag y byddai wedi myfyrio uwch ei phen, dichon y byddai'r daearyddwr diawen wedi dadlau bod yr afon a'r dŵr yn gyfnewidiol. Ers cyn cof, ac yn sicr ers cyn cofnodion ysgrifenedig, defnyddiwyd afonydd a'u dyfroedd gan Ddyn, a chawsant eu newid. Chwaraeodd Natur hefyd ei rhan, gan erydu mewn rhai rhannau a dyddodi mewn mannau eraill.

Roedd y trigolion brodorol yn defnyddio dŵr yr afon i droi olwynion eu melinau cynnar. Adeiladwyd argaeau o gerrig ar draws yr afon i ffurfio llynnoedd a fyddai'n cronni dŵr a'i arwain mewn ffosydd at felin – a ffos arall yn arllwys y dŵr hwnnw'n ôl i'r afon. Roedd i bob un o'r llynnoedd cronni hyn ei enw. Dros amser datblygodd mathau gwahanol o felinau – blawd, gwlân, llechi ysgrifennu a hyd yn oed bapur. Ac yn ddiweddarach dechreuwyd cloddio am glai a sefydlu diwydiant newydd.

Ar hyd y canrifoedd hefyd bu'r afon yn fodd o ddiwallu anghenion bwyd i'r trigolion a oedd yn amaethu ar ei glannau ac yn pysgota o'i dyfroedd. Dechreuwyd rheoli pysgota mor gynnar â dechrau'r bedwaredd ganrif ar bymtheg, a'r pysgotwyr hyn dros y dau can mlynedd diwethaf a fu'n gyfrifol am enwi llawer o'r pyllau a'r llynnoedd ar yr afon; ambell un gyda dau enw, a hynny'n aml oherwydd y cyfeiriad y byddai'r pysgotwr yn cerdded ei glannau.

Ceir cofnodion ysgrifenedig yn enwi rhai o'r nodweddion sy'n gysyllt-iedig â'r afon, ond enwau llafar yn unig yw llawer. Heb ymdrech i'w cofnodi, bydd yr enwau hynny'n mynd ar ddifancoll.

Rhythallt yw'r afon sy'n llifo allan o Lyn Padarn ac i lawr am Lanrug, ond o Sarn y Crawia (Pont yn ddiweddarach) mae'n newid ei henw, a Saint yw'r afon sy'n llifo am Bont Rug ac ymlaen i arllwys ei dyfroedd i'r Fenai yng Nghaernarfon. Ffurf ffug hynafol yw'r enw Seiont, ond cedwir y ffurf wreiddiol yn enw Pont Saint ar gyrion y dref.

Y Rug oedd enw'r hen drefgordd rydd weinyddol a ddatblygodd yn ddiweddarach i ffurfio plwyf Llanrug. Pont y Rug oedd yn hwyluso'r daith o dref Caernarfon i fyny'r dyffryn oherwydd fod yr afon yn culhau yma. Mae'n amlwg i'r bont gael ei haddasu a'i hailadeiladu dros y canrifoedd. Does wybod ers pryd y bu rhyw fath o bont yma, ond ceir cyfeiriad ati yn 1553 yng nghofnodion y Llys Chwarter pan roddir gorchymyn i drigolion Rug, Deiniolen (Llanddeiniolen, nid y pentref diweddarach) a Llanfair (Llanfair-is-gaer) i'w hatgyweirio.[1] Mewn dogfennau yng nghasgliad LlGC, Llanfair a Brynodol, mae cyfeiriadau at dir ger *pont Ruke* yn Nhachwedd 1557 a Gorffennaf 1558, ac enwir yr afon hefyd yn *avon y seynt*.[2]

Erbyn mis Medi 1779 roedd problemau amlwg ynglŷn â'r bont a rhoddwyd cytundeb i John Hughes a Lewis Evans, y ddau o Gaernarfon, i'w gwella oherwydd 'it is difficult and inconvenient to pass with carts and other carriages on account of the uncommon height of the summit'. Roedd y gwaith yn werth £27 iddynt (tua £2,000 heddiw) ar yr amod eu bod yn 'pile up and raise the road at each end of the bridge, and to raise and alter the battlements to a proper and sufficient height'.[3] Cafodd ei thrwsio eto yn 1827,[4] a'i haddasu yn ystod 1862–9 er mwyn cario'r ffordd dros y rheilffordd newydd. Mae culni'r bont yn parhau i greu problemau trafnidiaeth hyd heddiw.

Yn union islaw Pont Rug mae Llyn William Owen: dŵr wedi ei gronni gan argae sy'n cael ei gario mewn ffos i'r Felin Wen. Mae gwybodaeth bendant am y dyddiad y codwyd yr argae hwn a sefydlu'r Felin Wen. Mae i'w chael yng nghasgliad LlGC, Llanfair a Brynodol, lle ceir cyfeiriad at adeiladu *y velyn wenn* yn Rhagfyr 1475 ac at roi hawl i agor ffos iddi 'from the bank of the river Saynte' yn Awst 1476.[5] Ond nid Llyn William Owen oedd enw'r llyn cronni bryd hynny: aeth yr enw gwreiddiol yn angof, oherwydd tenant ar Felin neu Ffatri Pont-rug yn chwarter olaf y bedwaredd ganrif ar bymtheg oedd William Owen. Tybed sawl enw fu ar y llyn yn y pum can mlynedd blaenorol? Ni fu'r Felin Wen ei hun heb ei thrafferthion chwaith, oherwydd yn ystod mis Awst 1756 dioddefwyd llifogydd eithafol, a sgubwyd y felin gyda'r dyfroedd. Costiodd £5. 13s. 9d. i'w hailadeiladu (tua £500 yn arian heddiw).

Yn yr ardal hon mae'r afon yn ffurfio dwy ddolen anferth, ac yn amgylchu dwy ddôl wastad, Dôl Gynfydd a Dôl Bleddyn: hen enwau a

---

[1] W. Ogwen Williams (ed.), *Calendar of the Caernarvonshire Quarter Sessions Records, 1541–1558* (Caernarvon, 1956), 103.

[2] LlGC, Llanfair a Brynodol D70 a D72.

[3] Gwasanaeth Archifau Gwynedd, X/Plans/B151.

[4] *Ibid.* X/Plans B106.

[5] LlGC, Llanfair a Brynodol D14 a D17.

lurguniwyd dros amser.[6] Gyferbyn â Dôl Gynfydd, ac yn codi'n serth tu cefn i'r Felin Wen, mae Gallt Ffynnon Ririd, enw a gofnodwyd mewn dogfennau yng nghasgliad LlGC, Llanfair a Brynodol, yn 1475/6 ac 1498/9.[7] Dyma, o bosibl, y cofnod ysgrifenedig olaf am enw'r allt a'r ffynnon. Gallt yn unig a ddefnyddir yn arolygon Stad y Faenol dri chan mlynedd yn ddiweddarach, er bod y ffynnon wedi ei chofnodi (yn ddienw) yn y mapiau OS cynharaf. Llyn Yngan yw'r enw ar y pwll llonydd wrth Ddôl Bleddyn, enw sy'n gysylltiedig ag un o hen welyau trefgordd y Rug, sef Gwely Gwrgain ab Ithel a'r cyfeiriad at 'Dolvlethyn iuxta Llyn Yngan'. Tybed beth fyddai ymateb Gwrgain i'r maes carafannau sydd ar y ddôl erbyn heddiw?

Mae'r afon bellach yn agosáu at y terfyn rhwng plwyfi Llanrug a Llanbeblig, er mai ym mhlwyf Llanrug y mae Llyn Haslam: enw dieithr, ond enw sy'n dal yn cael ei ddefnyddio gan bysgotwyr lleol. Mae'n bosibl mai enw arall arno yw Llyn Distaw, ac o'r llyn cronni hwn y mae'r ffos a oedd yn cario dŵr i Felin Bodrual. Ond pwy neu beth oedd Haslam? Yn 1801 prynwyd Stad Glangwna gan Thomas Lloyd o Amwythig. Roedd fferm a melin Bodrual yn rhan o'r stad honno. Yn 1799 priododd gŵr o'r enw John Haslam yn eglwys Llanbeblig, ac erbyn 1805 roedd yn byw ar fferm Bodrual ac yn gyfrifol am y felin. Dyna'r flwyddyn hefyd pryd yr ymddiswyddodd o filisia swydd Amwythig oherwydd iddo ddod yn gyfrifol am filisia Caernarfon. Roedd yn wreiddiol o Market Drayton, a'i deulu'n felinyddion a gynhyrchai bapur. A sefydlodd John Haslam felin bapur ym Modrual; y cyntaf o'i bath yn sir Gaernarfon, ac un a fu'n cynhyrchu papur am tua deugain mlynedd. Does ryfedd i ddiwydiant mor newydd â hwn ar gyrion tref Caernarfon gael cymaint o sylw, ac i enw'r melinydd gael ei dadogi ar y llyn cronni yn yr afon islaw.

Mae dau enw arall yn haeddu sylw cyn cyrraedd Pont Peblig: Llyn Gannage / Garnage a Llyn Criw, ac mae'n bosibl mai Llyn Garnons oedd yr enw a ddefnyddid ar un cyfnod am un ohonynt. Roedd teulu'r Garnons, o Bant-du, Dyffryn Nantlle, yn berchnogion chwareli llechi ac yn dirfeddianwyr yn nhref Caernarfon. Cyfeirio at y llyn a wna'r newydd-iaduron cynnar, ac nid ei leoli. Erbyn dechrau'r ugeinfed ganrif roedd baddonau cyhoeddus wedi eu sefydlu ar ffordd y Foryd, ond mae'n amlwg eu bod yn cau yn rhy gynnar ar gyfer gweithwyr gwahanol siopau'r dref. I Lyn Garnons y byddai'r rheini yn cyrchu ar nosweithiau braf yn yr haf, ond boddwyd gŵr ifanc yn y llyn, a galwyd ar i'r awdurdodau i roi arwydd

---

[6] Glenda Carr, *Hen Enwau o Arfon, Llŷn ac Eifionydd* (Caernarfon, 2011), 84–5, 141–2.
[7] LlGC, Llanfair a Brynodol D14 a D17.

'Perygl' ar goeden gerllaw yn rhybudd rhag mentro yno i nofio.[8] Does wybod a ddigwyddodd hynny, oherwydd bedair blynedd yn ddiweddar-ach, bu damwain angheuol arall. Yn yr adroddiad dywedir fod y llyn yn dair llath a hanner o ddyfnder.[9]

Mae Llyn Criw / Cryw yn gofnod o'r enw a ddefnyddir am yr holl argaeau cerrig a adeiladwyd ar yr afon i gronni dŵr. Dyma enw sydd wedi peri cryn ddryswch a chamddealltwriaeth dros y blynyddoedd. Ystyr *cryw* yw cawell i ddal pysgod, ond gall hefyd olygu cerrig camu i groesi afon, a defnyddir Sarn y Crywiau, Llanrug, fel enghraifft o'r ystyr honno yn GPC.[10] Yn ardal Llanrug, yr ystyr a roddir i *cryw / criw* yw argae o gerrig ar letraws yr afon sy'n cronni dŵr ar gyfer ffos melin. Yn nhreigl amser dechreuwyd ynganu (a sillafu) lluosog *cryw*, sef *crywiau*, fel *crawiau / crawia*. A thybiwyd mai unigol *crawia* oedd *crawen* (o lechfaen)? A chan fod cymaint o felinau trin llechi yn yr ardal, hawdd deall y camgymeriad. Ond pan fyddai plant ardal Llanrug yn chwarae mewn mân nentydd ac yn adeiladu argae o dywyrch a cherrig i greu pwll, 'codi cryw' oedd enw'r gwaith. Bellach 'gwneud dam' ydi'r drefn! Y Llyn Criw uwchlaw Pont Peblig oedd pwll nofio plant stadau tai de-orllewin tref Caernarfon, ond efallai fod y pwll cynhesach yn y Ganolfan Hamdden wedi dileu'r arfer hwnnw hefyd erbyn heddiw.

Cario'r ffordd allan o dref Caernarfon ar ffordd Beddgelert a wna Pont Peblig, ond nid yma roedd y safle gwreiddiol. Fel yn hanes y Bont Rug, daw'r cyfeiriad cynnar o gofnodion y Llys Chwarter am 1553 pan rodd-wyd gorchymyn gan y rheithgor i drigolion 'the town of Caernarvon, the parish of Sant Peblig, Priscoill and Betws Garmon' i drwsio'r bont.[11] *Priscoill* oedd Llanfair Prysgol, hen drefgordd a ddaeth yn ddiweddarach yn rhan o blwyfi Llanfair-is-gaer a Llanrug. Mae cyfeiriadau at drwsio ac adnewyddu'r bont i'w cael yn 1825 ac 1842.[12] Yn 1861 mae Stad Glangwna yn rhoi Melin Peblig ar werth, ac yn y cynllun o safle'r felin dangosir y bont ychydig yn is i lawr yr afon na'r bont bresennol. Efallai mai'r Peblig Brick Works a fu'n gyfrifol am yr ail-leoli. Roedd yr adeil-adau ar ochr orllewinol yr afon, gyferbyn â Melin Peblig, ond fod y gwaith tyllu am glai yn yr allt a ddisgynnai'n weddol serth tua'r afon, sef Gallt y Sil. Ac y mae'n debygol fod yr allt honno wedi ei henwi ar ôl aelod o deulu Normanaidd – Syll, a oedd yn byw yn yr ardal ganrifoedd yn ôl.

---

[8] *Y Goleuad*, 12 Mehefin 1903, 5.

[9] *Yr Herald Cymraeg*, 23 Gorffennaf 1907, 8.

[10] GPC dan *cryw*.

[11] Williams, *Calendar of the Carnarvonshire Quarter Sessions*, 103.

[12] Gwasanaeth Archifau Gwynedd, X/Plans/B/30 ac X/Plans/B/2.

O Bont Peblig tua'r aber mae'r afon ym mhlwyf Llanbeblig, ac yn llifo drwy ardal a welodd gryn dipyn o ddatblygu diwydiannol dros y ddwy ganrif ddiwethaf. Adeiladwyd ffatri Bernard Wardle ar safle hen Felin Peblig, un o brif gyflogwyr yr ardal am flynyddoedd, ond a oedd yn dal i gael ei hadnabod fel 'Peblig' – mor anodd anghofio'r hen enw gwreiddiol. Pan ddarfu'r gwaith hwnnw datblygwyd y safle ynghyd â safle'r hen waith brics gyferbyn fel stad ddiwydiannol – Peblig eto. I lawr yr afon bu tanerdy, ffowndri, a dwy felin lechi ysgrifennu yn defnyddio dŵr yr afon. Yn yr ardal hon hefyd y datblygwyd gwaith brics arall ar lan yr afon ac ar lethrau gallt Rhuddallt; y clai coch a roes ei enw i'r allt ac i hen drefgordd fechan o'r oesau a fu. A diflannodd fferm fechan Rhuddallt Bach yn sgil y cloddio hwnnw. Yn agos i'r ardal ddiwydiannol hon y sefydlwyd parc cyhoeddus tref Caernarfon, rhwng yr afon a'r Morfa, sef hen dir comin y plwyf, lle'r adeiladwyd y Wyrcws.

Effeithiodd yr holl ddatblygiadau hyn ar yr afon, ac mae'n fwy na thebyg i wahanol enwau gael eu bathu am rannau ohoni yn ystod y ddwy ganrif hyn, er bod llawer wedi diflannu. A oes pysgota yn y Llyn Du bellach? Mae'n amlwg ei fod yn agos at Bont Saint, y bont sy'n parhau i gofnodi enw gwreiddiol a chywir yr afon. Diflannodd y tyddyn a'r ddôl a oedd yma ar un cyfnod. Yn 1813 ceir cyfeiriad at dair acer o dir o'r enw Dôl y Llyn Du,[13] ac eto yn 1828, 'a tenement known as Dôl y Llyn Du near Pont Saint' ym mhrofiant ewyllys rhyw Robert Roberts, Glandŵr.[14]

Mae yma hefyd enwau ansicr eu lleoliad. Ai synnwyr digrifwch trigolion Caernarfon a roes enwau mor anesboniadwy â Llyn Byts a Llyn Mwnci i ddau o'r pyllau? Ac ai siâp y pwll a roes iddo'r enw Llyn Potel? Ond dyfalu yw hynny hefyd.

Rhywle yng nghyffiniau'r ffordd sy'n arwain o Bont Saint i mewn i dref Caernarfon roedd Ffynnon Helen, gyda'r dŵr ohoni'n llifo'n ffrwd nerthol gan ddisgyn 'i ffordd y gwaith nwy'[15] ac i afon Saint. Yr enw ar y ddisgynfa oedd Pistyll Mawr. Mae'r ffrwd bellach wedi ei phibellu, ond ar dywydd gwlyb mae rhan ohoni'n dal i'w gweld yn byrlymu'n orlif i Ffordd Santes Helen, neu Lôn Gàs ar lafar.

A dyna gyrraedd Rabar (Yr Aber). Pont sydd yma bellach hefyd, a does neb yn cofio Cwch Dafydd Rabar a oedd yn cludo teithwyr o'r naill ochr i'r llall, ac a dderbyniodd iawndal am golli ei fywoliaeth pan adeiladwyd y bont – ond mae'r canu amdano ef a'i gwch yn parhau. Tybed ai yn y

---

[13] *North Wales Gazette,* 14 October 1813, 2.
[14] Gwasanaeth Archifau Gwynedd, XM/309/19.
[15] *Y Genedl Gymreig*, 28 Ionawr 1891, 3.

cyffiniau hyn, ble llifai afon Saint i'r Fenai, yr oedd Gored Coed Alun y ceir cyfeiriad ati mewn cytundeb yn Awst 1740?[16]

Dyma gyrraedd cynefin y pysgotwyr dŵr heli sydd â'u henwau eu hunain am wahanol rannau'r Fenai. Tybed a fyddant hwy, fel pysgotwyr dŵr croyw'r Saint, yn parhau i ddefnyddio'r enwau llafar a gadwyd ar gof dros genedlaethau neu a fydd enwau newydd yn cael eu bathu ar byllau'r Saint o Bont Rug i Aber Saint.

---

[16] Gwasanaeth Archifau Gwynedd, XD/5/7 ac 8.

19
Gwynedd O. Pierce
DEI TOMOS

Fel enw i lais ar y radio, o blentyndod pell, y cofiaf i gyntaf glywed am Gwynedd Pierce. Roedd hynny ymhell cyn i mi ddod yn ymwybodol o'i athrylith a'i weithgarwch ym myd enwau lleoedd ac yn sicr cyn i mi ddeall iddo gael gyrfa hir fel darlithydd a darllenydd ac wedyn fel Athro a Phennaeth Adran Hanes Cymru, Coleg Prifysgol De Cymru a Mynwy, Caerdydd. Yn ddiweddarach y byddwn i'n dod i ddeall iddo hefyd fod yn Gyfarwyddwr Prosiect Enwau Lleoedd Cymru y Bwrdd Gwybodau Celtaidd, Cadeirydd Pwyllgor Ymgynghorol Enwau Lleoedd y Swyddfa Gymreig a Llywydd y Society for Name Studies in Britain and Ireland, ac fe ddigwyddodd hynny pan gafodd ei ethol yn Llywydd er Anrhydedd Cymdeithas Enwau Lleoedd Cymru yn 2012, yn fuan wedi sefydlu'r gymdeithas honno.

Roeddwn i'n ymwybodol o'i gyfraniad i fyd dyrys enwau lleoedd: byddai'n cyfrannu i raglenni radio ac yn ysgrifennu erthyglau a oedd yn ateb cwestiynau anodd ynglŷn â tharddiad a chywirdeb enwau a'u tras yn y golofn 'Ditectif Geiriau' yn y *Western Mail*, colofn a sefydlwyd yn wreiddiol gyda'r Athro Bedwyr Lewis Jones wrth y llyw. Mewn rhagair i un o gyfrolau *Ar Draws Gwlad* lle corlannwyd llawer o'r ysgrifau hynny, dywedodd Gwynedd fod yr ysgrifau wedi eu hanelu 'at yr endid niwlog hwnnw, y darllenydd cyffredin, gan geisio torri cwys rhwng y dull academaidd ffurfiol o drafod enwau lleoedd a'r hyn y gellir ei alw'n bras yn ddull "poblogaidd", heb wneud unrhyw ymdrech, ar yr un pryd, i osgoi trafod ffurfiant, ystyron, cyfnewidiadau ieithyddol a'u tebyg gan fod yn gwbl ymwybodol fod darllenwyr yr oes hon yn awyddus i dderbyn y wybodaeth honno.'[1] Dim amwyster yn y fan yna, mwy nag a fu wrth iddo ddehongli ystyr a tharddiad enwau.

Mewn sgwrs flynyddoedd wedyn dywedodd wrthyf fod sefydlu Cymdeithas Enwau Lleoedd Cymru wedi bod yn gam sylweddol ymlaen a'i fod yn hynod falch o'r Gymdeithas a'i gweithgarwch ac o'r anrhydedd a gafodd ganddi fel ei Llywydd cyntaf.

---

[1] Gwynedd O. Pierce, Tomos Roberts & Hywel Wyn Owen, *Ar Draws Gwlad: Ysgrifau ar Enwau Lleoedd* (Llanrwst, 1997), 6.

Ac yntau ar fin derbyn yr anrhydedd honno y cefais i'r cyfle i gyfarfod Gwynedd gyntaf, a hynny yn ei gartref yng Nghaerdydd i recordio sgwrs ar gyfer fy rhaglen radio ar nos Sul ar BBC Radio Cymru. Roeddwn i'n edrych ymlaen a chefais i mo fy siomi: roedd croeso hael ar ei aelwyd ef a'i briod a digon o amser i sgwrsio'n braf cyn mynd ati i recordio'n fwy ffurfiol.

Wrth sgwrsio roedd adlais o'i enw a'i lais yn fy nghof o fy mhlentyndod. Bryd hynny roedd gen i lawer mwy o ddiddordeb mewn chwaraeon, ac yn arbennig pêl-droed, nag sydd gen i bellach. Onid oedd gwrando ar raglen canlyniadau'r gemau yn wrando hanfodol yn hwyr brynhawn Sadwrn? Yn nhŷ fy Nain, lle magwyd fi, roedd 'na wrando mawr ar y radio. Felly hefyd yng nghartre fy rhieni, ac roedd y pumdegau a'r chwedegau yn ddyddiau lle roedd mynd mawr ar y pyllau pêl-droed, ac felly roedd y canlyniadau Sadyrnol o'r pwys mwya' i 'Nhad, fel yr oedd canlyniadau'r timau Cymreig ac ambell un o dros y ffin lle roedd chwaraewyr Cymreig yn disgleirio yn bwysig i ninnau'r hogiau. Timau fel Arsenal, Wolves a Leeds, Lerpwl a Spurs. Tua'r un adeg byddai rhaglenni byr yn Gymraeg hefyd i groniclo campau'r dydd ar y maes chwarae. Un o leisiau, ac am gyfnod cyflwynydd, y rhaglenni hynny oedd neb llai na Gwynedd Pierce. Roedd 'na eraill wrth gwrs – yr arloeswr Eic Davies a oedd, yn ôl Gwynedd, yn 'giamstar ar y job', yn ogystal ag eraill fel Howard Lloyd, Jac Elwyn Watkins a Llew Rees. Ond pan ddechreuodd y cyfan, Eic Davies a Gwynedd oedd y conglfeini. Eic oedd llais y bêl hirgron, gan fathu ac addasu geiriau'r gêm i'r Gymraeg, a Gwynedd oedd yn arbenigo ar bêl-droed.

Ar y dechrau yr arfer oedd adrodd hynt a helynt timau rygbi a phêl-droed Caerdydd, a oedd yn chwarae gartre am yn ail bob prynhawn Sadwrn. Rygbi felly un wythnos a socer yr wythnos wedyn, ac yna'n raddol datblygodd yr adroddiadau wythnosol o hyd at dri munud yn rhaglenni gydag eraill a enwyd eisoes yn cymryd rhan. Ond y llais sy'n aros, ar wahân i un Eic, ydi un Gwynedd Pierce. Mae ambell lais yn eich tynnu ato. Yn fy mhlentyndod roedd Maurice Edelston yn sylwebydd cyson yn Saesneg, ond doedd neb fel Peter Jones o Abertawe yn ddiweddarach ym myd pêl-droed, ac ar y llain griced roedd yr haf yn doreithiog yn lleisiau John Arlott a Brian Johnston.

Cartref hyn i gyd ar y dechrau i Gwynedd ac eraill oedd Park Place yng Nghaerdydd, cyn i'r BBC symud ei gartref i Landaf. Roedd y cyfan wedi dechrau ar ôl i Gwynedd gael gwahoddiad gan Tom Richards i fynd i mewn i Park Place ryw ddau brynhawn neu dri yr wythnos i gyfieithu bwletin newyddion ar gyfer y darllenwyr newyddion tua'r 5 o'r gloch.

Bryd hynny, a Gwynedd newydd ddechrau fel darlithydd yn rhannu'i amser rhwng yr Adran Gymraeg a'r Adran Hanes yn y Brifysgol, doedd yna ond rhyw dri chan llath yn gwahanu adeiladau'r ddau sefydliad. Ras felly i lawr o'r Coleg a gwneud y gwaith o dan gryn bwysau er mwyn cael bwletin i'r cyhoeddwr. Pwy gaech chi'n well na darlithydd ifanc galluog a brwdfrydig, er nad oedd pob un o'r cyhoeddwyr bob amser yn cytuno â'r cyfieithiadau! O sgwrs un prynhawn, wedi cwblhau'r bwletin newyddion, y dechreuodd y cyfraniadau Sadyrnol a ddatblygodd i fod yn rhaglenni chwaraeon, gan osod sylfeini ar gyfer gwasanaeth cynhwysfawr Radio Cymru erbyn heddiw.

Mae Gwynedd yn cofio'r dyddiau da, y bwletinau ar frys, yr adroddiadau tri munud o gemau cartref Caerdydd, y bartneriaeth ag Eic ac eraill a chyflwyno'r 'Maes Chwarae'. Y fo wrthi'n Gymraeg a'r diweddar John Darran yn gwneud yr un peth yn Saesneg. Yn ystod y cyfnod daeth i adnabod chwaraewyr enwog y ddwy gamp, y mwyafrif yn cyfrannu i'r rhaglenni Saesneg, ond roedd 'na Gymry Cymraeg hefyd yn eu plith. Mae Gwynedd yn cofio'n annwyl am Jac Evans o'r Bala, y cyntaf i arwyddo'n broffesiynol i dim pêl-droed y ddinas a'r cyntaf o chwaraewyr Caerdydd i ennill cap rhyngwladol. Mewn ymarferiadau, dywedodd y dewin wrth Gwynedd fel y byddai'n gosod tudalen o bapur newydd ar lawr wrth bostyn pella'r gôl, a charreg i'w dal yn ei lle, cyn iddo fynd ati wedyn o'r asgell chwith i geisio gosod y bêl ar y sgwaryn gwyn. Nid ar chwarae bach mae cael y bêl wrth droed yr ymosodwr, mae'n gofyn dyfalbarhad, a dyna fyddai Jac yn ei wneud, ymarfer ac ymarfer i berffeithio'i grefft.

Ymhlith chwaraewyr Parc Ninian roedd enwau fel Alf Sherwood a oedd yn gyfarwydd i minnau'n hogyn. Roedd Sherwood, yn ôl pob hanes, yn un o'r ychydig rai a oedd yn feistr ar yr enwog Stanley Matthews, ac roedd ei dacl enwog yn sicrhau y byddai hyd yn oed hwnnw'n llyfu'r llawr. Am gyfnod byddai adroddiadau Gwynedd yn olrhain hynt a helynt Caerdydd yn yr Adran Gyntaf, ac mae'n cofio mai o gêm yn erbyn West Bromwich Albion y daeth ei adroddiad cyntaf. Rhuthro'n ôl o'r cae, sgriblo hyd at dri munud o adroddiad, a'i ddarllen, ac ambell dro adlibio'n fyw ar yr awyr os nad oedd wedi ei gwblhau cyn yr awr dyngedfennol. Roedden nhw'n ddyddiau cynhyrfus, arloesol mewn sawl ffordd, mewn oes wahanol!

Ond wedi mynd i weld Gwynedd yr oeddwn i yn ôl yn 2012 i gael hanes y busnes enwau lleoedd yma, ac er melysed y sgwrs a'r baned, rhaid oedd bwrw at y gwaith. Holi'n gynta' lle dechreuodd y diddordeb mewn enwau lleoedd a chael ar ddeall fod Gruffydd John Williams, ei bennaeth yn yr Adran Gymraeg, a oedd ynglŷn ag ysgrifennu *Traddodiad Llenyddol*

Morgannwg ac yn ymchwilio am y gwirionedd am Iolo Morganwg, 'am wybod faint mewn gwirionedd o ffugio enwau lleoedd a wnaeth Iolo'. A dyna'r ymchwil dechreuol, a ddaeth yn ddiddordeb oes, ac ychwanegodd nad oedd yr ysfa a'r diddordeb wedi ei ollwng oddi ar hynny. Faint o stumio a llurgunio a wnaeth Iolo? Dim cymaint â hynny yn ôl Gwynedd, a doedd yr hyn a wnaeth ddim wedi cylchredeg ryw lawer. Felly ni wnaeth Iolo gymaint â hynny o ddrwg er iddo geisio dwyn enwau'r seintiau i mewn i rai plwyfi, ond yn aml, ac yn ffodus, doedd enwau plwyfi ddim yn cael llawer o ddefnydd ar lafar.

Un peth o ddiddordeb ym Morgannwg oedd dylanwad ton ar ôl ton o fewnfudwyr ac effaith y rheini ar enwau lleoedd. Roedd hynny yn golygu cryn waith o gofio dylanwad ar y Fro – y Llychlynwyr, y Normaniaid a'r Saeson – ac yn golygu cryn waith wrth fynd ar ôl tarddiad y gwahanol enwau a rhannau ohonynt. Nid ar chwarae bach roedd eu datrys; roedd rhaid mynd yn ôl i chwilio hen ddogfennau am dystiolaeth. Gyda pheth cyndynrwydd cyfaddefodd Gwynedd fod y gwaith wedi bod yn drwm, roedd yn gweithio ar ei ben ei hun, ac roedd angen cryn ymdrech i ddod yn gyfarwydd â thermau Llychlynnaidd ac Eingl-Normanaidd.

Dywedodd fod rhaid edrych ar haenau gwahanol o dystiolaeth a mynd yn ôl ymhell i'r gorffennol am y cofnodion cynharaf un: 'Oherwydd dyma y peth sydd raid i bawb sydd yn edrych i mewn i enwau lleoedd gofio, na fedrwch chi ddim pontifficeiddio ar be welwch chi o'ch blaen heddiw, rhaid i chi fynd yn ôl a chasglu'r holl hen ffurfiau. Mae'n anodd, ond mae'n rhaid i chi fynd i bob math o ddogfennau. Mae'n cymryd oriau, dyddiau, misoedd, tydi o ddim yn rhywbeth sy'n digwydd yn sydyn yn eich bywyd chi. Mae o'n cymryd amser maith a tydw i ddim yn credu bod pobl yn sylweddoli hynny i raddau helaeth.'

Yng Nghaernarfon y magwyd Gwynedd ac oddi yno yr aeth i Goleg Prifysgol Gogledd Cymru ym Mangor ac astudio Cymraeg (gyda Hanes yn atodol) cyn cael ei benodi yng Nghaerdydd yn 'ddarlithydd cynorthwyol ar brawf' i rannu ei amser rhwng yr Adran Gymraeg a'r Adran Hanes. Y pennaeth Hanes oedd William Rees, ac fel gyda Gruffydd John Williams, cafodd y darlithydd ieuanc bob rhwyddineb i ddilyn ei ddiddordebau. Ym Mangor ymhlith y darlithwyr roedd Ifor Williams, Thomas Parry, J.E. Caerwyn Williams, Thomas Richards (Doc Tom) ac R.T. Jenkins, 'yr hoelion wyth bryd hynny'. Roedd yr hanesydd R.T. Jenkins yn aruthrol yn ôl Gwynedd ac roedd yn ffrindiau efo Syr Ifor a'i fab. Doedd ryfedd felly i'r busnes hanes ac enwau gydio pan ddaeth y cyfle yng Nghaerdydd; 'roedd gwaith Syr Ifor yn aruthrol' ac yn amlwg wedi bod yn symbyliad iddo. Ac eto yn ei eiriau ei hun, bu'n lwcus yn ei ddau bennaeth, 'roeddynt yn ddau athrylith yn eu ffyrdd'. O dipyn i beth yng Nghaerdydd daeth i wneud mwy o ddarlithio ar hanes, yn arbennig hanes Cymru, a dod yn ddarlithydd yn yr Adran. Yn raddol crëwyd Adran Hanes Cymru a daeth yntau'n Athro ac yn bennaeth rhwng 1975 ac 1988. Tybed sawl un arall ddaeth yn bennaeth adran heb radd yn y pwnc dan sylw? Yn gyfan gwbl, bu ym Mhrifysgol Caerdydd am ddeugain mlynedd.

Yn ystod y cyfnod dechreuodd astudio a dehongli enwau yng nghantref Dinas Powys. Rhoddodd y gwaith radd M.A. iddo ac yn ddiweddarach, yn 1968, cyhoeddwyd *The Place-Names of Dinas Powys Hundred*, yr astudiaeth gyntaf o'i bath. Fel yr awgrymwyd eisoes, roedd y diddordeb mewn iaith a hanes yn berffaith ar gyfer y busnes enwau lleoedd, ond gwnaed llawer o'r gwaith yn ystod oriau hamdden. Mae'n cofio manteisio ar bob cyfle yn ystod gwyliau yng Nghaernarfon, er enghraifft, i bicio draw i'r Brifysgol ym Mangor i ddilyn hynt a helynt rhyw enw neu hanesyn, a'i deulu'n dweud y drefn am iddyn nhw golli cyfle arall o gael pnawn ar draeth cyfagos Dinas Dinlle. 'Ond dyna ni, dyna mae hanesydd yn ei wneud, eistedd ar ei din mewn llyfrgell yn darllen dogfennau a llenwi slipiau papur', gan ychwanegu fod ganddo filoedd ar filoedd ohonynt.

Fel y gŵyr unrhyw un a fu'n ymhél ag enwau lleoedd a'u hystyron, mae 'na dueddiad mewn sawl un i ddyfalu ac i chwilio am unrhyw gliw yn yr enw sydd dan sylw, a'i gael yn aml o ryw debygrwydd i air cyfoes, gan golli'r trywydd yn llwyr a mynd i'r gors. Yn ôl Gwynedd mae gofyn cadw mewn cof effaith tafodiaith hefyd: 'Mae 'na ddylanwadau tafodieithoedd, chi'n gweld. Cymerwch Fro Morgannwg, er enghraifft, does 'na neb mewn cyfnod lled ddiweddar yn sylweddoli gymaint o effaith dafodieithol ar enwau, ar enwau caeau ac yn y blaen a gafodd pobl ddaeth drosodd yn lled ddiweddar adeg y chwyldro diwydiannol, ac yn y blaen, o dros y môr o Ddyfnaint ac o Wlad yr Haf. Mae eu dylanwad nhw ar lot o ffurfiau, er enghraifft dyna chi'r enw *Sblot* yng Nghaerdydd. Mae pawb yn chwerthin am ben hwnnw, ond mi ddywedodd un "awdurdod" mai *God's Plot* oedd hwnnw i ddechrau … ond dydi o ddim byd mwy na *plot*, ond mae hi'n ffurf dafodieithol na chewch chi mohoni ond yn ne-orllewin Lloegr, yr *s* yma o flaen y gair *plot*; dydi o ond tamaid o dir – 'plot'. Mae *plat* yr un fath: mae *sblot* a *sblat* yn ffurfiau felly o dde-ddwyrain Lloegr.'

Aeth ymlaen wedyn i sôn am nifer o enghreifftiau eraill lle roedd yr enwau'n hen ac wedi eu dylanwadu gan fewnfudwyr, ac meddai gan chwerthin, fod 'na Gymry da wedyn yn ailafael yn yr enwau ac yn ceisio'u Cymreigio. Enghreifftiau ganddo oedd *Drope* a *Ffwrwmishta*, lle roedd camddehongli dychrynllyd wedi bod, a dyna pam fod gwybodaeth hanes-yddol ac ieithyddol mor hanfodol.

Fe'i hatgoffais wedyn fy mod wedi darllen yn rhywle iddo ddweud wrth Saunders Lewis fod yna enw Cymraeg i *Lavernock* ger Penarth. Serch na newidiodd y bardd enw'r gerdd, roedd y ffaith fod y gerdd yn diweddu trwy sôn am yr ehedydd yn 'libart y gwynt' yn dangos, meddai Gwynedd, i Saunders Lewis wrando arno. Gan mai tir uchel sydd yma, dyna'r *nock*, ac mae'r *laver*, gair Saesneg am 'ehedydd', yn dod o dros y dŵr eto, o dde-orllewin Lloegr, ac felly'r ystyr yw 'bryn yr ehedydd'.

Cyn ffarwelio, a minnau'n cyfeirio at weithgarwch oes, ac yntau bryd hynny dros ei ddeg a phedwar ugain ac yn dal wrthi, mi awgrymais mae'n rhaid ei fod wedi cael pleser digymysg a boddhad wrth ei waith gyda'r enwau. Yntau'n cyfaddef fod hynny'n wir, a'i fod yn dal i dyrchu a dal i chwilio ond fod yna enwau a oedd yn parhau'n dywyll iddo er gwaethaf pob ymdrech i'w datrys. 'Mae 'na un neu ddau o bethau y baswn i'n rhoi'r byd i gyd yn grwn amdanyn nhw, ac mae datrys enw fferm yn Nyffryn Pelenna, tu cefn i Gastell-nedd, yn un ohonyn nhw. Mae gen i restr o tua hanner cant o ffurfiau, a fedra' i wneud dim byd allan ohonyn nhw, ac enw'r fferm rŵan ydi *Baradychwallt*. 'Na chi, dyna chi job i chi!'

Roedd 'na un hanesydd lleol, yn ôl Gwynedd, wedi sôn am *Aber Drychwallt,* ond does 'na ddim prawf o gwbl fod y fath ffurf wedi bodoli erioed: 'Dyna'r un peth mae'n rhaid ei gael, tystiolaeth. Fiw i chi fynd tu hwnt i'r dystiolaeth. Does ganddoch chi ddim hawl i wneud y fath beth. Mae o'r un fath â gwaith ditectif yn union.'

Yna mae'n cyfeirio at yr hyn a ddywedodd Syr Ifor Williams fod Syr John Morris-Jones wedi ei ddweud wrtho unwaith, sef mai dim ond ffyliaid sy'n trio esbonio enwau lleoedd – er nad oedd Gwynedd yn credu bod hynny'n wir, neu o leia' dyna roedd o'n ei obeithio. Gan ychwanegu y byddai rhywun mewn oes i ddod yn eich gweld chi'n ffŵl am fynd tu hwnt i'r dystiolaeth ac am fentro gwneud y fath beth.

Wedyn, wrth gloi, mi gyfaddefais i fy mod wedi fy nhemtio i ddechrau'r sgwrs gyda sylw Syr Ifor Williams, ond nad oeddwn i'n meddwl fod hynny'n addas i Lywydd er Anrhydedd cyntaf Cymdeithas Enwau Lleoedd Cymru, a chyda graslonrwydd mawr mi ddiolchodd i mi am hynny.

20

Enwau arfordirol y Fenai: o Gaernarfon i Fae Caernarfon

IFOR DYLAN WILLIAMS

Mae gan sawl tref ac ardal arfordirol draddodiadau a thechnegau pysgota unigryw, yn ogystal â chyfoeth o enwau a ddefnyddir gan bysgotwyr lleol am rannau o afonydd a thraethau.

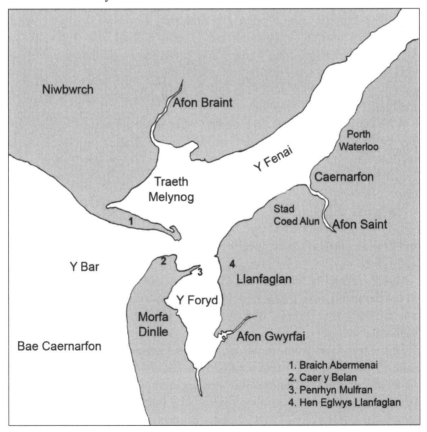

Gan ei bod wedi ei lleoli ar lan y Fenai, mae Caernarfon yn dref ac iddi draddodiad o bysgota ar gulfor, sy'n anghyffredin yng Nghymru. Bu yma draddodiad di-dor o bysgota ers canrifoedd, ac mae'n debyg mai dyna pam y mae cymaint o enwau wedi goroesi gan y pysgotwyr. Hoffwn ddiolch i un o'r rhai olaf o'r pysgotwyr hynny, un o'r 'hogia cwch samons', Tony Lovell, a rannodd ei wybodaeth gyda mi.

Cychwynnodd y drafodaeth wrth i brosiect Llên Natur gofnodi gwybodaeth am bysgota o safbwynt amgylcheddol. Wrth drafod, cafwyd gwybodaeth hefyd am enwau pyllau a chlytiau pysgota ar y Fenai, afon Saint a Bae Caernarfon, ambell un yn gwbl ddieithr i rai o'r tu allan i'r byd pysgota, ond enwau sy'n rhy llawer rhy bwysig i'w colli. Felly dyma eu cofnodi.[1]

Mae *Tŷ Kelly* (SH 483640) yn enw ar adfail a geir i'r de o Borth Waterloo. Defnyddir yr adfail hwn yn dirnod gan bysgotwyr i leoli clwt neu lecyn pysgota yn y dŵr. Câi clwt o'r fath ei gynnal gan bysgotwyr drwy chwynnu gwymon o'r cerrig ar drai, rhag i'r rhwyd fynd yn sownd. Ni chafwyd unrhyw wybodaeth am yr enw'n lleol, nac ychwaith yn Archifdy Caernarfon. Mae'r enw *Kelly* hefyd yn un dieithr yn y dref, ac roedd yr unig berson o'r gorffennol y deuthum ar ei draws â'r cyfenw hwn yn byw yng nghanol y dref. Gan fod *Tŷ Kelly* yn adfail o goncrit, mae'n bosibl nad yw'r enw'n hen iawn.

Wrth symud yn nes at y dref, cawn *Coffee Bay* (SH 480 633), neu *Cofi Bay* yn ôl rhai, a leolir ger Ala Las, ar bwys y fflatiau yn Noc Fictoria heddiw. Yr esboniad ar yr enw, yn ôl Tony Lovell, yw lliw'r pridd yn y llecyn hwn sy'n troi'r dŵr yn frown fel lliw coffi wrth i'r tonnau daro arno.

Ger y doc ceir *Treasure Island* (SH 476 633). Un tro, yn ôl yr hanes, roedd pysgotwr yn tynnu rhwyd bysgota a deimlai'n wag i mewn i'r cwch, ond ar ôl ei chodi o'r dŵr, gwelwyd ei bod yn llawn pysgod. Cyfeiriodd Ned Lovell at y llecyn fel *Treasure Island* ar y pryd, ac fe lynodd yr enw.

Mae *Bwi Number Nine* (tua SH 475 631) yn enw ar leoliad hen fwi mawr du a arferai fod wrth geg y doc. Mae wedi hen fynd erbyn heddiw (ond mae'n bosibl mai dyma'r bwi du a welir yng ngardd y Black Boy yn Nghaernarfon erbyn hyn).

Ceir sianel sydd wedi ei marcio â bwïau i arwain cychod allan o afon Saint i'r Fenai, ac enw'r olaf o'r rhain yw *Dead Man's Bwi* (SH 476 628) a'r enw'n deillio o'r ffaith ei fod wedi ei leoli ar bwys yr hen fortiwari. Tua dau gan llath o bont yr aber i gyfeiriad y Foryd, ceir bwi arall o'r enw *Cyrtsi Bwi* (SH 475 627) ('Courtesy Buoy'). Bwi oedd hwn ar gyfer cychod a fethai ddod i mewn i Gei Llechi oherwydd y llanw.

---

[1] Cafwyd y rhan fwyaf o'r enwau a drafodir yn yr erthygl hon ar lafar gan Tony Lovell, Caernarfon; cafwyd eraill o wefan *Wici Cofi* <https://cy.wikipedia.org/wiki/Wici_Cofi>.

Ger aber afon Saint, ar drai, ceir traethell o dywod o'r enw *Traeth Bach* (SH 475 627). Ar hen fap o'r ddeunawfed ganrif gwelais yr enw *Traeth y Llongau* ar y safle hwn, ac mae'n bosibl mai lle i gychod aros ar drai oedd hwn hefyd.

Ger Porth Lleidiog ceir clwt pysgota o'r enw *Glasddwr* (SH 460 624) neu *Basddwr* yn ôl eraill, a'r ddau enw'n addas iawn i ddisgrifio'r lleoliad. Rhwng Porth Lleidiog a Thŷ Calch ceir pentwr o gerrig ar y traeth ar gyfer rhwydo: dyma *Tocyn Uchaf* (SH 457 618).[2] Nid yw'n hawdd ei weld, ond daw i'r golwg ar drai.

Gyferbyn â Phorth Lleidiog yng nghanol y Fenai, cawn lecyn o'r enw *Bar Bach* (SH 458 622). Ffurfir y *bar* gan dywod yn casglu o dan y dŵr, ac weithiau mae'n bosibl gweld ei leoliad gan fod moryn yn ffurfio yno ar adeg arbennig o'r llanw. Ceir sôn fod hen sarn i groesi'r Fenai o dan y tywod ger y fan hon.

Ar drai hefyd y gwelir pentwr bach arall o gerrig, eto ar gyfer rhwydo, sef *Tocyn Isaf* neu *Docyn Tŷ Calch* (SH 445 615). Lleolir y *Tocyn Isaf* tua can metr i ffwrdd o'r *Tocyn Uchaf*, a châi rhwyd ei hymestyn mewn siâp U rhwng y ddau le. Gyda'r nos byddai rhywun yn aros ar un tocyn gyda sigarét wedi ei thanio fel y gallai'r pysgotwyr eraill weld y lleoliad.

Yn ymestyn allan o Benrhyn Mulfran i ganol y Fenai ar drai, ceir stribyn neu drwyn o dywod a elwir *Y Snowt* (SH 449 610) (o'r Saesneg *snout*).

I'r chwith o Gaer y Belan, ac ar hyd y ffordd i gyfeiriad y Foryd, ceir *Traeth Gwyn* (SH 442 607). O'r traeth hwn yr aethpwyd â bomiau Tabun (bomiau nwy Almaenig o'r Ail Ryfel Byd) a gludwyd yno o'r maes awyr yn Llandwrog a'u suddo yn y môr ger Gogledd Iwerddon yn y 1950au.[3] Yr esboniad am yr enw, yn ôl Tony Lovell, yw'r ffaith fod y tywod yn lluwchio'n wyn pan fydd hi'n wyntog. Ond nid yn unig hynny, gwelir y tywod hefyd yn disgleirio'n wyn yng ngolau'r haul wrth deithio ar hyd y ffordd o Gaernarfon ar hyd y Fenai i gyfeiriad y Foryd.

Y tu allan i Gaer y Belan, ar ben Morfa Dinlle, ceir *Cei Bach* (SH 440 610), lle mae'r traeth yn crymanu fymryn ger y gynnau mawr, a lle y mae trolif ('eddy current') yn cael ei greu. Dyma lle ceir y pysgod, ond mae angen bod yn graff i'w weld.

Codwyd rhan wreiddiol *Caer y Belan* (SH 440 609) yn 1775 gan Thomas Wynn o Lynllifon a ddaeth yn Arglwydd Newborough. Cododd y barics i amddiffyn yr arfordir yn ystod bygythiadau gan gychod Ffrengig a phreifatîrs o Ogledd America. Yr enw gwreiddiol oedd *Abermenai*

---

[2] Ystyr *tocyn* yma yw 'pentwr, tomen', cf. *tocyn o gerrig* 'a heap of stones' yng nghyd-destun chwareli'r Gogledd: gweler GPC dan *toc*[2].

[3] Am hanes gwaredu'r bomiau, gweler Roy Sloan, *The Tale of Tabun* (Llanrwst, 1998).

Barracks, ond fe'i hailenwyd yn ddiweddarach yn *Fort St David* pan ehangwyd y gaer ac adeiladwyd y doc gan fab Thomas Wynn rhwng tua 1824 ac 1827. Yng Nghyfrifiad 1841 gwelwn ddau enw ar y gaer, sef *Belan Fort* a *Fort St David. Caer y Belan* neu *Fort Belan* yw hi heddiw. Ystyr yr enw benywaidd *pelan* yn y cyswllt hwn yw 'morglawdd'.[4]

Deuthum ar draws tri enw ar y bwlch cul (SH 441 612) rhwng y tir mawr ger Caer y Belan a Phwynt Abermenai ar Ynys Môn. Clywais fod y *Gap* yn enw hen iawn a chyfeiria at y bwlch a welir rhwng y tir mawr ac Ynys Môn wrth edrych i lawr y Fenai o Gaernarfon. Mae'n bosibl ei fod yn enw sydd wedi goroesi o'r cyfnod pan oedd Saesneg yn brif iaith y dref dan Edward I a'i ŵyr. Ychydig o flynyddoedd yn ôl, pan oeddwn yn sôn am enwau'r arfordir wrth dywys ymwelwyr o gwmpas Caer y Belan, dywedodd un ohonynt mai *Adwy Bennog* oedd yr enw a arferai ei nain am y bwlch, a deallais mai un o ardal Gyrn Goch oedd 'nain'; ond nid oedd rhagor o wybodaeth ganddi am yr enw. Yn ei gyfrol, *Atgofion am Gaernarfon*, cyfeiria T. Hudson-Williams at y bwlch fel *Ceg y Botel*, enw sydd wir yn cyfleu'n dda rediad y llanw ar adegau yn y fan hon.[5]

Ar drwyn Morfa Dinlle ar fap Charles Smith o 1806, ceir yr enw *Bretton Point* (SH 437 609). Hyd y gwelais, ni bu neb o'r enw *Bretton* yn gwasanaethu yng Nghaer y Belan, nac ychwaith yn un o bobl Thomas Wynn yn 'The Society or Garrison of Fort Williamsburg'.[6] *Caer Williamsburg* yw'r gaer a gododd Thomas Wynn yn 1761, i ddathlu'r ffaith iddo ddod yn Aelod Seneddol dros sir Gaernarfon. Y *William* yma yw William III, un o bobl y Whigiaid. Ond tybed ai ffurf ar yr enw *Brereton* yw *Bretton* yn yr achos hwn, sef enw y ceir tystiolaeth ohono yn y dref?[7] Fel y mae Glenda Carr yn dangos,[8] ceir y ffurf *Plas Breton* yn amrywiad ar *Plas Brereton,* tŷ sylweddol ar gyrion Caernarfon a elwir yn *Plas Botwm* gan bobl leol.

O hwylio allan i Fae Caernarfon deuir ar draws *Sianel Gwŷr Nefyn* (SH 429 601). Mae'r enw hwn, a ddefnyddir ar lafar gan bysgotwyr hyd heddiw, yn hen ac mae'r cofnod cynharaf y gwn amdano i'w weld ar fap

---

[4] Gweler GPC dan *pelan[1]* 'torlan afon, morglawdd'; trafodir y gair yn R.J. Thomas, *Enwau Afonydd a Nentydd Cymru* (Caerdydd, 1938), 34.

[5] T. Hudson-Williams, *Atgofion am Gaernarfon* (Aberystwyth, 1950), 54.

[6] E. Alfred Jones, 'The Society or Garrison of Fort Williamsburg: The Old Glynllivon volunteers, *c.* 1761–1773', *Y Cymmrodor,* 44 (1935), 80–103.

[7] Kenrick Evans, 'A Survey of Caernarvon, 1770–1840: part 2a', *Trafodion Cymdeithas Hanes Sir Gaernarfon*, 35 (1974), 23.

[8] Glenda Carr, *Hen Enwau o Arfon, Llŷn ac Eifionydd* (Caernarfon, 2011), 215–16.

Lewis Morris.[9] Sianel ddofn yw hon sy'n galluogi cychod hyd at tua 30 troedfedd i gymryd llwybr byr wrth hwylio i gyfeiriad Nefyn ac yn ôl. Mae'r sianel i'w gweld ar luniau lloeren i'r chwith o Forfa Dinlle. Yr enw gan bysgotwyr Nefyn am y sianel hon yw *afon Caernarfon* a *Lôn Caernarfon*.

Ar Fraich Abermenai, ar arfordir Bae Caernarfon, ceir *Trwyn y Monk* (SH 420 617). Daeth yr enw hwn i fodolaeth yn dilyn trychineb ym mis Ionawr 1843, pan ddrylliwyd cwch o'r enw'r *Monk*. Collodd pedwar ar ddeg o bobl eu bywydau, gan gynnwys bachgen ifanc pedair ar ddeg oed o Fryncaerau, Aberdaron. Hwyliodd y cwch o Borth Dinllaen am Lerpwl ar 6 Ionawr gyda llwyth o 140 o foch, dwy fuwch a gwerth £400 o fenyn. Bu dynion yn pwmpio dŵr ohono o gychwyn y daith ac aeth y cwch i drybini ar y Bar; erbyn y bore, nid oedd dim ond ei weddillion ar y traeth, dau fochyn, buwch a pheth o'r menyn.

Braich Abermenai yw'r enw ar y darn main o dir sy'n ffurfio'r ffin rhwng Bae Caernarfon a Thraeth Melynog. Yn yr unfed ganrif ar bymtheg, cyfeiriodd John Leland at y fraich fel *Southcrook,* enw diddorol sy'n cyfeirio at siâp pen y fraich sydd fel pen ffon bugail.[10] Cyfeirir hefyd at y fan hon fel yr *Hen Forglawdd* neu *Borthladd Llys Rhosyr.* Mae'n debygol fod porthladd yn gynnar yn Abermenai,[11] ac yn 1144 daeth llynges o Iwerddon yno, wedi eu gwahodd gan Gadwaladr mab Gruffudd ap Cynan, er mwyn ceisio curo'i frawd, Owain Gwynedd, a chipio'r frenhiniaeth. Ond bu cymod rhwng y ddau, ac anfonwyd y llynges yn ôl i Iwerddon.[12.]

Defnyddir yr enw *Twm Grafal* gan bysgotwyr am ran o Draeth Melynog ar Fraich Abermenai. Mae'n debyg mai llygriad yw *Twm* yma o'r gair *twyn* 'twmpath neu gefnen o dywod, &c.' ac mae'n siŵr mai *grafal* 'gaean, gro' yw'r ail elfen.[13]

Ynys ar ben llanw yw *Ynys Lom* (SH 444 633) ger aber afon Braint, ac mae'r enw hwn i'w weld ar fapiau. Yn ddiddorol cyfeirir at yr enw hefyd mewn hen ddogfennau yn ymwneud â'r rhan o dref Caernarfon ger y Porth Mawr, cyn i'r tir gael ei adennill yn aber afon Cadnant.[14]

---

[9] Lewis Morris, 'Caernarvon Bar' yn *Plans of Harbours, Bars, Bays and Roads in St. George's Channel* (1748), map rhif 9 <http://hdl.handle.net/10107/1445668>.

[10] Lucy Toulmin Smith (ed.), *The Itinerary in Wales of John Leland in or about the years 1536–1539* (London, 1906), 86.

[11] Yn D. Simon Evans (gol.), *Historia Gruffud vab Kenan* (Caerdydd, 1977), xvi, sonnir am Gruffudd ap Cynan yn glanio yn Abermenai yn 1075 i hawlio coron Gwynedd.

[12] Am yr hanes, gweler John Edward Lloyd, *A History of Wales* (London, 1911), 471–91.

[13] Gweler GPC dan *twyn* a *grafel¹*.

[14] Kenrick Evans, 'A Survey of Caernarvon, 1770–1840: part 1a', *Trafodion Cymdeithas Hanes Sir Gaernarfon*, 32 (1971), 60.

Bu'r enw *afon Nigar* (SH 443 635) yn dipyn o ddirgelwch. Ond canfu Tony Lovell mai *afon Rhyddgaer* oedd enw pysgotwyr ardal Brynsiencyn am *afon Braint*, gan fod yr afon yn llifo drwy dir fferm *Rhyddgaer*. Mae'n debygol mai o'r gair *cwningar* y daw *nigar* yn yr achos hwn.[15]

I'r dde o Gaer y Belan, gwelwn benrhyn yn ymestyn allan i Draeth y Foryd: dyma *Benrhyn Mulfran* (SH 449 608), enw a gofnodir ar fap OS 1841. Mae'r gair *mulfran* yn dal yn fyw heddiw, a gwelir mulfrain (*bilidowcars* i rai) yn ymudo i'r penrhyn hwn ac yn edrych fel stanciau bach duon ar y traeth. Ond nid oes cymaint ohonynt ag y bu rai blynydd-oedd yn ôl.

Ger Hen Eglwys Llanfaglan ceir tŷ o'r enw *Cynifryn* (SH 453 608) a addaswyd fel ysbyty heintiau yn 1914 am gost o ychydig dros £400 gan Gyngor Tref Caernarfon. Gerllaw'r tŷ ceir braich fechan yn ymestyn allan i'r môr, ac ym mhen draw hon lleolir *Cored Gwyrfai* (SH 451 609) y mae ei holion i'w gweld yn glir ar drai mawr ac o ambell lun lloeren. Fe'i henwir mewn llawysgrif o'r bymthegfed ganrif[16] a cheir cofnod am achos llys a gynhaliwyd ar 20 Gorffennaf 1548, pan gafodd gŵr o'r enw Roger Lloyd ddirwy am werthu pysgod a gawsai o'r gored hon yn anghyfreithlon yng Nghaernarfon.[17] Gwnaethpwyd gwaith ymchwil gan Ymddiriedolaeth Archaeoleg Gwynedd ar arfordir Arfon, ac yn sgil hynny tybir bod yma borthladd bach ar un tro. Mae sawl un o Ynys Môn wedi ei gladdu yn Hen Eglwys Llanfaglan gerllaw, ac roedd gan un teulu o Ynys Môn sedd yn yr eglwys, sy'n cryfhau'r ddamcaniaeth bod porthladd neu lanfa fach yn arfer bod yma.

O ddychwelyd i'r Fenai down at *Dŷ Calch* (SH 455 614). Mae'r tŷ hwn yn sefyll heddiw, ond nid oes arwydd o odyn galch yno. Os dilynwch y ffordd i'r de am 180 metr o'r tŷ, fe welwch docyn o ddrain ar y chwith ac o dan y drain mae llwybr trol yn arwain i'r top, lle roeddynt yn tywallt y calch i'r odyn i'w losgi. Mae'r odyn yn gyflawn y tu ôl i'r tocyn yn y cae. *Limehouse* yw'r enw sydd wedi ei nodi ar fap Lewis Morris (1748),[18] a daw'r cofnod cynharaf a welais o drin calch yn Llanfaglan mewn llythyr a ddyddiwyd 19 Gorffennaf 1616 gan Eline David i Syr William Morys, Clenennau.[19]

---

[15] Gweler GPC dan *cwninger*.

[16] Henry Ellis (ed.), *Registrum vulgariter nuncupatum 'The Record of Caernarvon'* (London, 1838), 257.

[17] W. Ogwen Williams (ed.), *Calendar of the Caernarvonshire Quarter Sessions Records, 1541–1558* (Caernarvon, 1956), 52.

[18] Gweler td. 179 uchod.

[19] LlGC, Clenennau 325.

Roedd yn rhaid i berchennog *Tŷ Calch* beintio'r tŷ yn wyn, fel y gallai llongau ei weld wrth hwylio i mewn i'r Fenai drwy'r Bar: mae'r llinellau i'w gweld ar fap Lewis Morris.

Ceir ychydig o enwau diddorol iawn ar rannau o draeth y Fenai ar yr unig fap o stad *Coed Alun*, neu *Goed Helen* heddiw, a welais yn Archifdy Caernarfon, yn dyddio o 1843. Roedd adeilad o'r enw *Tŷ Ymdrochi* (SH 466 623) mewn cae yng Nghaernarfon; mae'n bosibl mai cwt i bobl newid ynddo cyn mynd i ymdrochi yn y Fenai oedd hwn. Dylwn nodi mai llwybr trol oedd y ffordd yn y fan hon yr adeg hynny. Ar y traeth, ger y *Tŷ Ymdrochi*, ceir yr enw *Batri*: batri i ddal gynau oedd hwn, sef un o dri yn yr ardal; ceid un arall yng Nghaer y Belan a'r trydydd, a ddisgrifir fel 'Old Battery' ar fap OS 25″ 1888–1913 (SH 477 629), sef ar safle Clwb Hwylio Caernarfon heddiw. Yn 1905 codwyd pwll nofio ar gyfer tref Caernarfon ar y safle hwn. Erbyn heddiw mae'r pwll wedi hen ddiflannu, a dim ond ei sylfaen a welir. Ond ceir un cliw bach am ei leoliad: dros y ffordd, gwelwn dŷ o'r enw *Bath Cottage*, lle roedd y sawl a ofalai am y pwll yn byw. Mae'r tŷ wedi ei foderneiddio'n llwyr erbyn heddiw.

Gyferbyn â Chaernarfon, ar arfordir Môn, ceir sianel hir o ddŵr yn y tywod ar drai o'r enw'r *Gwter Fawr* neu'r *Gwterydd* (SH 476 645).

Braf yw adrodd fod yr holl enwau hyn bellach wedi eu harchifo ar fap digidol Cymdeithas Enwau Lleoedd Cymru.

Cyfranwyr / Contributors

Gareth A. Bevan

Bu Gareth yn ddarlithydd yn Adran y Gymraeg Coleg Prifysgol Gogledd Cymru Bangor ac yna yn Olygydd Geiriadur Prifysgol Cymru. Erbyn hyn ef yw'r Golygydd Ymgynghorol. Bu'n aelod o Dîm Safoni Termau a Thîm Safoni Enwau Lleoedd Bwrdd yr Iaith Gymraeg. Yn awr mae'n aelod o Banel Safoni Enwau Lleoedd Comisiynydd y Gymraeg. Ef oedd golygydd cyntaf *Cylchlythyr* Cymdeithas Enwau Lleoedd Cymru ac mae bellach yn gyfrifol am wefan y Gymdeithas. Mae'n ymchwilio ac yn darlithio ar enwau lleoedd ardal Aberaeron a bu'n gyfrifol am gyfieithu cyfrol am hanes y dref honno.

Glenda Carr

Treuliodd Glenda ei gyrfa fel athrawes i gychwyn ac yna fel Pennaeth yr Uned Gyfieithu a thiwtor yn Adran y Gymraeg ym Mhrifysgol Bangor. Cyhoeddodd ddwy gyfrol a sawl erthygl ar William Owen Pughe a'i gyfnod (testun ei gradd M.A.). Ar ôl ymddeol trodd ei sylw at enwau lleoedd ac ennill doethuriaeth am astudiaeth o enwau anheddau a chaeau pum plwyf yn Arfon. Esgorodd y gweithgarwch hwn ar dair cyfrol: *Hen Enwau o Arfon, Llŷn ac Eifionydd*, *Hen Enwau o Ynys Môn* a *Hen Enwau o Feirionnydd* ynghyd â nifer o ysgrifau.

Dylan Foster Evans

Dylan yw pennaeth Ysgol y Gymraeg, Prifysgol Caerdydd. Yn frodor o Dywyn Meirionnydd, mae'n Gadeirydd ar Gymdeithas Enwau Lleoedd Cymru ac yn aelod o Banel Safoni Enwau Lleoedd Comisiynydd y Gymraeg. Mae'n ymddiddori ym marddoniaeth diwedd yr Oesoedd Canol ac mae ganddo ddiddordeb arbennig yn y berthynas rhwng llenyddiaeth, diwylliant materol, treftadaeth a'r amgylchedd. Mae hanes y Gymraeg yng Nghaerdydd yn un arall o'i feysydd ymchwil.

G. Angharad Fychan

Mae Angharad yn aelod o staff Geiriadur Prifysgol Cymru er 1996, ac fe'i penodwyd yn Olygydd Hŷn yn 2008. Ymddiddorodd ym maes enwau lleoedd ers dyddiau coleg lle cyflwynodd draethawd estynedig, 'Astudiaeth o Enwau Lleoedd Plwyf Trefeurig', yn rhan o'i gradd B.A. (1993), cyn mynd yn ei blaen i lunio 'Astudiaeth o Enwau Lleoedd Gogledd Cantref Buellt' (2001) ar gyfer ei doethuriaeth. Mae ganddi golofn enwau lleoedd fisol ym mhapur bro *Y Tincer* er 2013, a bydd yn cyflwyno sgyrsiau ac yn arwain teithiau cerdded ar y pwnc yn gyson. Roedd Angharad yn un o sylfaenwyr Cymdeithas Enwau Lleoedd Cymru, ac mae'n Ysgrifennydd er 2012. Mae hefyd yn aelod o Banel Safoni Enwau Lleoedd Comisiynydd y Gymraeg.

Richard E. Huws

Brodor o Gaerfyrddin, a dreuliodd ei holl yrfa ar staff Llyfrgell Genedlaethol Cymru, gan ymddeol yn 2008 o'i swydd fel Pennaeth Gwasanaethau i Ddarllenwyr. Mae'n byw yn Bont-goch er 2002, gan ymddiddori yn hanes ac enwau lleoedd yr ardal. Cyhoeddodd nifer o lyfrau yn cynnwys *The Football and Rugby Playing Fields of Wales* (Tal-y-bont, 2009), a sawl ysgrif yn ymwneud â'r diwydiant argraffu a chyhoeddi yng Nghaerfyrddin. Yn aelod o bwyllgor Cymdeithas Enwau Lleoedd Cymru, Richard yw'r Ysgrifennydd Aelodaeth er 2017.

Eleri Hedd James

Merch o Gaerdydd yw Eleri. Dihangodd i Aberystwyth i astudio'r Gymraeg cyn dychwelyd i Brifysgol Caerdydd i gwblhau doethuriaeth am waith yr Athro R.M. (Bobi) Jones. Mae Eleri'n dal i fwynhau pob cyfle i ddianc i Fae Ceredigion ond mae ei chartref bellach yn y rhan honno o Gaerdydd y trafodir yn fynych a oes enw Cymraeg arni ai peidio: Grangetown. Bu Eleri'n swyddog i Fwrdd yr Iaith Gymraeg ac yn cynnal ysgrifenyddiaeth ei Dîm Safoni Enwau Lleoedd o 2006 hyd 2012 pan ddiddymwyd y Bwrdd a throsglwyddwyd y cyfrifoldeb dros safoni enwau lleoedd Cymru i Gomisiynydd y Gymraeg. Mae bellach yn Uwch Swyddog Isadeiledd ac Ymchwil yn swyddfa'r Comisiynydd ac yn gyfrifol am weithredu'r cyfrifoldeb hwn ymhlith dyletswyddau eraill.

Heather James

Heather read history at Birmingham and worked in archaeology in west Wales. She retired in 2000 from the Dyfed Archaeological Trust where she was Assistant Director. She is General Secretary of the Cambrian Archaeological Association and editor of *The Carmarthenshire Antiquary*. Her current research interests lie mainly in the Early Medieval period in Wales, on which she has published extensively.

Peter McClure

Peter was Senior Lecturer in English Language and Literature at the University of Hull until 1990 and is a specialist in the history of English personal names and surnames. He was President of the Society for Name Studies in Britain and Ireland (2015–17), is a Vice-President of the

English Place-Name Society and holds an honorary professorship in name-studies at the Institute for Name-Studies, University of Nottingham.

Prys Morgan

Hanesydd yw Prys Morgan, Athro Emeritws Prifysgol Abertawe, yn aelod o Gymdeithas Enwau Lleoedd Cymru ac o'r Society for Name Studies in Britain and Ireland, ac yn awdur (gyda T.J. Morgan) *Welsh Surnames* (Caerdydd, 1985). Ers blynyddoedd, mae'n Gadeirydd Cymdeithas Hanes Morgannwg, ac yn Llywydd Anrhydeddus Gymdeithas y Cymmrodorion. Golygodd gyfrolau i gyfresi hanes sirol Morgannwg a Gwent. Ei gyfrol ddiweddaraf (gyda R. Cooper) yw *A Gower Gentleman: The Diary of Charles Morgan of Cae Forgan, Llanrhidian 1834–1857* (Swansea, 2021).

Richard Morgan

Richard is a native of Wrexham, a former archivist in Shrewsbury, Llandrindod and Cardiff, and an honorary lecturer at the School of Welsh at Bangor University. He has contributed to Welsh historical journals over a period of more than forty years on the themes of medieval history and particularly place-names. Notable publications include the *Dictionary of the Place-Names of Wales* (Llandysul, 2007, 2008) with Professor Hywel Wyn Owen, and several shorter publications on the place-names of five Welsh historic counties. He is a founder member of Cymdeithas Enwau Lleoedd Cymru / the Welsh Place-Name Society.

Aengus Ó Fionnagáin

Aengus is a lecturer in Irish at the University of Limerick. Irish place-names and historical language shift in central and eastern Ireland are his main research interests. Other teaching and research interests include Irish literature and language from 1600 to the present, onomastics, folklore, dialectology and local history.

Hywel Wyn Owen

Mae Hywel yn Athro Emeritws ym Mhrifysgol Bangor. Roedd yn sylfaenydd a chyfarwyddwr y Ganolfan Ymchwil Enwau Lleoedd ym Mhrifysgol Bangor a bu'n Is-Lywydd er Anrhydedd yr English Place-Name Society, yn Llywydd y Society for Name Studies in Britain and Ireland ac yn aelod sylfaenol Cymdeithas Enwau Lleoedd Cymru. Mae'n awdur llyfrau safonol ar enwau Cymru ac yn arbennig ar enwau sir y Fflint, a hefyd yn ddarlledwr. Mae'n aelod o Banel Safoni Enwau Lleoedd Comisiynydd y Gymraeg.

Oliver Padel

Oliver is an Honorary Research Fellow in the Department of Anglo-Saxon, Norse, and Celtic in the University of Cambridge; he was Reader in Cornish and Celtic in that department until retiring in 2003. Previously he was Place-Names Research Fellow at the Institute of Cornish Studies (University of Exeter). He is a former President of the English Place-Name Society and of the Society for Name Studies in Britain and Ireland, and has published books and articles on Cornish place-names, Cornish historical documents, and the Arthurian legend.

Rhian Parry

Magwyd Rhian yng Nghaer ac yna ym Mhenmon. Ar ôl gyrfa mewn addysg a'r gwasanaeth sifil hŷn, cychwynnodd ar ymchwil dan gyfarwyddyd yr Athro Gwyn Thomas ym Mangor. Ar ôl ennill ei doethuriaeth, defnyddiodd ei hymchwil i rannu ei gwybodaeth â'r cyhoedd. Hwylusodd brosiectau a ariannwyd gan Gronfa Dreftadaeth y Loteri, yn gyntaf i Gymdeithas Hanes a Chofnodion Sir Feirionnydd ac yna i Gymdeithas Enwau Lleoedd Cymru. Bu'n gyfrifol am yr ymchwil i ddwy gyfres o *Caeau Cymru* ar S4C, ac yn gyd-gyflwynydd. Mae ganddi lyfr yn y wasg sydd yn seiliedig ar ei gwaith.

Ann Parry Owen

Mae Ann wedi bod yn aelod o sawl prosiect ymchwil yn ymwneud â barddoniaeth yr Oesoedd Canol yn y Ganolfan Uwchefrydiau Cymreig a Cheltaidd, gan gynnwys prosiectau Beirdd y Tywysogion, Beirdd yr Uchelwyr a phrosiect Guto'r Glyn. Hi yw prif olygydd Cyfres Beirdd yr Uchelwyr a Gwefan Guto'r Glyn. Bellach mae'n Olygydd Hŷn Geiriadur Prifysgol Cymru, golygydd *Studia Celtica* ac yn aelod o Banel Safoni Enwau Lleoedd Comisiynydd y Gymraeg. Ann yw golygydd presennol *Bwletin* Cymdeithas Enwau Lleoedd Cymru.

David N. Parsons

David has lived in Ceredigion for over 20 years and is a Reader in the Centre for Advanced Welsh and Celtic Studies. He works on names and inscriptions from the medieval period, and has an interest in all the early languages of the British Isles. He is Director of the Survey of English Place-Names and editor of the journal *Nomina*. He was formerly Director of the Institute for Name-Studies at Nottingham University.

Simon Taylor

Simon is Reader in Scottish Name Studies at the University of Glasgow. He has worked with Scottish place-names since the early 1990s, and has published widely on the subject, including several in-depth regional surveys. One of the founding members of the Scottish Place-Name Society in 1996, he is now its honorary Preses. He was editor of the *Journal of Scottish Name Studies* from its inception in 2007 until 2020.

Dafydd Whiteside Thomas

Mae Dafydd yn byw ym Mhontrhythallt, Arfon. Bu'n athro Daearyddiaeth yng Nghaernarfon cyn ymddeol yn gynnar a gweithio'n rhan amser yn Llyfrgell Caernarfon ac fel ymchwilydd yn Archifdy Gwynedd. Bu'n cynnal dosbarthiadau nos ar hanes lleol a hanes teulu. Bu'n olygydd papur bro *Eco'r Wyddfa* am 20 mlynedd, ac mae'n cynnal colofn fisol ar hanes lleol ers 1980. Mae wedi bod yn enillydd yn Adran Llên yr Eisteddfod Genedlaethol, gan gynnwys llunio casgliad o enwau caeau yn Eisteddfod Abergwaun 1986, a thraethawd yn cofnodi enwau cysylltiedig ag afon yn Eisteddfod Sir Fynwy 2016.

David Thorne

A native of Carmarthenshire, David was Professor of Welsh at the University of Wales, Lampeter. He still researches and publishes in the field of language studies. His publications include *Cyflwyniad i Astudio'r Iaith Gymraeg* (An Introduction to the Study of the Welsh Language) and *A Comprehensive Welsh Grammar*. He was Chair of the Welsh Place-Name Society and of the Welsh Language Board's Term Standardization Team. For some years he was Chair of the Welsh Language Commissioner's Place-Name Standardization Panel. He has family connections with the area covered by this chapter.

Dei Tomos

Mae Dei wedi bod yn newyddiadurwr a darlledwr radio a theledu, yn bennaf gyda'r BBC, am dros ddeugain mlynedd gan roi llawer o'i amser i adrodd am amaethyddiaeth a chefn gwlad. Bu hefyd yn gyflwynydd i nifer o raglenni newyddion. Mae'n fynyddwr sydd wedi ymweld â'r Alpau, yr Andes a'r Himalaya a bu'n gyfrifol gyda Tom ei frawd am gyfresi o raglenni antur ar sawl cyfandir. Bu'n aelod o Awdurdod Parc Cenedlaethol Eryri a Chyngor Cefn Gwlad Cymru ac mae'n glerc i Gyngor Cymuned Llanberis. Ef yw awdur *Cymru ar Hyd ei Glannau* a gomisiynwyd i gydfynd ag agor Llwybr Arfordir Cymru. Mae ganddo ddiddordebau eang mewn natur, hanes, llenyddiaeth ac iaith a chaiff gyfle i'w trafod yn ei raglen wythnosol ar Radio Cymru ar nos Sul. Mae ar ei ail dymor fel Is-Gadeirydd Cymdeithas Enwau Lleoedd Cymru.

Ifor Dylan Williams

Mae Ifor wedi bod yn Drysorydd Cymdeithas Enwau Lleoedd Cymru ers cychwyn y Gymdeithas. Bu'n byw yn ardal Caernarfon erioed a gofala am Hen Eglwys Llanfaglan, ar draeth y Foryd, ar ran Cyfeillion Eglwysi Digyfaill. Mae'n un o sefydlwyr Cymdeithas Hanes Y Tair Llan a Phrosiect Llên Natur.